세상을 움직인
설교자와 설교

세상을 움직인 설교자와 설교

지은이 | 류응렬
초판 발행 | 2023. 9. 13.
2쇄 | 2025. 3. 4.
등록번호 | 제1988-000080호
등록된 곳 | 서울특별시 용산구 서빙고로65길 38
발행처 | 사단법인 두란노서원
영업부 | 2078-3333   FAX | 080-749-3705
출판부 | 2078-3331

책값은 뒤표지에 있습니다.
ISBN 978-89-531-4544-3 03230

독자의 의견을 기다립니다.
tpress@duranno.com   www.duranno.com

두란노서원은 바울 사도가 3차 전도여행 때 에베소에서 성령 받은 제자들을 따로 세워 하나님의 말씀으로 양육하던
장소입니다. 사도행전 19장 8-20절의 정신에 따라 첫째 목회자를 돕는 사역과 평신도를 훈련시키는 사역, 둘째 세
계선교(TIM)와 문서선교 (단행본·잡지) 사역, 셋째 예수문화 및 경배와 찬양 사역, 그리고 가정·상담 사역 등을 감당하고
있습니다. 1980년 12월 22일에 창립된 두란노서원은 주님 오실 때까지 이 사역들을 계속할 것입니다.

설교 대가들의 설교 세계 20人20色

세상을 움직인 설교자와 설교

류응렬 지음

마틴 로이드 존스 / 제임스 보이스 / 팀 켈러 / 조나단 에드워즈 / 헬무트 틸리케 /
존 스토트 / 제임스 패커 / 드와이트 무디 / 빌리 선데이 / 빌리 그레이엄 / 마르틴
루터 / 울리히 츠빙글리 / 존 칼빈 / 존 웨슬리 / 찰스 스펄전 / 존 파이퍼 / 해돈
로빈슨 / 가드너 테일러 / 프레드 크래독 / 유진 로우리

두란노

추천사

《세상을 움직인 설교자와 설교》는 저자의 땀과 눈물과 피가 스며들어 있는 책이다. 저자는 수많은 제자를 가르쳐 온 설교학 교수다. 또한 매주 강단에서 설교하는 목회자다. 이 책은 설교학 이론과 경험의 조화를 이루었다. 나는 이 책을 거룩한 호기심과 성스러운 설렘으로 읽었다. 정말 충격적인 책이다. 나는 오랫동안 저자가 설교학에 대한 책을 집필해주길 기다렸다. 이 책을 통해 그동안의 기다림을 풍족하게 보상받을 수 있었다.

이 책은 설교의 거장들을 통해 설교 세계의 숲을 보여 준다. 숲 밖으로 나와야 숲이 보이는데, 이 책은 설교자들로 하여금 잠시 숲 밖으로 나와 숲을 보게 해 준다. 정말 만나고 싶은 20인의 설교 거장들을 만나게 해 주고, 그들의 설교를 들려준다. 그들 설교의 탁월함과 지속적인 열정과 장점, 약점을 잘 설명해 주는 책이다. 설교 세계의 숲을 보여 주는 데에서 멈추지 않고 설교 세계의 깊이와 소중한 원리들을 깨닫게 한다.

저자는 이 책을 통해 설교의 본질을 깨우쳐 준다. 거듭 성경으로, 거듭 본질로, 거듭 하나님께로 돌아가게 한다. 오직 성경, 오직 믿음, 오직 은혜의 세계로 돌아가게 한다. 설교자들이 소유해야 할 보석 같은 책이라 할수 있다. 이 책은 설교를 사랑하게 하는 것이 아니라 하나님의 말씀을 사랑하게 만든다. 또한 설교자가 설교를 만드는 공장이 아니라 성도를 거룩하게 만드는 하나님의 통로임을 깨우쳐 준다. 설교를 잘하는 법보다 설교를 올바르게 하는 원리를 제공해 준다.

이 책은 이삭이 아버지 아브라함이 팠던 우물을 다시 판 것처럼, 옛 우물을 다시 파서 말씀과 성령과 보혈의 생수를 마시도록 도와준다. 한 번 읽어서는 안 된다. 자주 펼쳐 거듭 정독하면서 설교자 자신을 돌아보아야 하는 거울 같은 책이다. 설교자가 성장해야 성도들이 성장한다. 설교자의 성장은 설교의 성장으로 열매를 맺는다. 또한 설교의 성장은 성도들의 거룩한 삶을 통해 열매를 맺는다.

이 책을 설교를 배우기 원하는 신학생들에게 추천하고 싶다. 자신의 설교를 점검하고 설교를 지속적으로 배우기 원하는 모든 설교자에게 추천하고 싶다. 하나님의 말씀을 사모하고, 말씀 앞에 떨며, 말씀을 존귀히 여기는 모든 성도에게 추천하고 싶다.

│ 강준민(L.A. 새생명비전교회 담임목사)

사랑하는 류응렬 목사님의 책을 읽으며 기쁨과 감사를 느낀다. 저자의 글에서 무엇보다 하나님을 향한 뜨거운 사랑이 느껴진다. 성도에 대한 깊은 애정도 느껴진다. 머리가 아니라 마음에서 나온 글이기 때문이다. 동시에 저자의 글은 논리의 명쾌함과 정보의 풍성함도 제공한다. 각 주제에 해당되는 영적 거인들의 설교를 분석하고, 그것이 오늘날 우리에게 주는 신앙적, 설교학적 함의가 무엇인지 정확하게 기술하고 있다. 나는 이 책을 읽으면서 마음이 뜨거워지고 생각이 깊어졌다. 이 책이 목회자들뿐만 아니라 말씀을 깊이 사랑하는 성도들에게 큰 도움이 될 것을 확신하며 기쁨으로 추천한다.

│ 권호(합동신학대학원 설교학 교수, 사랑의교회 협동목사)

설교자라면 가슴속 묵은 질문이 있다. '나의 부족한 설교를 어떻게 하면 발전시킬 수 있을까?' 마틴 로이드 존스는 설교자가 성장하기 위한 최고의 방법으로 교회 역사 속 거장들의 설교를 듣고 읽는 것을 꼽는다. 존스토트도 과거 하나님이 복 주신 위대한 설교자들에게서 지금도 배울 것이 많다고 인정한다. 팀 켈러도 훌륭한 설교자들의 설교를 읽고 듣는 것이 설교자로 준비되는 가장 효과적인 길이라 말한다. 한마디로 설교자는 한 설교자를 통해 태어나고, 다양하고 위대한 설교자들의 지혜를 받아먹고 부쩍 자라난다.

이 책은 설교 전문가가 설교 역사 속에서 오늘날 설교자를 위해 캐낸 영적 보화다. 하나님이 귀하게 사용하신 훌륭한 설교자들의 실제 설교와 그들의 설교 세계를 속속들이 보여 주는 선물 같은 책이다. 이 책을 통해 검증된 거장 설교자들의 지혜와 통찰을 얻는 것과 함께, 설교 거장들을 나의 설교 멘토로 삼을 수 있을 것이다. 설교자의 길을 걷는 모든 분에게 일독을 강력히 권한다.

| 김대혁(총신대학교신학대학원 실천신학 교수)

저자는 뜨거운 설교자의 심장을 가지고 '진리', '지성', '복음', '개혁', '경종', '내러티브'라는 6가지 영역에서 위대한 목회자들의 실제 설교를 세심한 번역을 통해 소개했다. 저자는 따뜻한 목회자의 마음을 가지고 절대 진리로 강단을 지키며, 성경적 지성으로 영혼을 물들이며, 십자가 복음으로 세상을 흔들며, 개혁신학의 불꽃으로 강단을 태우며, 영혼을 울리는 설교로 시대를 깨우며, 이야기식 설교로 청중을 사로잡았던 20인을 통해 설교 세계의 새 지평을 열어 주고 있다. 탁월한 설교학자의 눈을 가진 저자는 위대한 설교자 20인의 삶과 설교에 대한 예리한 분석으로 오늘날 한국 교회 설교자들에게 통찰력 넘치는 메시지를 제시하고 있다. 이 책을 통해 한국 교회에 다시 말씀과 성령의 부흥이 불길처럼 일어나기를 소망한다.

| 박현신(총신대학교신학대학원 설교학 교수)

이 책은 각 시대의 탁월한 설교자들의 설교문을 소개하고 특징을 분

석한다. 20인의 설교자들이 보여 주는 20가지 색깔의 설교는 '다양성'을 존중하는 오늘날, 하나님의 말씀을 어떻게 전해야 하는지 '가야 할 길'을 보여 준다. 이 책을 읽다 보면 설교자로서 타협할 수 있는 부분과 타협할 수 없는 지점의 모호함이 깨끗이 사라진다. 시대와 청중의 필요에 따라 이리저리 움직이는 설교자가 아닌, 각 시대를 향한 하나님의 마음을 대변하고 싶은 설교자들에게 강력히 일독을 권한다.

| 송태근(삼일교회 담임목사)

    '강의'와 '목회' 두 가지 일로 늘 분주하게 활동하고 있는 류응렬 목사가 귀한 책을 출간했다. 과거 대형 교회를 맡아 미주로 떠나는 모습을 보면서 반가운 마음도 있었으나, 그 학문적인 재능이 그로 인해 제대로 발휘되지 못하면 어떡하나 걱정하는 마음도 있었다. 그러나 이렇게 설교자들에게 유익한 책을 집필해 주니 너무도 기쁘고 감사하다.
    이 책은 기독교 역사상 설교의 명예의 전당에 오를 만한 위대한 설교가들의 설교를 분석하고 그 장점들을 빼곡히 추출한 보석같이 귀중한 자료다. 특히 '진리', '지성', '복음', '개혁', '경종', '내러티브'라는 기독교 복음에 필수적인 주제들과 공통분모를 가지고 있는 설교가들의 메시지들을 한데 모아, 각자 나름의 특징과 장점들을 잘 추려 내어 소개하고 있다. 이름만 들어도 우리의 가슴을 설레게 하는 명설교가들을 통해 오늘날 한국 교회와 설교자들에게 설교의 '본질'(What)과 '비결'(How)이 무엇인지 제대로 알려 준다. 이 책을 통해 자신의 설교가 달라졌다는 고백과 간증들이 터져 나오기를 고대하면서 일독을 권한다.

| 신성욱(아신대학교 설교학 교수, 한국복음주의실천신학회 회장)

류응렬 목사님은 총신대학교에서 설교학을 가르칠 때부터 주목해 오던 학자였다. 가르침을 받는 신학생들로부터 가슴이 뜨거운 교수님, 진실한 교수님이라는 평가를 많이 들어 왔기 때문이다. 그후 류 목사님과 교제하면서 그가 가진 뜨거운 열정은 하나님을 향한 믿음에서 비롯된 것임을 알게 되었다. 그런 분이 쓴 책은 신뢰가 간다. 더군다나 설교의 거장들에 대해 분석한 책이므로 기대하는 마음으로 추천한다. 귀한 책을 통해 많은 깨달음을 얻게 되리라 기대한다.

│ **이찬수**(분당우리교회 담임목사)

누군가는 꼭 써 주기를 바랐던 책이 세상에 나왔다. 특히 저자가 류응렬 목사님이어서 더욱 감사하다. 저자 역시 많은 목회자에게 존경받는 목회자이며 타고난 문학가이자 사람의 심령을 울리는 설교자이기 때문이다. 탁월한 설교자가 문학적 혜안과 농밀한 필력을 바탕으로 종교개혁부터 지금까지 시대마다 쓰임을 받았던 설교 거장들을 소개하고, 그 설교를 면밀히 분석할 뿐 아니라, 그들의 설교가 시대와 장소를 초월해 한국 교회와 설교자들에게 주는 의미까지 밝히고 있다.

이 책은 모든 설교자의 서재에 반드시 있어야 할 책이며, 각자의 설교 세계를 구축하는 데 꼭 필요한 나침반이 될 것이다. 최고의 설교자 20인의 설교를 분석했기에 자기의 은사와 신학적 성향이 유사한 롤 모델을 찾기에 좋고, 비록 성향이 다를지라도 소개된 다른 설교자들의 설교를 통해 본인의 단점과 부족한 점을 채우기에도 넉넉한 책이다. 설교의 숲에서 가끔 길을 잃고 헤맬 때 이 책을 편다면 금방 본인의 좌표를 찾고, 출구도 만나게 될 것이다. 모든 설교자에게 강력히 추천한다.

│ **최병락**(강남중앙침례교회 담임목사, 월드사역연구소 소장)

　　총신대학원에서 10년 동안 설교학을 가르치고 미국에서 목회한 지도 10년이 지났습니다. 한 편의 설교를 준비한다는 것은 세상의 무엇과도 비교할 수 없는 기쁨이요 보람찬 일입니다. 설교 준비가 잘 되어서가 아닙니다. 한 편의 설교가 탄생하기까지 기도와 함께 땀을 쏟아 내고, 태양 같은 진리의 말씀을 호롱불처럼 비추고 있는 자신의 한계 때문에 주님과 성도들에게 죄송한 마음으로 아파하는 것은 이 땅의 모든 설교자가 경험하는 삶일 것입니다. 그래도 우리는 주어진 사명을 위해 다시 말씀을 펼쳐 놓고 하늘의 은혜를 구하며 주님 앞에 엎드리게 됩니다.

　　때로 설교에 영감을 얻고자 할 때나 설교자의 가슴을 새롭게 품고자 할 때, 한 시대 하나님의 오른손에 들려 멋지게 쓰임 받았던 설교자들의 설교를 펼쳐 보곤 합니다. 한 줄 한 줄 설교문마다 터져 나오는 설교자들의 심장 소리를 들으면서 저도 한 청중이 되어 "아멘"으로 응답하곤 합니다. 말씀 속에 흘러넘치는 복음의 감격을 다시 만나거나, 말씀을 통해 다가오시는 예수님을 발견하다 보면 메마른 땅에 쏟아지는 폭우처럼 영혼의 생수를 체험합니다. 저뿐 아니라 이 책을 통해 하나님이 맡겨 주신 사명을 향해 묵묵하게 걸어가는 이 땅의 모든 설교자와 주님의 말씀을 사모하는 모든 성도님이 똑같은 영혼의 소낙비를 체험하기를 바랍니다.

설교란 땅 위에서 살아가는 사람들에게 들려주는 하늘의 소리입니다. 하나님이 사랑하는 당신의 백성을 만나시는 통로입니다. 생명의 말씀이 영혼의 창문을 뚫고 들어오면 죽은 영혼은 살아나고, 시든 영혼은 새 힘을 얻으며, 살아난 영혼은 주님의 제자로 일어납니다. 예수님은 세상에 계실 때 말씀으로 사람들을 살리셨고 제자들에게도 그 말씀으로 지역과 땅 끝을 변화시킬 것을 부탁하셨습니다. 십자가와 부활의 복음으로 사도행전의 역사가 일어났고, 중세 천 년의 어둠을 뚫고 종교개혁의 불꽃이 타올랐으며, 한국 교회도 그 복음으로 영적인 새벽을 맞이했습니다.

하나님은 기독교 2천 년 역사 가운데 신실한 종들을 설교자로 세우시고 강단에서 쏟아 낸 말씀으로 하나님의 백성을 먹이시며 주님의 교회를 세우셨습니다. 역사는 바람처럼 사라졌지만 그들의 설교가 아직 남아 있다는 것은 놀랍고 고마운 일입니다. 우리 앞에 지나간 20인의 대표적인 설교자를 한자리에 모았습니다. 그들의 설교문을 하나씩 읽다 보면 문자를 넘어 우리의 영혼을 향해 고동치는 설교자의 심장 소리가 들릴 것이며, 뜨거운 하나님의 가슴을 만나게 될 것입니다. 종교개혁의 불꽃 마르틴 루터와 존 칼빈도 만날 것이며, 진리로 시대를 깨운 마틴 로이드 존스와 팀 켈러의 목소리도 듣게 될 것입니다. 성경적 지성으로 영혼을 물들인 조나단 에즈워즈와 존 스토트의 설교도 마주할 것이며, 십자가 복음으로 세상을 흔든 드와이트 무디와 빌리 그레이엄의 흔적도 보게 될 것입니다. 강단에서 회중을 향해 사자후를 토해 내는 찰스 스펄전과 존 파이퍼의 열정도 느끼게 될 것이고, 강해설교의 아버지라 불리는 해돈 로빈슨의 설교 세계도 체험하게 될 것입니다.

모든 설교자가 완벽할 수는 없지만 세상을 움직인 주요 설교자들의 설교를 읽다 보면 하나님이 그들을 사용하신 이유를 발견하게 될 것입니다. 그들은 한결같이 하나님을 향한 거룩한 사랑이 넘쳤고, 영혼을 품는 목자의 심정이 충만했으며, 강단을 향한 열정이 불타올랐습니다. 프레드크 래독과 유진 로우리 같은 최근의 설교자들은 성경적인 설교와는 차이를 보이기에 경계해야 할 점도 있지만, 설교 역사의 큰 물줄기를 바꾸어 놓은 분들이기에 그들의 설교와 분석을 통해 강단을 더욱 풍요롭게 하기 위한 소중한 가르침을 얻게 될 것입니다. 한 가지 아쉬운 점은 지면상 설교 전문을 소개하지 못하고 부분적으로 발췌했다는 것입니다. 그래도 각 설교자의 설교 흐름과 정신을 충분히 파악할 수는 있을 것입니다.

이 책이 목회자들과 신학생들에게 좋은 설교의 길잡이가 되기를 바랍니다. 누구나 소개된 사람들처럼 설교할 수는 없지만 이들을 통해 자신의 설교를 돌아보며 발전의 기회를 얻을 수는 있을 것입니다. 일반 독자들은 책장을 넘기면서 하나님의 음성을 듣는 시간이 되기를 바랍니다. 우리 영혼의 양식을 통해 주님을 더욱 깊이 배우며, 복음을 살아 낸 설교자들을 통해 신앙의 여정에 잔잔한 도전이 일어나기를 기대합니다.

기독교와 교회의 내일을 걱정하는 시대가 되었습니다. 그러나 강단이 살아나면 영혼이 살아나고 교회는 비상의 날개를 펼칠 것입니다. 그 강단은 예수 그리스도의 십자가 복음에 영혼을 적신 설교자를 통해 살아날 수 있습니다. 하나님은 이런 설교자들을 통해 역사의 어둠을 뚫고 진리의 복음으로 세상을 밝히셨습니다. 이 책에 소개된 설교자들은 시대마다 그렇게 쓰임을 받았습니다. 이 책을 손에 든 우리도 한 시대 하나님께 고결하게 쓰임 받기를 주님 앞에 간구합니다.

이 책에는 학문의 여정에서 저에게 설교학의 세계를 열어 주고 삶으로 가르쳐 주신 스승님들의 흔적이 스며 있습니다. 성경적 설교의 기초를 놓아 주고 이제 하나님의 품에 안기신 해돈 로빈슨(Haddon Robinson) 교수님, 오랜 세월 한결같은 사랑과 관심으로 저를 세워 주시는 브라이언 채플(Bryan Chapell) 교수님, 그리고 저의 박사과정 지도교수로 오늘까지 깊은 열정과 사랑으로 이끌어 주시는 허셜 요크(Hershael York) 교수님께 이 책을 바칩니다.

2023년 9월
류응렬

1부
진 리

타협할 수 없는 진리로
강단을 지키다

1장

마틴 로이드 존스,
영혼의 의사

마틴 로이드 존스의 설교

설교 제목: **인간이 치유할 수 없는 병**(The Disease Man Cannot Cure)

본문: **열왕기하 5:1**

본문은 아람 왕의 군대 장관 나아만의 놀라운 이야기가 소개된 말씀에서 가장 먼저 나오는 구절입니다. 마음을 집중해서 이 구절을 살펴보기 바랍니다. 모든 성경에서 가장 강조하고 있는 내용이며, 그리스도인의 구원과 관련된 매우 중요한 원리를 보여 주는 본보기가 되는 본문입니다.

성경의 메시지는 오직 하나입니다. 성경은 신약과 구약 두 권으로 구성되어 있지만, 하나의 메시지를 담고 있는 한 권의 책입니다. 성경의 목적은 단 하나의 핵심 메시지, 바로 인간과 하나님의 관계를 다루고 있습니다. 성경은 이 세상에서 가장 실제적인 책입니다. 세상 사람들 중에는 현실적인 것에 신경을 쓰느라 성경을 읽거나 성경에 근거한 설교를 들을 시간이 없다고 말하는 어리석은 사람들도 있습니다. 그들은 "나는 진짜 나 자신의 인생을 살고 싶다"고 말합니다. 그러나 사실은 성경 앞에 서게 될 때 우리는 비로소 진정한 인생을 살 수 있습니다.

성경은 이론을 다루는 책이 아닙니다. 우리가 서 있는 바로 그 자리로 찾아와 우리가 겪고 있는 고통의 원인을 진단해 줍니다. 그뿐 아니라 우리가 그 모든 고통에서 구원받을 수 있는 유일한 길을 제시해 줍니다. 그 길은 신약에서뿐 아니라 구약에서도 제시하고 있습니다.

신약과 구약의 차이는 한 가지밖에 없습니다. 메시지가 제시되는 형식입니다. 구약은 모형, 즉 앞으로 다가올 사건들을 예언합니다. 실체를 보여 주는 그림자가 그 안에 들어 있습니다. 그리고 신약은 그 위대한 사건이 성취되는 것을 보여 줍니다. 그러나 신구약의 원리는 똑같습니다.

사도 바울은 서신서에서 구원의 길은 오직 하나이며, 믿음뿐이라고 선포합니다. 사도 바울이 믿음으로 구원받은 것처럼, 아브라함도 마찬가지로 믿음으로 구원받았습니다. 위대한 믿음장이라 알려진 히브리서 11장을 보십시오. 그 모든 사람이 어떻게 믿음으로 구원받았는지 잘 나와 있습니다. 하나님을 알고 악한 세상과 마귀로부터 구원받을 수 있는 길은 오직 하나입니다. 바로 믿음의 길입니다. 모든 구약이 보여 주는 것이 이 사실입니다. 아벨, 아브라함, 이삭, 야곱, 모세, 다윗, 여러 선지자와 같은 위대한 인물에게서 이 사실을 확인할 수 있습니다. 구약의 구원도 신약의 구원과 똑같습니다.

　문제는 신약과 마찬가지로 구약에도 이 메시지 때문에 걸려 넘어지는 사람들이 있었다는 사실입니다. 본문의 나아만이 좋은 실례라고 할 수 있습니다. 이 사람을 들여다보면, 우리는 신약에서 더욱 분명히 가르치는 똑같은 원리를 구약에서도 생생하고 확실한 방법으로 보게 될 것입니다. 제가 이 본문을 택한 의도가 바로 여기에 있습니다. 이 본문이 우리 모두에게 도움을 줄 것이라 믿기 때문입니다.

　이 교리와 가르침과 원리를 구체적인 실례를 통해 볼 수 있다면 많은 사람에게 유익할 것입니다. 하나님은 우리에게 교훈을 주실 뿐 아니라 생생한 실례와 이야기까지 주실 정도로 인자하시며 세심하십니다. 그렇다면 이 중요한 문제를 아람 사람 나아만의 모습을 통해 살펴보기를 바랍니다. 여기에서 우리가 얻을 수 있는 첫 번째 요점은 죄는 인생을 망친다는 사실입니다.

　"아람 왕의 군대 장관 나아만은 그의 주인 앞에서 크고 존귀한 자니 이는 여호와께서 전에 그에게 아람을 구원하게 하셨음이라 그는 큰 용사이나 나병 환자더라"(왕하 5:1). 성경에 적힌 그대로 인용한 것입니다. 왕이 크고 존귀하게 인정한 사람, 뛰어난 재능으로 존귀함을 받는 사람, 선천적인 재능과 능력을 지닌 사람, 대단한 용기를 지닌 인물로 자기 군대를 탁월하게 통솔하는 사람. 그래서 그는 '주인 앞에서 큰 자'였습니다. 나아만에 관해 읽어 보면 밑에서부터 하나씩 밟아 올라온 사람으로, 거의 완벽에 가까운 인물로 보입니다.

　그런데 그의 삶에 '그러나'라는 단어가 따라 나옵니다. "그러나 나병 환자더라." 바로 이 구절에서 우리는 성경이 죄에 대하여 말하는 모든 것을 보게 됩니다. 나병을 통해 죄가 무엇인지 그대로 보여 주고 있기 때문입니다. 구약 시대든, 신약 시대든 나병은 죄의 모형 혹은 죄의 실례로 나타납니다.

누구나 인생을 망치는 것이 있다는 사실을 알고 있습니다. 요즘 세상에는 참 좋은 것도 많습니다. 그럼에도 불구하고 우리 모두 삶을 망치는 것이 있다는 사실을 잘 압니다. 인생 전반에 다 있기 마련입니다. 개인의 삶과 체험을 통해서도 이 사실을 잘 알고 있습니다. 금세기는 얼마나 뛰어나고 우수한 세기인지 모릅니다. 지식, 특히 과학적인 지식에서 이룬 모든 진보, 의약계와 질병 치료 분야의 괄목할 만한 발전, 주거와 교육, 문화에서 이룬 모든 진보. 오늘날 모든 사람은 이전 어느 때보다 잘 살고 있습니다. "이렇게 좋은 적이 그 언제 있었던가"라고 할 만큼 잘 살고 있습니다. 그러나 모든 것이 괜찮다고 말하는 사람은 누구도 없습니다.

여기서 바로 그 치명적인 '그러나'가 끼어듭니다. '그러나'는 항상 있습니다. 금세기 내내 있었습니다. 1930년대를 한번 생각해 보십시오. 그때도 히틀러라는 사람만 없으면 모든 것이 괜찮을 것이라고 말했습니다. 늘 그런 식입니다. 모든 것이 완전한데도 '그러나'가 있습니다. '그러나'는 늘 따라다닙니다.

이 세상은 마치 아람 사람 나아만과 같습니다. 우리는 이 시대에 대해 얼마든지 이런저런 자랑을 할 수 있습니다. 예를 들어, 세상이 지금처럼 멋진 적은 없었다든가, 이렇게 많은 오락 시설을 갖춘 적은 일찍이 없었다든가, 모든 사람의 환경과 여건과 삶의 전반이 전보다 나아졌다고 말할 수 있을 것입니다. 그러면 지금의 세상이 완전하다고 말할 수 있을까요? 그렇지는 않습니다.

지금 이 세상은 완전하지 않습니다. '그러나'가 있습니다. 무언가 잘못된 것, 나병처럼 모든 것을 망쳐 놓을 것 같은 무언가가 있습니다. 미래에 대한 불안감이 찾아드는 것입니다. '이 모든 번영이 과연 지속될까? 이 세상은 이제 무엇을 하려고 할까? 혹시 또 다른 전쟁을 위해 돌아가고 있는 것은 아닐까?' 거의 모든 것이 완벽하다고 생각하려는 바로 그 순간, '그러나'가 끼어듭니다. 그런데 그것을 없애 버릴 수가 없습니다. '그러나'는 이처럼 일상 가운데서 볼 수 있습니다.

성경에 따르면, 인간의 삶은 죄가 이 땅에 들어온 이후로 지금까지 한 번도 완전한 적이 없으며 흠잡을 데 없이 완벽해 본 적도 없습니다. 하나님이 태초에 만드신 인간은 흠잡을 데 없이 완전했습니다. 그의 인생은 정말 완벽했습니다. 에덴동산에는 부족한 것이 하나도 없었습니다. 인간은 하나님의 형상에 따라 완전하게 만들어졌습니다. 모든 것을 누릴 수 있었습니다. 정말 부족한 것이 전혀 없었습니다. 실망이나 불행, 뭔가 잘못되어 가고 있는 것이 하나도 없었습니다. 하나님은 그 모든 것을 보고 좋아하셨습니다. 그때 인생의 특징을 말하라면 바로 완전함, 완벽함이었습니다. 아무 흠이 없고, 아무것에도 주의를 빼앗기지 않았습니다. 그런데 죄라는 치명적인 것이 들어와 인간에게서 완벽함과 완전함을 앗아 갔습니다. 그래서 우리 모든 사람의 인생이 "이것도 좋고 저것도 좋은데 '그러나'…"로 묘사될 수밖에 없는 것입니다. 죄 때문에 인생이 망가지고 파괴되었습니다.

세상에서 엄청난 성공을 거둔다 해도 누구에게도 그 성공은 완전하고 완벽할 수는 없습니다. 아니, 완벽하고 완전한 성공 같은 것은 아예 존재하지 않습니다. 완전하고 완벽한 행복도, 흠 없이 완전하고 완벽한 평강도 없습니다. 이 세상 위인들의 전기나 자서전을 읽어 보십시오. 그러면 여기 나온 '그러나'가 지닌 요점을 생생하게 확인할 수 있을 것입니다.

예를 들어, 한 사람이 대단한 자리에 올랐다고 해 봅시다. 마침내 그가 늘 원하던 자리에 오른 것입니다. 그러나 곧 사람들이 그를 시기 질투하고 있다는 사실을 알아챕니다. 그들은 그가 혹시 실수하지 않을까 호시탐탐 노리고 있습니다. 그 자리를 차지하기 위해 그가 갑자기 그 자리에서 떨어지기만 기다리고 있습니다. 그래서 그가 병에 걸리거나 은퇴할 때가 되어도 전혀 실망하거나 마음 아파하지 않습니다. 그 사람은 이 모든 사실을 알고 있습니다. 그리고 바로 그것 때문에 기분이 상하고 맙니다. 어떤 시인은 그것을 이런 식으로 표현했습니다. "왕관을 쓴 머리는 편안하게 잠들지 못한다." 왕관을 쓴 사람은 불안합니다. 왕관을 갖고 싶어 하는 사람, 어디선가 칼을 갈며 왕관을 노리는 사람이 있다는 것을 잘 알고 있기 때문입니다. 그는 그 자리에 이르렀고, 왕관을 얻었으며, 마침내 정상에 올랐습니다. 그런데 '그러나'가 끼어듭니다. 이처럼 항상 뭔가 잘못된 것이 있기 마련입니다.

성경은 이런 이야기로 가득합니다. 에스더서를 보면 아하수에로 왕의 총애를 받는 하만이라는 사람이 나옵니다. 하만은 높은 자리에 올랐습니다. 모든 것을 가진 그는 자신이 그처럼 위대한 사람이 되었으니 이제 아무것도 자신의 삶을 망쳐 놓지 못할 것이라고 생각했습니다. 심지어 자기가 길을 지나갈 때면 누구나 자기에게 절해야 한다고 공표했습니다. 그런데 모든 사람이 그에게 절했지만, 유독 모르드개만은 절을 하지 않았습니다. 하만은 그것 때문에 아주 기분이 상했습니다. 그래서 집에 돌아가 아내에게 이 일을 불평했습니다.

하만은 비참하고 불행하다는 생각이 들었습니다. 그는 왕에게 존귀하게 되었고, 가장 높은 자리에 올랐으며, 칙령을 발표하고 집행할 수 있는 사실상 왕의 권세를 지닌 사람이었습니다. 그러기에 모든 백성이 그에게 절을 했습니다. 그러나 그에게 절하지 않겠다고 버티는 사람이 딱 한 명 있었습니다. 이 모든 것에도 불구하고 그 한 가지 때문에 그는 불행했습니다. 그는 아내에게 이렇게 말했습니다. "모르드개라는 놈이 있는데 그놈이 내게 절을 하지 않는단 말이야." 우리 인생의 모습을 얼마나 잘 나타내 주는 장면입니까!

나아만은 그의 주인 앞에서 크고 존귀한 자였습니다. 여호와께서 전에 그를 통해 아람을 구원하셨기 때문입니다. 그는 큰 용사였습니다. 그러나 나병 환자였습니다. 그것이 그의 모든 것을 망쳐 놓았습니다. 때로는 문제가 다른 사람일 때도 있습니다. 때로는 자기 자신, 자기 성질, 자기 체질일 때도 있습니다.

이 땅을 살다가 떠난 거부들의 이야기를 한번 읽어 보십시오. 어떤 이야기든 그것을 읽은 다음 그 뒤에 숨겨져 있는 내막을 알아보십시오. 그러면 그들이 자신의 고약한 성질 때문에 몹시 불행했다는 사실을 발견할 것입니다. 우리는 인기 있는 배우들을 보면 "아, 얼마나 멋지고 훌륭한가!"라고 말합니다. 그러나 그들이 무대에 오르기 전, 아니 심지어 무대에서 연기하고 있을 때조차, 그리고 연기가 끝난 뒤에 무엇을 겪는지(긴장감, 신경과민, 체질성 질환 등) 조금이라도 안다면 아마 그런 말을 하지 않았을 것입니다. 그들의 성공은 영원할 것처럼 완벽해 보입니다. 그러나 그 사람을 깊이 알고 나면, 그 사람에게도 나병이 있음을 발견하게 됩니다. 계속해서 쑤시고 아픈 통증을 발견하게 됩니다.

본문에 나와 있는 두 번째 요점은 아무리 훌륭하고 높은 자리에 있는 사람도 이 문제를 해결할 수 없다는 것입니다. 그것이 나아만 이야기에 담긴 핵심입니다. 나아만은 나병 때문에 모든 것을 망친 사람입니다. 그는 틀림없이 주치의뿐 아니라 다른 의사들에게도 가 보았을 것입니다. 그들이 최선을 다해 치료했지만, 나병은 자꾸 악화되고 그를 괴롭혔습니다. 더 이상 손을 쓸 수 없었습니다.

오늘 세상이야말로 이 이야기와 같은 상황에 놓여 있습니다. 여기 나병 환자인 나아만 장군이 있습니다. 그의 모습은 우리 모두의 모습입니다. 우리가 살고 있는 사회의 모습이며, 본성상 우리 각자의 모습이기도 합니다. 이 세상은 지금 나병을 제거하기 위해 노력하지만, 완전히 실패하고 있습니다.

세 번째 요점은 인간이 그 문제를 다룰 수 있는 유일한 방법을 모르고 있다는 것입니다. 세상은 해답이 항상 바로 가까이에 있다는 사실을 모르고 있습니다. 그러나 이 메시지 속에는 역설이 있습니다. 위대한 장군 나아만을 소개하는 말씀 바로 뒤에 나오는 구절입니다. 어린 소녀에 대해서는 아무도 몰랐습니다. 아무 상관 없는 아이, 아무 가치 없는 아이였습니다. 그러나 바로 여기에 복음의 영광이 있습니다.

그 소녀는 나병을 고칠 수 없었습니다. 그러나 치유책이 있다는 사실을 알고 있었습니다. 소녀는 하나님의 능력이 나타나던 곳에서 왔습니다. 그래서 만일 자신의 주인이 이 능력 아래로 가기만 하면 나병이 치유될 것이라고 말했습니다. 그것이 바로 제가 지금 이 강단에서

하고 있는 일입니다. 우리는 단지 그것을 증언할 뿐입니다.

어린양의 보혈 속에 능력, 능력
기적을 행하는 능력이 있습니다.

사람들은 모두 기독교를 조롱하며 거들떠보지도 않습니다. 그렇습니다. 그러나 그들은 모두 병들어 있습니다. 모두 나병 환자입니다. "하나님께서 세상의 미련한 것들을 택하사 지혜 있는 자들을 부끄럽게 하려 하시고"(고전 1:27상). 왕들도 모르는 것을 한 어린 소녀가 알고 있었습니다. "세상의 약한 것들을 택하사 강한 것들을 부끄럽게 하려 하시며"(고전 1:27하). 그렇습니다. 당시 위대한 사람이나 왕들도 알지 못한 답을 가지고 있던 어린 소녀의 간증을 우리로 하여금 계속하게 하시려고 하나님은 멸시받는 것들과 없는 것들, 즉 우리와 같은 사람들을 선택하셨습니다.

여러분은 무엇을 읽고 어떤 생각을 하고 있습니까? 잠시 그 모든 것을 멈추고 이 오래된 이야기를 들어 보십시오. 예수님과 그분의 사랑에 관한, 그분의 피에 관한 메시지를 들어 보십시오. 우리를 치료하기 위해 죽으셨다가 다시 살아나사 우리에게 생명을 주시고 우리를 하나님께 내어 주신 하나님의 아들 나사렛 예수 그리스도에 관한 이 멸시받는 메시지를 들어 보기 바랍니다. 그분께 가십시오. 그러면 여러분의 나병이 나을 것입니다.

마틴 로이드 존스의 삶과 설교 세계

한국 목회자들에게 "설교자로서 가장 많은 영향을 받은 사람이 누구인가?"라고 물으면, 최우선순위로 꼽는 사람이 마틴 로이드 존스(Martyn Lloyd-Jones, 1899-1981)다. 많은 사람이 그의 설교집과 《목사와 설교》(CLC, 2020)라는 책을 통해 은혜를 받고 목회자의 길로 들어섰다. 20세기 가장 뛰어난 설교자라고 불리는 로이드 존스는 일생 성경의 진리를 그대로 외친 설교자요 목회자로 살았다. 1899년 웨일즈의 카디프에서 출생했으며 1차 세계대전이 일어난 1914년 런던으로 이주했다. 그때부터 당시 영국에서 가장 유명한 병원이던 성 바돌로매 병원 부속 의료학교에 입학하여 의학 공부를 시작했으며, 1921년 왕립 의과대학 회원 자격과 왕립 내과의사 자격을 취득했다.

1926년 고향인 웨일즈의 한 교회에서 설교한 것이 그의 인생을 바꾸어 놓은 계기가 되었다. 설교한 지 22일 만에 담임목사 제의를 받고 의사의 길을 버리고 목사의 길로 들어섰다. 최고의 의사로 촉망받던 27세 젊은이가 연봉 2,500파운드를 내려놓고 연봉 225파운드를 받는 목사의 길에 들어선 것이다. 웨일즈에서 1938년까지 12년 동안 목회한 후 런던의 웨스트민스터 채플에서 1968년까지 30년 동안 목회를 감당했다.

로이드 존스는 오직 말씀을 선포하고 목양하는 데 일생을 바쳤으며, 그가 살아 있을 때 단 한 번 신문사와 인터뷰를 했고 TV 방송 출연도 한 번밖에 하지 않았다고 알려진다. 현재 수많은 책이 번역되어 있지만, 그의 나이 70이 되어서야 처음으로 에베소서와 로마서 강해가 출간되었다.

로이드 존스는 금세기 최고의 설교자라고 칭송을 받지만, 정작 자신은 "설교하기 위해 산 것이 아니라, 참된 그리스도인이 되는 것이 가장 큰 일이었다"라고 고백하는 한 사람의 신실한 신앙인이었다. 하나님 앞에 서기 전에 그가 마지막으로 남긴 말은 자신의 병 낫기를 위해 기도하지 말라는 부탁이었다. 영광의 주님을 만나는 것을 조금도 지체하고 싶지 않다는 그의 위대한 신앙 고백은 강단에서 외친 복음을 삶으로 살아 낸 증거였다.

전기 작가 이안 머리는 로이드 존스가 강단에서는 사자를 닮았고, 강단 밖에서는 어린양을 닮았다고 묘사한다. 로이드 존스의 설교는 철저하게 성경에 뿌리를 두고 있기에 권위가 있고 의학도의 예리한 눈으로 깊이 파고든 뛰어난 분석력을 보인다. 본문에 근거하면서도 인간과 세상을 지배하는 사고를 정확하게 꿰뚫은 그의 통찰력은 듣는 사람에게 설득력이 넘쳤고, 삶으로 연결되는 적용은 그의 설교집을 읽는 사람의 영혼도 흔들어 놓는다. 진리의 성경에 근거하면서 성령의 역사를 강조한 그의 설교는 강해설교자가 지녀야 할 모든 요소를 포함한 모델이라 할 수 있다.

스티븐 로슨은 그의 책 《마틴 로이드 존스의 설교를 만나다》(생명의 말씀사, 2017)에서 로이드 존스의 설교에 나타난 특징을 몇 가지로 정리한다. 성경에 기초한 설교, 철저하게 성경 본문에 입각한 설교, 주의 깊은 연구가 있는 설교, 철저하게 하나님 중심적인 설교, 건전한 교리에 기초한 설교, 개혁주의 신학에 입각한 설교, 성령님을 전적으로 의지하는 설교 등이다. 개혁신학에 근거한 설교의 역사를 살펴보면, 존 칼빈은 성경 본문을 철저하게 주해하면서 삼위일체 하나님을 중심으로 설교한다. 조나단 에드워즈는 본문을 간단하게 다루면서 개혁신학에 근거한 교리를 심도 있게 다룬다. 로이드 존스는 본문에 뿌리내린 깊은 묵상과 성경에 근거한 교리를 정교하게 다룸으로 개혁신학과 강해설교가 지향해야 할 설교의 좋은 모델을 제시한다.

일생 예수 그리스도의 복음을 외친 그의 삶은 웨일즈에 있는 그의 무덤 비석에 잘 나타나 있다. "내가 너희 중에서 예수 그리스도와 그가 십자가에 못 박히신 것 외에는 아무것도 알지 아니하기로 작정하였음이라"(고전 2:2).

필자는 수년 전에 로이드 존스가 목회했던 웨스트민스터 채플을 방문한 적이 있다. 교회 문은 굳게 닫혀 있었지만 예약을 하고 갔기에 교회를 섬기는 부목사가 반갑게 맞이해 주었다. 한 시대 런던을 깨우고 많은 나라의 젊은이들을 일깨운 그의 설교가 흘러나왔던 강단에 서서 그가 바라보며 설교했던 회중석을 보았다. 하나님이 로이드 존스에게 주셨던 거룩한 열정과 말씀을 깨닫는 지혜의 영을 나에게도 부어 주시기를 간절하게 기도했다. 안내했던 목사는 현재 주일예배는 두 번 드리고 있으며 장년 성도는 150명 정도라고 말했다. 그 가운데 반은 외국에서 온 이민자들이라고 소개했다. 한때 복음으로 타올랐던 영국 교회였지만 영적인 피를 흘리는 영국 교회의 현실을 보는 것 같아 아픈 마음을 감출 수가 없었다.

마틴 로이드 존스의 설교 분석

1. 성경 본문의 깊은 연구가 스며 있는 설교

마틴 로이드 존스는 그의 책《목사와 설교》에서 모든 설교는 주어진 본문을 강해하는 것으로 시작할 것을 강조한다. 하나님의 말씀은 성경에서 시작되어 성경 전체의 배경에서 주해되고 본문이 말하고 있는 교리를 발전시키고 삶으로 적용되어야 한다. 이런 점에서 로이드 존스는 모든 설교가 강해설교를 지향해야 할 것을 주장한다. 설교자는 하나님의 백성을 향한 하나님과 그리스도의 대변자로서 서 있다. 따라서 설교자가 원하는 대로 설교를 이끌어 가는 주제설교나 도덕적, 심리학적, 철학적 접근을 반박한다. 이런 그의 설교철학은 "인간이 치유할 수 없는 병"이라는 제목의 본 설교에도 잘 나타나 있다.

나아만 장군의 이야기에 근거하여 로이드 존스는 신약과 구약을 넘나들면서 구원의 원리와 실제에 대하여 설교한다. 세상 사람들이 추구하는 모든 성공을 다 가진 나아만 장군은 자신이 원하는 것을 성취한 현대인의 표상이다. 하지만 나아만 장군의 삶에는 모든 것을 이루었지만 '그러나'라는 수식어가 따라다닌다. "그러나 나병 환자더라." 로이드 존스는 '그러나'라는 한 단어에 들어 있는 인간의 한계에 대하여 세밀하게 파고든다. 아담 이후로 타락한 인류 가운데 '그러나'의 조건에서 벗어난 사람은 아무도 없다. 겉보기에 모든 것을 갖추고 있을지라도 '그러나'의 한계를 극복할 수 있는 것은 세상에 존재하지 않는다. 모든 인생은 자신의 '그러나' 이후에 따라오는 삶 속에 제한적으로 살아간다.

로이드 존스의 설교가 보여 주는 정수는 바로 이런 점에 있다. 성경에서 핵심으로 보이는 한 가지 사상을 찾아내어 성경 전체를 배경으로 집요하게 풀어내고 오늘의 삶으로 적용해 간다는 점이다. 의사라는 직업 정신이 성경에 그대로 투영되어 영혼의 비밀을 해부하는 의사 역할을 하는 것이다. 모든 설교자는 영혼의 해부자가 되어야 한다. 사람을 살리는 진리의 말씀에 영혼을 적시는 거룩한 열정이 있어야 한다. 그때 하나님의 말씀은 가장 찬란하게 빛을 발할 것이고, 영혼의 변화는 가장 활발하게 일어날 것이다.

2. 삼위 하나님 중심의 설교

제임스 패커는 22세 때 마틴 로이드 존스의 설교를 듣기 위해 웨스트민스터 채플을 찾았다. 그와의 첫 만남은 설교였고, 그 한 편의 설교는 일생 패커의 가슴에 깊이 내려앉아 목회자가 가져야 할 거룩한 열정과 말씀을 대하는 설교자의 자세를 심어 주었다. 패커는 로이드 존스가 남긴 강력한 영향에 대하여, 그만큼 하나님과 하나님의 은혜에 대하여 많이 언급하는 설교자를 본 적이 없다고 회고한다. 로이드 존스의 설교가 가지는 위대한 힘의 원천이 바로 여기에 있다. 어떤 설교를 해도 삼위일체 하나님의 영광과 권능을 드러낸다는 것이다. 로이드 존스는 그의 《목사와 설교》에서 설교란 무엇보다 하나님을 선포하는 것임을 반복해서 강조한다. 하나님에 대하여 설교하는 것은 성경 자체가 하나님의 말씀이기 때문이다.

본 설교에서 로이드 존스는 나아만 장군과 같이 모든 사람이 지니는 한계를 극복할 수 있는 유일한 이름인 예수를 논리와 설득력을 동시에 유지한 채 증거한다. 나아만 장군이 하나님의 은혜의 세계로 나오게 하는 데 결정적인 역할을 한 이름 모를 소녀처럼 연약한 자를 들어 강한 자를 부끄럽게 하시는 하나님의 은혜를 강조하면서 모두가 예수님 앞으로 나올 것을 촉구한다. 로이드 존스가 일관되게 전했던 하나님의 은혜와 예수 그리스도의 십자가는 그의 인간에 대한 이해를 보여 주는 동시에 그의 설교가 무엇을 지향하는지 보여 준다. 모든 설교는 타락한 인류를 구원할 수 있는 유일한 이름인 예수 그리스도를 드러내며, 설교자는 그 위대한 하나님의 구원 사역에 영광스럽게 쓰임 받는 통로가 되는 사람이다.

3. 개혁신학에 근거한 교리와 설교

마틴 로이드 존스의 설교는 명확하게 개혁신학 또는 칼빈주의 신학을 보여 준다. 그의 대표적인 로마서와 에베소서 설교에는 개혁신학이 고스란히 녹아 있다. 개혁신학의 시작이 인간의 전적 타락과 하나님의 주권적인 은혜의 역사라면, 모든 설교는 하나님의 은혜와 영광을 드러낸다. 설교의 목적은 영혼이 죽은 사람이 복음으로 살아나고, 거듭난 사람의 성화를 통해 하나님의 영광이 가장 높임을 받는 것이다. 로이드 존스는 이러한 교리를 드러내는 가장 좋은 길이 성경을 그대로 강해하는 것이라 확신했다.

본 설교에서는 로이드 존스의 인간과 세상에 대한 개혁신학적 이해가 잘 드러난다. 나아만 장군의 병은 한 사람의 문제가 아니라, 하나님 앞에 타락을 경험한 모든 인간이 처한 상태라는 것이다. "오늘 세상이야말로 이 이야기와 같은 상황에 놓여 있습니다. 여기 나병 환자인 나아만 장군이 있습니다. 그의 모습은 우리 모두의 모습입니다. 우리가 살고 있는 사회의 모습이며, 본성상 우리 각자의 모습이기도 합니다. 이 세상은 지금 나병을 제거하기 위해 노력하지만, 완전히 실패하고 있습니다."

우리는 그의 설교에 인간의 전적 타락이라는 교리가 스며 있다는 것을 쉽게 발견한다. 이런 교리는 하나님의 전적 은혜의 교리로 나아간다. 청교도들은 스스로를 '영혼의 의사'라고 불렀는데, 로이드 존스는 죄악에 빠진 영혼을 향해 하나님의 은혜를 선포한 최고의 영혼의 의사 역할을 감당하는 동시에 모든 시대의 설교자의 영혼도 흔들어 깨우는 설교자의 의사이기도 하다.

4. 마틴 로이드 존스의 설교가 한국 교회 강단에 주는 메시지

마틴 로이드 존스가 한국 교회 강단에 주는 가장 큰 도전은 설교자는 끊임없이 본문과 깊은 씨름을 하라는 것이다. 설교자의 가장 큰 부담은 어떤 방식으로든 회중에게 은혜를 끼치겠다는 욕망이 아니라, 하나님의 말씀을 그대로 드러내고자 하는 열망이 되어야 한다. 여기에서 설교자의 본문을 향한 열정이 일어난다. 하나님의 말씀이 선명하게 선포될 때, 성령이 말씀과 더불어 역사하실 때 그 말씀이 살아 역사할 것을 믿기 때문이다.

오늘날 강단이 점점 본문 자체에서 청중으로 축이 옮겨지고 있는 것을 보면서 로이드 존스는 힘을 다해 외칠 것이다. "설교자들이여, 하나님 말씀을 향한 거룩한 열정을 품으십시오. 하나님 말씀의 능력을 그대로 믿으십시오. 그리고 성령이 행하시는 놀라운 역사에 대한 기대감을 품으십시오."

로이드 존스는 그의 《목사와 설교》에서 어떠한 소명보다도 가장 높고 영광스러운 소명이 설교자로의 부르심이라고 강조한다. 이 시대 기독교가 가장 절실하게 필요로 하는 것은 강단의 회복이다. 강단의 회복은 설교자의 자세에서 시작된다. 하나님의 가슴을 품고 영혼을 향한 목자의 심정으로 강단에 오르는 사람, 진리의 복음을 위해 '타오르는 논리'(Logic on fire)로 하늘의 음성을 들려주는 설교자의 삶이 회복되어야 한다. 열정이 없는 신학은 불량품이며, 열정이 없는 설교자는 어떤 이유든지 강단에 세워서는 안 된다고 주장하는 그의 음성을 이 시대 모든 설교자는 가슴에 새겨야 한다. 오늘날 한국 교회는 설교하기에 앞서 설교자로서의 자세와 품격, 그리고 열정을 위해 하나님 앞에 엎드려야 한다. 그것이 로이드 존스의 삶과 설교가 우리에게 지속적으로 들려주는 메시지다.

웨스트민스터 채플에서 필자를 안내하던 목사는 오늘날 왜 그 교회가 이토록 쇠퇴했는지 간단한 역사를 소개해 주었다. 로이드 존스 이후로 교회가 진리에 대한 강조보다는 사회복음을 강조한 시기가 있었다. 하늘의 말씀을 나누어 주는 것보다 런던 거리에서 구걸하는 사람들에게 빵을 나누어 주는 복음을 더 강조했다는 것이다. 그 결과 교회는 점점 비어 갔고 영혼을 살리는 하늘 양식의 외침은 점점 희미해

져 갔다. 영국 교회와 로이드 존스가 섬긴 교회뿐이겠는가. 한국 교회
든, 세상의 어느 교회든 진리의 복음이 사라지는 곳에 영혼의 탄생도,
영혼의 변화도 일어나지 않는다. 하나님의 영광은 생명을 살리는 복음
이 선포되는 그 한복판에서 가장 찬란하게 빛나기 때문이다.

2장

제임스 보이스,
필라델피아를 변화시킨 칼빈주의 설교자

제임스 보이스의 설교

설교 제목: **칼빈주의자 예수 그리스도**^(Jesus Christ the Calvinist)

본문: **요한복음 10:27-29**

요한복음을 다루면서 개혁주의 신앙에 관하여 중요한 요점을 몇 가지 설교한 적이 있습니다. 한 주가 지나 교인 가운데 누군가 주보에 이렇게 낙서해 놓은 것을 발견했습니다. "설교만 하면 칼빈주의 운운하는 것에 정말 넌더리가 난다."

그 메시지가 특별히 저에게 문제 되는 것은 아니었습니다. 사실 그런 말에 별 신경도 쓰지 않습니다. 제가 놀란 것은 다른 이유 때문이었습니다. 이 말을 쓴 사람이 기독교를 칼빈주의라는 것이 없이도 유지될 수 있는 일종의 사상 체계라고 여기는 것이었습니다. 다시 말하자면, 이 사람은 칼빈주의라는 이름으로 불리는 교리란 기껏해야 순수한 복음에 덧붙여진 것이고, 최악의 경우 복음에 대치되는 것이라고 생각합니다. 이런 생각을 가진 사람이 이 사람 혼자는 아니지요. 이 말이 과연 맞습니까? 은혜의 교리란 잘못된 것입니까? 결코 잘못된 것이 아니라는 하나의 증거를 우리는 오늘 말씀에서 보게 될 것입니다.

역사적 칼빈주의

오늘 전하고자 하는 말씀은 우리 주 예수 그리스도가 당신의 적들을 향해 확실하게 하시는 말씀입니다. 예수님을 믿지 않는 사람은 예수님의 양들이 아니기 때문입니다. 예수님의 양들이라면 믿고 따르기 마련입니다. 이 말씀은 지당합니다. 왜냐하면 아버지께서 주신 사람은 필연적으로 예수님께 나오기로 되어 있고, 예수님께로 나오는 사람은 결코 빼앗길 수 없기 때문입니다.

이 말씀은 죄로 인한 인간의 완전한 타락과 그리스도 안에서 이루신 하나님의 완전한 구원의 메시지요, 동시에 칼빈주의 신학의 독특한 특징을 보여 줍니다. 먼저 살펴볼 것이 있습니다. 칼빈주의란 복음에서 벗어나거나 복음 위에 덧붙여진 무엇이 아니라 오랫동안 교회의 특징을 이루고 있는 기독교의 가장 정수에 속한다는 것입니다.

칼빈주의라고 알려진 은혜의 교리는 칼빈이 만들어 낸 것이 아닙니다. 종교개혁 시기에 칼빈 홀로 품었던 생각 역시 아닙니다. 이 진리는 예수님이 우리에게 가르치신 것이고, 사도 바울이 성경에 다시금 확정한 것입니다. 어거스틴도 펠라기우스에 대항하여 동일한 진리를 설파했습니다. 루터도 칼빈주의자였지요. 츠빙글리도 마찬가지입니다. 그들은 칼빈이 말한 것을 믿었지요. 영국과 스코틀랜드에 거대한 민족의 부흥을 가져다준 청교도들도 칼빈주의자였지요. 그들의 후예로는 존 낙스가 있습니다. 토마스 카트라이트, 리처드 십스, 리처드 백스터, 매튜 헨리, 존 오웬도 있지요. 수천의 미국인에게 영향을 미친 조나단 에드워즈, 코튼 매더, 그리고 조지 휘트필드도 칼빈주의자였지요.

이 모든 사람에게 은혜의 교리는 기독교 사상에 덧붙여진 하나의 부가물이 아니라 그들의 설교와 선교 사역에 불꽃을 피운 중심 부분이었습니다. 제가 역사를 살펴보는 이유가 바로 여기에 있어요. 칼빈주의라는 교리가 후대 교회 역사에 등장한 그 무엇이 아니라, 예수님의 가르침에 그 뿌리를 둔 사상이며 오랜 역사를 거치면서 교회가 견지해 온 것이라는 사실입니다. 또한 이 교리는 교회가 신앙이 확고하고 성장이 가장 활발할 때 발견되는 특징이었습니다.

예수님은 이런 점에서 우리의 모델이십니다. 때때로 우리는 이 교리를 교회 내의 교리로만 여기곤 합니다. 다시 말해서, 이미 믿는 사람들에게만 주어진 진리의 말씀이라 생각합니다. 그러나 예수님은 그렇게 말씀하시지 않습니다. 예수님은 신자들뿐 아니라 대적하는 자들에게도 말씀하십니다.

이런 경우에 사람들은 믿지 못하는 것에 대한 책임을 예수님께 전가시키려 합니다. 그들은 이렇게 말하지요. "만일 당신이 그리스도라면 확실하게 말해 주시오." 예수님은 물론 이 질문에 대답하십니다. 자신이 메시아라는 정체성을 확실하게 말씀하시기보다 ^{(물론 예수님이 하신 말씀과}

사역이 예수님의 메시아 되심을 확증한다고 말씀하셨지만) 오히려 사람이 하나님을 결코 이해할 수 없다는 전적 무능력과 구원의 각 단계에서 하나님의 은혜의 필요성에 대해 말씀하십니다.

사람들이 예수님이 확실하게 말씀해 주시기를 기대했을 때 예수님은 이렇게 확실하게 말씀하셨지요. "너희가 내 양이 아니므로 믿지 아니하는도다 내 양은 내 음성을 들으며 나는 그들을 알며 그들은 나를 따르느니라 내가 그들에게 영생을 주노니 영원히 멸망하지 아니할 것이요 또 그들을 내 손에서 빼앗을 자가 없느니라 그들을 주신 내 아버지는 만물보다 크시매 아무도 아버지 손에서 빼앗을 수 없느니라"(요 10:26-29).

잃어버린 자들의 상태

예수님의 말씀에는 잃어버린 자들의 상태가 어떠한지가 나타납니다. 즉 그들의 상태가 예수님으로부터 떨어져 있다는 것입니다. 예수 그리스도에게서 분리된 상태란 사람이 영적인 생명을 상실했다는 말입니다. 그렇지 않다면 예수님이 영적 생명을 선물이라고 말씀하시지는 않았을 것입니다.

사람은 본래 생명을 지녔지요. 첫 사람 아담과 하와가 창조되었을 때 그들은 하나님과 교제할 수 있는 생명을 부여받았습니다. 그들은 에덴동산에서 하나님과 함께 교제했지요. 그러나 타락으로 말미암아 이 생명은 상실되었습니다. 그들이 하나님으로부터 숨었다는 것이 그 증거입니다. 바로 이것이 최초의 인류의 범죄 이후로 모든 인간이 처한 상태입니다. 따라서 복음이 선포될 때 하나님이 그들을 거듭나게 하시고자 그들의 마음속에 초자연적으로 개입하지 않으신다면 사람들은 하나님께 등을 돌릴 수밖에 없습니다.

그뿐이 아닙니다. 그리스도에게서 분리된 사람의 절망적인 상태는 하나님으로부터 오는 거저 주시는 은혜가 아니면 결코 생명을 회복할 수 없다는 사실을 성경은 말해 줍니다. 생명은 자격 없고 노력하지 않는 자에게 주어지기에 주님은 그것을 '선물'이라 부르십니다. 만일 노력해서 얻을 수 있는 것이라면 그것은 아마도 '삯'이 될 것입니다. 만일 공로로 주어진다면 그것은 '대가'가 될 것입니다. 그러나 영생은 결코 이런 것이 아닙니다. 그것은 선물입니다. 인류를 향한 하나님의 선하심에만 그 근거가 있습니다.

은 혜

이 교리는 다음 생각으로 우리를 이끌어 갑니다. 우리 스스로의 힘으로는 그리스도께 나아갈 수 없고 오직 하나님의 정당한 진노 아래 머물 수밖에 없지만, 그럼에도 불구하고 하나님은 은혜로 우리에게 다가오셨습니다. 지난번 설교에서 예수님이 당신의 양들을 위해 죽으셨다고 말씀드렸습니다. 특별한 구속의 교리 말이지요(요 10:11). 오늘 말씀에서는 예수님이 동일한 사람들을 위해 영생을 주셨다고 합니다(요 10:28). 이 사람들은 하나님이 예수님께 주신 사람들이지요.

구원의 근거를 이보다 더 찾아갈 수는 없습니다. 만사가 그러하듯이 모든 근원은 하나님 안에서 발견됩니다. 이렇게 말하는 사람도 있습니다. "하나님은 누가 믿을지 아시기 때문에 그들을 부르셨겠지요." 그러나 본문은 그렇게 말하지 않습니다. 이렇게 말하는 사람도 있지요. "하나님은 그들이 구원받을 만한 공로가 있다는 것을 아시기에 그들을 선택하셨겠지요." 성경은 이 생각을 가르치지도 않습니다.

성경이 말하는 것은 무엇입니까? 구원에서 주도권은 하나님께 있다는 것이지요. 사람의 어떤 공로와도 아무런 관계없이 하나님은 오직 은혜로 사람들을 선택하셨다는 말입니다. 이런 사실은 우리를 결코 교만하게 만들지 않습니다. 오히려 하나님에 대한 사랑을 드높여 줍니다. 도무지 자격 없는 자들을 오직 당신의 순수한 은혜로 구원하셨기 때문입니다.

효과적인 부르심

예수님이 보이신 또 하나의 개혁신학의 교리는 효과적인 부르심이라는 것입니다. 하나님이 그분의 백성을 부르시면 반드시 하나님께로 나아오며 예수님을 믿고 구원 얻도록 하나님이 능력으로 역사하신다는 말입니다. 예수님은 이렇게 말씀하십니다. "내 양은 내 음성을 들으며 나는 그들을 알며 그들은 나를 따르느니라"(요 10:27). 청교도들은 이렇게 표현했지요. "예수님의 양들은 각각 두 가지의 표지(標識)를 지닙니다. 귀에 있는 표지는 그리스도의 음성을 듣는다는 것이고, 발에 있는 표지는 그분을 따른다는 것이지요."

이 말은 진실로 옳습니다. 우리는 이렇게 질문할 수 있습니다. "우리는 듣고 있는가? 우리는 따르고 있는가?" 주일 아침 교회에 나와 예수 그리스도의 음성을 진실하게 듣는 사람이 몇 사람이나 될까요? 설교자의 목소리를 듣습니다. 찬양대의 목소리도 듣지요. 그러나 그리스도의 음성을 듣습니까? 진실로 그리스도의 음성을 듣는다면 어찌 그들은 그렇게도 비판적일 수 있을까요? 어찌하여 사람들은 주님보다 주님의 종들에 대하여 그렇게도 말들이 많을까요?

그리스도께 속한 사람은 그리스도의 음성을 듣습니다. 그들은 주님을 따라갑니다. 그러나 교회를 나오는 사람 가운데 진실로 주님을 따르는 사람은 얼마나 됩니까? 나름대로 훌륭한 지도자인 사람은 많지만 신실하게 주님을 따르지는 않습니다. 성경과 주님의 사람들에 대하여 비판하는 사람은 많지만 진정한 제자로 살아가지는 않습니다. 그리스도와의 관계는 포장할 수 있는 것이 아닙니다. 주님의 목소리를 듣고 주님을 따라가지 않는다면 여러분은 주님의 사람이 아닙니다. 예수님은 말씀하십니다. "너희가 나를 사랑하면 나의 계명을 지키리라"(요 14:15). 주님은 또 말씀하십니다. "귀 있는 자는 성령이 교회들에게 하시는 말씀을 들을지어다"(계 2:7).

성도의 견인

마지막으로 이 말씀에 나타나 있는 당신의 백성을 향한 하나님의 오래 참으심을 보십시오. 하나님은 그리스도 안에서 신앙을 주신 사람은 아무도 빼앗기지 않으리라 말씀하십니다. 하나님이 우리의 구원을 책임지신다면 어찌 빼앗길 수 있단 말입니까. 예수님이 말씀하십니다. "내가 그들에게 영생을 주노니 영원히 멸망하지 아니할 것이요 또 그들을 내 손에서 빼앗을 자가 없느니라"(요 10:28).

어떤 이는 이렇게 말할 것입니다. "그러나 자기 스스로 뛰쳐나간다고 생각해 보세요." 주님이 말씀하십니다. "결코(never, NIV) 멸망하지 아니할 것이다." "결단코요?" "결단코"라고 예수님이 말씀하시지 않습니까? "영원히 멸망하지 아니할 것이요 또 그들을 내 손에서 빼앗을 자가 없느니라." 물론 이 말씀은 위험이 없을 것이라 말하지 않습니다. 사실 이 말씀 속에는 위험을 의미하는 표현이 있지요. 누군가 우리의 삶에 위험을 가져올 것을 예수님은 아십니다. 그럼에도 주님의 약속이 무엇입니까? 예수님을 믿는 사람은 결코 빼앗기지 않으리라 말씀하십니다.

예수 그리스도의 손안에서 우리가 안전하고 결코 빼앗기지 않으리라는 사실을 여러분은 믿습니까? 다른 진리의 말씀을 믿듯이 이 말씀도 신뢰합니까? '나는 과연 그리스도께 속한 사람이 맞는가?' 그렇다면 주님이 이렇게 약속하십니다. 주님께 속한 사람은 그 누구도 멸망하지 않을 것이라고 말입니다. 만일 내가 멸망당한다면 예수님은 자신의 약속을 지키지 않으신 것이며, 이는 예수님이 무죄하시다는 것을 뒤집는 것이며, 죄 사함이란 결코 가능하지 못할 것이며, 어느 경우의 누구도 구원에 들어가지 못할 것입니다.

우리는 기독교의 교리에 대한 선포가 너무나 미약한 시대에 살고 있습니다. 심지어 그리스도인들도 이런 진리가 왜 설교되어야 하는지, 하나님이 그들을 사용하셔서 죄인들을 어떻게 구원하시는지 알려고도 하지 않습니다. 그러나 여러분, 역사상 가장 위대한 설교자 가운데 한 사람인 찰스 스펄전을 구원하는 데 하나님이 사용하신 방법이 바로 이 교리, 특히 하나님의 그분의 백성을 향한 길이 참으심이라는 교리 때문이라는 것을 알고 있습니까? 스펄전은 16세에 구원을 체험했습니다. 구원받기 전에 스펄전은 그의 친구들이 인생을 잘 시작했다가 엄청난 악 가운데 빠져 살고 있다는 것을 알았습니다. 스펄전도 이런 생각에 두려웠습니다. 자신도 그 죄악에 빠질 수 있다는 것에 두려워 떤 것이었지요.

그가 고민한 생각입니다. '내가 아무리 대단한 결심을 한다 할지라도 나에게 유혹이 찾아올 때 그 결심이 아무런 힘도 발휘하지 못할 가능성은 얼마든지 있다. 나도 친구들과 다를 바 없으리라. 그들은 악마의 갈고리에 있는 탐스러운 미끼를 보고 덥석 물지 않을 수 없었다. 나도 나 자신을 불명예스럽게 만들어 버릴지도 모른다.'

바로 그때 스펄전은 예수 그리스도가 당신의 사람들을 죄악에 빠지지 않도록 붙들어 주신다는 진리를 들었습니다. 이는 그를 사로잡는 말씀이었지요. 스펄전은 이렇게 고백합니다. "내가 예수께로 가서 새로운 마음과 올바른 영을 주님께로부터 받으면 다른 사람들이 빠져 들어 간 이러한 유혹에서 안전할 것이다. 주님이 나를 지켜 주실 것이다." 스펄전을 구세주께로 인도한 것은 바로 이 진리였습니다.

저는 여러분도 마찬가지이길 바랍니다. 저는 기초가 빈약한 복음을 설교하는 것이 아닙니다. 확률이나 가능성에 대한 종교를 설파하는 것도 아닙니다. 저는 그리스도의 메시지, 바울과 어거스틴, 루터와 칼빈, 그리고 하나님이 진정한 희망이요 구원이시라는 것을 믿는 사람들의 메시지를 전하는 것입니다. 사람이란 죄악 가운데 완전히 멸망한 존재라는 것과 하나님이 당신의 백성을 택하시고 마지막까지 그들을 인내하심으로 그리스도 안에서 완벽하게 구원하신다는 사실, 바로 이 메시지입니다. 하나님이 여러분의 마음을 여셔서 이 진리를 전심으로 믿을 수 있게 되기를 바랍니다.

제임스 보이스의 삶과 설교 세계

필자가 총신대학교 교수로 섬길 때 필라델피아 제10장로교회를 방문한 적이 있다. 현재 휘튼 대학교 총장으로 섬기는 필립 라이큰 목사가 담임목사로 시무할 때였다. 첫 만남 때 열정이 넘치고 무척 젊어 보이는 목사라는 사실에 놀랐다. 기독교 역사상 가장 뛰어난 성경주석가요 강해설교자로 알려진 제임스 보이스(James Boice, 1938-2000)가 목회했던 교회이기 때문이다. 필라델피아는 미국 역사상 최초의 수도였기 때문에 그만큼 역사적인 건물이 많고 기독교 역사 또한 깊은 곳이다. 필라델피아에서 영적 맏형 역할을 감당해 온 교회가 바로 제10장로교회다.

2022년 필자가 섬기는 교회의 목회자들이 팬데믹 중에 이 교회를 탐방할 기회가 있었다. 오래된 건물처럼 유구한 역사를 지닌 교회이지만, 순수한 복음을 간직한 것과 도시를 변화시키고자 하는 열정이 여전히 타오르고 있다는 사실에 놀랐다. 급속히 세속화되어 가는 필라델피아를 영적으로 지탱하는 주춧돌 역할을 감당하고 있는 느낌이었다.

철저한 칼빈주의요 개혁주의 신학자인 보이스는 하버드 대학교에서 영문학과 프린스턴 신학대학원에서 신학을 공부하고, 스위스 바젤 대학교에서 오스카 쿨만 교수에게서 수학한 후 신학 박사학위를 받았다. 1968년 필라델피아 제10장로교회에 부임했을 때 386명이던 출석 교인은 2000년이 되어 1,200명으로 늘어났다. 부활절 예배로 첫 설교를 시작한 보이스는 간암 판정을 받은 후 2000년 4월 23일 부활절 설교를 마지막으로 목회 사역을 마감하고 약 두 달 후에 하나님의 부르심을 받았다.

보이스는 대중적으로도 잘 알려진 설교자였다. "성경 공부 시간" (The Bible Study Hour)이라는 라디오 방송을 통해 미국과 전 세계에 진리의 말씀을 전했고, 50권이 넘는 주석을 집필하면서 개혁주의 진영의 선두 주자로 활동했다.

보이스는 하나님의 절대무오한 성경관에 기초하여 철저한 개혁신학에 뿌리내린 신학자였고, 주석과 설교에 그 정신이 그대로 스며 있다. 그는 많은 성경을 차례대로 설교했으며 그의 설교는 탁월한 신학적 이해와 충실한 본문 해석이 기초를 이루고 있다. 단어 연구와 배경 연구에도 철저해서 전형적인 본문 설명 중심의 강해설교자라고 할 수 있다. 예화를 강조하는 일반 강해설교자와는 달리 설교에서 예화는 잘 나타나지 않는다.

제임스 보이스의 설교 분석

1. 교리를 통해 성경의 근간을 보여 주는 설교

제임스 보이스의 "칼빈주의자 예수 그리스도"는 요한복음 10장 27-29절에 근거한 설교로서 평소 그의 개혁신학의 확신을 그대로 보여 준다. 보이스는 본문의 중요한 교리에 근거하여 칼빈주의 사상이 기독교 신학과 설교의 근간이라는 것을 성경뿐 아니라 기독교 역사 속의 영향력 있는 설교자들을 통해 확신 있게 보여 준다. 존 칼빈이 말하는 인간의 전적 타락과 하나님의 절대 은혜, 그리고 하나님이 길이 참으심으로 택한 백성을 반드시 영화롭게 인도하시는 교리가 설교 전면에 흐른다. 보이스가 이 설교에서 보이고자 하는 한 가지 중심 사상은 구원의 여정에서 주도권을 쥐고 있는 분은 하나님이시라는 사실과 하나님은 한 번 택한 백성은 반드시 인도하신다는 신실하심에서 오는 성도의 확신이다.

보이스의 교리설교에는 강해와 교리의 균형이 잘 나타난다. 이 설교에는 역사적 칼빈주의가 성경에 근거하고 있다는 것을 먼저 지적하고, 잃어버린 자들의 영적 상태와 은혜의 교리, 하나님의 효과적인 부르심과 한 번 부르신 자를 결단코 빼앗기지 않으시는 성도의 견인 교리가 잘 드러난다. 본문에 천착한 후 성경 전체에서 그 교리를 반추해 보는 흐름은 '강해적 교리설교'라고 부를 수 있을 것이다.

보이스의 교리설교는 오늘날 강단에서 발견하기 어려운 설교다. 교리가 딱딱하다는 느낌과 일방적으로 주입당한다는 인식은 현대인의 정서와는 맞지 않아 보이기 때문이다. 그러나 성경적 교리설교는 중요한 교리를 성경 전체를 배경으로 살펴봄으로써 성도들에게 성경의 뼈대를 이해시키는 데 매우 유익하다. 특히 바울서신은 성경의 중요한 교리를 다루는 본문이 많다. 바울 시대의 다양한 이단 사상 속에서 참된 기독교 신앙이 무엇인지를 변증하는 가르침이 많기 때문이다.

2. 연역적 설교를 통한 명쾌한 본문 해설

제임스 보이스의 설교는 연역적 설교의 전형을 잘 보여 준다. 연역적 설교란 무엇을 설교할지 중심 내용을 미리 서론에서 알려 주고,

그 주제를 설명하거나 논증하거나 증명하고 적용하는 설교 형식을 가리킨다. 이야기 설교나 내러티브 설교처럼 흐름을 지닌 설교와 달리 연역적 설교는 교리나 주제를 설교할 때 매우 유용한 방법이다. 연역적 설교의 가장 중요한 특징은 주제에 대한 명확한 설명에 있다. 보이스는 본 설교에서 본문의 교리를 네 가지 대지로 나누어 '잃어버린 자들의 상태', '은혜', '효과적인 부르심', 그리고 '성도의 견인'에 관하여 설명한다.

각각의 교리에 대하여 먼저 머리말에서 밝히는 것으로 설교를 시작한다. 예를 들어, 첫째, "예수님의 말씀에는 잃어버린 자들의 상태가 어떠한지가 나타납니다." 둘째, "이 교리는 다음 생각으로 우리를 이끌어 갑니다. 우리 스스로의 힘으로는 그리스도께 나아갈 수 없고 오직 하나님의 정당한 진노 아래 머물 수밖에 없지만, 그럼에도 불구하고 하나님은 은혜로 우리에게 다가오셨습니다." 셋째, "예수님이 보이신 또 하나의 개혁신학의 교리는 효과적인 부르심이라는 것입니다." 넷째, "마지막으로 이 말씀에 나타나 있는 당신의 백성을 향한 하나님의 오래 참으심을 보십시오." 보이스는 본문에서 끌어낸 한 가지의 교리를 설명하기 위해 그 구절에 대하여 필요한 성경 본문과 이성적 사유를 통해 논증하면서 설득해 나간다.

요즘 시대에 연역적 설교는 청중의 코드와 잘 맞지 않는다는 이유로 비판의 대상이 되고 있다. 대중매체가 사람들의 관심을 사로잡고 있는 현대에 '첫째', '둘째', '셋째' 하면서 답을 제시하는 연역적 설교는 매력을 잘 끌지 못한다. 그럼에도 불구하고 연역적 설교는 전달하고자 하는 목적을 명확하게 밝히고 주제를 전면에 부각시켜 주기 때문에 교리나 주제를 설교할 때 가장 효과적인 방법이다. 바울 설교나 청교도 설교는 주로 연역적 설교다. 귀납적 설교처럼 답을 찾아가는 긴장감은 약하지만, 전하고자 하는 메시지를 명확하게 남길 수 있다.

연역적 설교를 진행하면서 한 가지 유의할 점이 있다. 비록 주제를 확실하게 보여 준다는 유익이 있지만, 설교 서론에 전하고자 하는 모든 것을 곧바로 제시하면 설교를 지루하고 딱딱하게 만들 위험이 있다는 것이다. 이런 위험을 극복하기 위해서는 설교에 긴장과 흥미를 유지시킬 수 있는 특별한 노력이 필요하다. 서론에서 주제를 제시하고 설명해 나갈 때 본문의 주제를 잘 드러낼 수 있는 성경의 인물이나 사건을 가져오는 것도 좋은 방법이다. 또는 본문에 적절한 예화를 제시함으로써 연역적 설교가 주는 지루함을 넘어 듣는 사람에게 흥미를 유발할 수 있다.

3. 논증을 통해 회중을 설복시키는 설교

설교란 하나님이 설교자를 통해 진리를 청중에 선포하고 설득하시는 작업이다. 성경적인 설교란 '무엇(what)을 전할 것인가?'에서 시작하여 '어떻게(how) 살아야 한다'는 삶의 적용으로 나아가야 한다. '무엇'과 '어떻게' 사이에는 '왜'(why) 그 말씀이 사실인지를 보여 주는 노력이 필요하다. 그리스도인답게 살기를 촉구받는 사람은 왜 그렇게 살아야 하는지가 설명과 논증을 통해 충분히 설득되어야 한다. 진리 자체가 바르게 선포되면 논증을 뛰어넘어 성령의 역사로 변화의 역사가 일어날 것이다. 그러나 그러한 성령의 은혜는 믿으면서 설교자로서는 최선을 다해 설득력 있게 논증을 준비해야 한다.

보이스는 이 설교에서 칼빈이 주장하는 교리가 한 사람의 사상이 아니라 성경 자체가 칼빈주의를 지지한다고 주장한다. 또한 기독교 역사에 중요한 이정표를 남긴 많은 사람이 칼빈을 지지하든가 칼빈의 가르침에 근거한다는 사실을 강조한다. 또한 예수님의 말씀을 통해 칼빈주의가 얼마나 예수님의 정신에 뿌리내리고 있는지도 밝힌다. 이처럼 성경뿐 아니라 기독교 역사와 이성적 사유까지 곁들여 변증하는 것은 전형적인 청교도 설교의 유형이다.

보이스가 이 설교에서 사용하는 또 한 가지 두드러진 논증 기술은 하나의 의견을 설명하기 위해 대조되는 것을 비교하면서 설득한다는 점이다. 예를 들어, '은혜의 교리는 기독교 사상에 덧붙여진 하나의 사상이 아니라 가장 중심 되는 내용'이라든가 혹은 '공로가 아니라 은혜의 선물로 이루어지는 구원'과 같이 '이것이 아니라 저것'이라는 대조를 통해 진리를 찾아간다. 비교나 대조 형식의 설교는 전하고자 하는 바를 논리적으로 납득시키는 데 매우 효과적인 방법이다. 이웃의 개념을 묻는 청중에게 예수님은 제사장과 레위인, 그리고 사마리아인의 대조를 통해 누가 이웃인지를 한눈에 보게 하셨다(눅 10:29-37).

설교에서 논증을 위해서는 다양한 방법이 있다. 본문의 배경을 세밀히 설명하는 것, 본문을 다루는 성경의 다른 구절을 인용하는 것, 성경에 나타난 단어의 특별한 의미를 설명하는 것도 있다. 반복적 기법이나 비교 또는 대조를 통해서도 논증할 수 있다. 조나단 에드워즈, 마틴 로이드 존스, 제임스 보이스의 설교에 자주 나타나는 이러한 논증은 바울 설교에도 종종 등장한다. 예를 들어, 율법이나 공로가 아니라 절대적인 하나님의 은혜로 구원을 얻는 것과 그리스도 밖에서 겪었던 육신적인 삶과 그리스도 안에서 변화된 신앙인의 삶이 어떻게 다른지를 설명하는 경우도 있다.

예화 또한 매우 효과적인 논증의 기술이다. 예화는 본문을 설명하거나 증명하기도 하고, 적용할 때도 가능하다. 보이스의 설교에서는 아쉽게도 예화가 풍부하게 드러나지는 않는다. 본 설교에는 하나님은 한 번 택한 자를 결코 빼앗기지 않으신다는 성도의 견인 교리와 관련해 찰스 스펄전의 체험을 소개하는 예화가 마지막에 제시된다.

4. 제임스 보이스의 설교가 한국 교회 강단에 주는 메시지

제임스 보이스의 설교는 전달 위주로 치우치는 현대 설교학에 경종을 울리는 동시에 성경적 설교를 위한 균형을 제시한다. 이야기를 통해 청중에게 설교를 체험시킬 것을 강조하는 현대 설교는 오늘날 청중에게 더욱 적절한 방법일 수 있다. 하지만 자칫 이야기가 성경에서 말하고자 하는 메시지 자체를 약화시킬 염려도 존재한다. 현대 설교학을 연구한 후 찰스 캠벨은 그 부정적인 면을 지적하면서 그의 책 《프리칭 예수》(CLC, 2010)에서 이야기는 존재하지만 예수님은 존재하지 않는다고 비평하기도 한다.

보이스의 설교는 전통적 설교의 형식, 즉 연역적 설교 또는 대지 설교를 통해서도 본문의 진리가 잘 전달될 수 있다는 것을 보여 준다. 이런 연역적 설교는 오랫동안 한국 교회 강단을 지배해 온 방법이다. 이 방법으로 하나님은 한국 교회를 견고한 교리 위에 세워 오셨다. 한국뿐 아니라 오늘날 미국 필라델피아 도심에서도 이러한 전통적인 설교는 얼마든지 효과적일 수 있다. 보이스가 섬긴 교회가 회의주의가 지배하는 도심 한복판에서 여전히 복음 위에 견고하게 서 있는 것을 보면 알 수 있다.

보이스의 설교 내용에는 한국 교회뿐 아니라 세계 교회가 지향해야 할 기독교 설교의 정수가 잘 드러난다. 본 설교 "칼빈주의자 예수 그리스도"는 예수님이 칼빈주의자라는 것을 변증하는 것이 아니라 칼빈이 추구한 기독교 진리가 예수님이 가르치신 기독교 진리라는 것을 변증한다. 보이스의 설교는 철저한 성경관과 개혁신학에 근거한 설교가 어떤 방향으로 나아가야 할지에 있어 좋은 이정표 역할을 한다.

보이스의 설교에서 한 가지 아쉬운 점이 있다면 예화가 흔하지 않다는 점이다. 로이드 존스 역시 예화란 진리의 복음을 값싸게 만들어 버리는 주범이라며 비판한다. 그러나 오늘날 강해설교자들은 한결같이 예화는 설교에 필수적인 요소라고 강조한다. 본문의 진리를 설명하거나 증명하거나 변증하고 적용하는 데 가장 효과적인 방법이 예화라는 데 일치를 보인다. 보이스처럼 하나의 신학적 주제나 교리적 논증을 할 때 청중이 지루함에 빠질 위험도 있다. 이런 설교에서는 예화가 특히 본문이나 주제를 체험할 수 있도록 도움을 준다.

3장

팀 켈러,
뉴욕의 영적 지도를 바꾼 설교자

팀 켈러의 설교

설교 제목: **진리, 눈물, 분노, 그리고 은혜**(Truth, Tears, Anger, and Grace)

본문: **요한복음 11:20-53**

마리아와 마르다는 오늘 우리가 겪고 있는 동일한 문제에 직면해 있습니다. 비극을 눈앞에 두고 그들은 소리칩니다. "주님, 도대체 어디에 계셨나요? 어떻게 이런 일이 일어날 수 있단 말입니까?" 예수님은 그들의 고통을 진리, 눈물, 분노, 그리고 은혜라는 네 가지의 주제로 다루십니다. 마르다와 함께 진리를 나누시고, 마리아와 함께 눈물을 흘리시며, 무덤을 향해서는 분노를 발하시고, 모든 사람에게는 은혜를 보이셨습니다. 이 네 가지 주제가 어떻게 어우러지는지 살펴보겠습니다.

고통에 눈물을 흘리시는 예수님

예수님의 눈물부터 시작해 보겠습니다. 예수님이 마리아에게 다가가셨을 때 그녀는 가장 중요한 신학적인 질문을 던졌습니다. "주님, 왜 여기 계시지 않으셨어요? 당신이 계셨으면 이런 일이 일어나지 않았을 텐데요." 마리아의 질문에 예수님은 답변하지 않고 단지 울기만 하셨습니다.

예수님이 이 상황에 닥쳤을 때 여러분과 제가 알지 못하는 두 가지의 반응을 보이셨다는 것이 놀랍습니다. 첫째는 무슨 일이 일어났는지 아셨다는 것입니다. 둘째는 그분은 무엇이든 할 수 있는 능력을 지니셨다는 것입니다. 예수님은 문제의 해결책을 알고 계셨습니다.

여러분이나 제가 이 문제 앞에 할 수 있는 것은 아무것도 없습니다. 그럼에도 그분은 울고 계십니다. 왜 우시는 것이지요? 그냥 단지 와서 이렇게 말씀하시면 안 됩니까? "가만히 기다려 보라." 모든 것을 완전히 뒤집어엎을 수 있는 분이 다른 사람의 고통에 빠져 이렇게 슬픔에 젖으실 수가 있을까요? 예수님이 왜 이러십니까? 그분이 완벽하시기 때문입니다. 그 사랑이 완벽하기 때문입니다. 주님은 10분도 당신의 가슴을 막아 두실 수 없습니다. "슬픔 따위에 빠지는 것은 아무런 유익이 없어"라고 말씀하시지 않습니다.

여기서 우리는 고난에 관하여 두 가지 교훈을 배웁니다. 첫 번째는 우는 것입니다. 단순하지만 반드시 필요한 것입니다. 때로 우는 것이 잘못된 일이 아니란 사실입니다. 예수 그리스도는 인류 역사상 가장 성숙한 사람입니다. 그럼에도 슬픔에 빠져 드는 분이십니다. 운다는 것이 미성숙함이나 약함의 표현이 될 수는 없습니다. 예수님처럼 살고자 하는 사람은 슬픔이라는 것을 무시해서는 안 됩니다. 아파하는 사람들과 함께 아파하는 사람이 되어야 합니다. 예수님의 눈물은 단지 무엇을 고치는 것에 그치지 않습니다. 예수님은 눈물이 있는 사역을 보여 주십니다. 눈물은 없고 진리와 능력만 있는 사역은 예수님이 아닙니다. 단지 고치는 것으로 멈추지 맙시다. 우는 자들과 함께 우는 사람들이 됩시다. 예수님의 눈물에서 배우는 첫 번째 교훈이 바로 이것입니다.

죽음을 향해 분노하시는 예수님

고난에 관하여 우리가 배우는 두 번째 교훈은 예수님의 분노입니다. 오늘 본문에서 예수님이 분노하신 것이 보입니까? 예수님이 마리아와 다른 사람들이 우는 것을 보셨을 때 33절은 이렇게 말합니다. "심령에 비통히 여기시고 불쌍히 여기사." 이 말을 헬라어 원문으로 보면, 분노로 끓어올랐다고 표현합니다. 38절은 예수님이 무덤에 가실 때 속으로 비통히 여기셨다고 말합니다. 본래 헬라어 표현으로는 분노로 사자와 황소처럼 끓어올랐다는 말입니다. 가장 적당한 번역이라면 "분노로 끓어올라 무덤으로 가셨더라"가 되겠습니다. 실제로 분노로 소리를 지르셨다는 말입니다. 오늘 우리는 집단적으로 이와 같은 경험에 처해 있습니다. 우리의 놀람과 슬픔은 두려움과 분노로 변하고 있습니다.

예수님이 하지 않으신 일이 두 가지 있습니다. 첫째, 예수님은 욥의 친구들처럼 되지는 않으셨습니다. 욥의 친구가 무엇을 의미하는지 아십니까? 욥기를 보면 일련의 끔찍한 사건들이 일어납니다. 욥의 자녀들이 죽고, 욥은 모든 재산을 잃고 병들게 됩니다. 욥의 친구들이 말하지요. "당신이 잘못 살고 있는 것이 분명해. 하나님이 당신의 죄를 벌하시는 거야. 아니라면 이런 나쁜 일이 일어나지는 않아." 예수님도 마리아와 마르다에게 이처럼 말씀하시고 있습니까? 그들에게 분노하시거나 오늘 희생당한 사람들에게 이렇게 말씀하십니까? 나사로는 자신의 죄에 대한 심판을 받고 있다고 말씀하십니까? 아닙니다. 그들을 향해 분노하지는 않으십니다.

둘째, 예수님은 자신에 대해서도 분노하지 않으십니다. 자신을 하나님이라고 말하는 사람이, 이런 비극을 멈출 수 있었던 사람이 자신에 대해서 조금도 분노하지 않으시다니요? 오히려 마르다에게 이렇게 말씀하십니다. "나는 부활이요 생명이다." 단지 "나는 치료자다"라고 말씀하시지 않습니다. "나는 부활이요 생명이다. 나는 생명을 부여하는 자다"라고 말씀하십니다. 예수님은 무덤에 갔을 때 그 누구도 나무라지 않으셨습니다.

제가 이렇게 말하는 데는 두 가지 이유가 있습니다. 어떤 사람들은 이렇게 말합니다. 미국이 죄 때문에 심판받는 것이라고. 좌익이든 우익이든 동일하게 말합니다. 좌익에 있는 사람은 미국의 사회적인 불의가 초래한 일이라고 말합니다. 우익에 있는 사람은 우리의 잃어버린 도덕심 때문에 하나님이 벌을 주시는 것이라 말합니다. 어쨌든 하나님이 심판하신다는 것에는 생각이 같습니다. 예수님은 우리에게서 고통을 없애 주기 위해 고난을 받으신 것이 아닙니다. 예수님은 우리가 고난을 당할 때 그것을 통해 예수님을 닮게 하기 위해 고난을 받으셨습니다.

또 다른 부류로 우리의 적들을 악마처럼 말하는 사람들도 있습니다. 우리는 선을 대표하고, 저들은 절대적인 악을 대표하는 사람들이라 생각합니다. 예수님은 중동의 사람들을 악인처럼 대하라고 말씀하시지 않습니다. 이슬람교도들을 마귀처럼 여기라고 말씀하시지 않습니다. 회교도들에게는 창문을 닫아 버리라고 말씀하시지 않습니다. 예수님의 분노의 대상은 사람들이나 하나님이 아닙니다. 죽음 자체를 향해 분노하십니다. 무덤을 향한 분노라는 말입니다. 예수님은 이렇게 말씀하십니다. "내가 이 죽음을 부활로 만들어 놓겠다. 죽음으로부터 이전의 것보다 더 위대한 일을 행할 것이다." 바로 이것이 오늘 예수님의 분노가 보여 주는 의미입니다.

십자가에서 부활이 나옵니다. 약함 속에 진정한 능력이 있습니다. 회개하는 마음과 자신의 연약함을 고백하는 마음에서 진정한 능력이 나옵니다. 타인에게 베푸는 마음에 진정한 부가 있는 것입니다. 이것이 바로 복음입니다. 우리의 진정한 지도자들은 이 일로 인하여 우리가 심판을 받는다거나 우리는 선하고 저들은 악하다고 말하지 않습니다. 처참한 이 사건에서 우리는 무엇인가 더 좋은 것을 배울 수 있다고 말합니다. 이 죽음으로부터 부활을 가져올 수 있다는 것입니다.

여러분, 한번 생각해 보세요. 뉴욕이 하나의 공동체가 된다면 어떻게 되겠습니까? 이 죽음으로부터 과연 부활이라는 것이 나올 수 있을까요? 너무나 과대한 개인주의에서 벗어나 공동체로 살아간다면 어떻게 되겠습니까? 미국이 진실로 겸허해져서 우리가 세계 속의 한 나라라는 것을 깨닫는다면 어떻게 될까요? 우리도 얼마든지 무너질 수 있습니다. 적어도 민주적이라는 것에 대하여 우리는 너무나 교만해 왔습니다. 이제 잃어버린 것으로부터 더 나은 것을 얻어야 합니다. 이 죽음으로부터 부활을 보아야 합니다. 더 나은 도시, 더 나은 사람, 그리고 더 현명하고 좋은 나라가 될 수 있습니다. 이것이 우리가 배워야 할 교훈입니다.

제가 말하고자 하는 요점은 이것입니다. 우리가 분노를 다룰 줄 모른다면 미국에 대하여 혹은 하나님에 대하여 분노를 멈출 수 없게 될 것입니다. 아니면 우리가 악마라고 부르는 저들을 길거리에서 때려눕히게 될 것입니다. 우리는 이 죽음에서 부활을 보아야 합니다. 우리의 분노로써 해야 할 사명이 바로 이것입니다. 분노를 멈추려 하지 마십시오. 죽음을 향하여 분노하십시오! 빛이 사라지는 것에 대하여 분노를 발하십시오. 이것이 쉽지는 않은 일입니다. 먼저 마음을 열고 우는 자들과 함께 울어야 합니다. 분노를 조절할 수 있을지 모르겠다고 말하지 마십시오.

진리를 가르치시는 예수님

우리의 모습을 잘 아시기에 예수님은 세 번째 말씀을 주십니다. 눈물과 분노뿐 아니라 바로 진리의 사역입니다. 예수님은 마르다에게 말씀하십니다. "나는 부활이요 생명이니 … 이것을 네가 믿느냐"(요 11:25-26). 예수님은 마르다를 바라보며 말씀하십니다. "너에게 이 능력을 줄 수 있지만, 내가 죽음에서 다시 살아나기 위해 이 세상에 온 하나님의 아들이란 사실을 믿느냐?" 예수님께는 "네가 믿느냐?"라고 물을 수 있는 이유가 있습니다. 왜냐하면 예수님이 하나님의 아들이시라는 사실을 믿지 않는다면 제가 여러분에게 말씀드리려 하는 것을 결단코 믿을 수 없기 때문입니다. 마르다는 대답합니다. "예, 제가 믿습니다."

예수님은 이렇게 말씀하시지 않습니다. "네가 나를 믿으면 언젠가 내가 너를 이 모든 것으로부터 구원해 주마." 이렇게도 말씀하시지 않습니다. "언젠가 나를 믿게 된다면 이 모든 고통을 잊을 수 있는 낙원으로 너를 인도해 주마." 예수님은 우리에게 위로를 주겠다고 말씀하시지 않습니다. 우리에게 부활을 주겠다고 말씀하십니다. 부활이란 무엇입니까? 부활이란 주님이 "내가 너를 땅에서 인도하여 하늘로 데려가겠다"라고 말씀하시는 것이 아닙니다. 부활이란 하늘의 능력을 땅으로 가져오는 것입니다. 새로운 하늘과 새로운 땅과 모든 것을 새롭게 만드는 힘입니다. 예수님은 잃어버린 모든 것을 새롭게 회복하겠다고 말씀하십니다.

여러분, 예수님이 "나는 부활이다"라고 말씀하실 때 이것이 무슨 말인지 알고 있습니까? 좀 더 좋은 장소를 주겠다는 의미가 아닙니다. 단지 위안을 주는 말이 아닙니다. 주님의 말씀은 여러분에게 일어난 최악의 사건들을 깨끗이 바꾸어 주겠다는 뜻입니다. 비록 한 번 무너진 것일지라도 그곳에서 영광을 더욱 빛나게 하고 더욱 위대하게 만들겠다는 약속입니다.

영화 "반지의 제왕" 마지막 장면에 모든 것이 잘못되었다고 생각했던 샘이 깨어났을 때입니다. 위대한 마법사인 간달프를 바라봅니다. 저에게 이 모습은 마치 예수님의 약속을 보여 주는 것 같습니다. 샘이 말합니다. "간달프, 당신은 죽은 것 아녜요? 저도 죽은 줄 알았는데.

지금까지 일어난 모든 슬픈 일은 일어나지 않을 것인가요?" 예수님의 대답은 "그럼"입니다. 언젠가 다가올 위대한 아침은 눈물의 날이 아니라 영광의 날입니다. 예수님은 이 모든 고통의 기억들을 지워 버리고 모든 것이 새로워진 새로운 나라를 만들어 가실 것입니다.

여러분, 이것을 믿습니까? 예수님은 물어보십니다. "이것을 믿느냐?" 우리는 이렇게 말씀드리지요. "제가 믿기를 원합니다." 만일 예수님이 하늘에서 온 하나님의 아들이시라면, 만일 그분이 우리의 죄를 위해 십자가에서 죽으신 성육신하신 하나님의 아들이라면, 하나님은 우리를 멸망시키지 않으시고 악과 고통을 없애 버리실 것입니다. 우리를 위해 이미 죗값을 치르셨기 때문입니다.

여러분, 복음을 믿습니까? 복음을 믿는다면 이 사실을 믿어야 합니다. 우리 가운데 복음을 믿기는 하지만 이번 주에 이 복음을 체험하며 사는 사람은 적습니다. 제가 여러분을 일깨워 드리려고 하는 것이 바로 이 부분입니다. 만일 여러분 가운데 아직 예수 그리스도가 하나님의 아들이시라는 것을 믿지 못하는 분이 있다면 와서 체험해 보라고 말씀드리고 싶습니다. 예수님이 말씀하십니다. "나를 믿지 않는다면 모든 것은 단지 꿈에 지나지 않는다"라고요.

만일 결코 사람이 되어 본 적이 없는 하나님이 계신다면, 여러분이 하나님이 원하시는 수준의 사람이 되어야만 천국에 갈 수 있다고 생각한다면 이런 일은 결단코 일어날 수 없습니다. 그러나 만일 우리를 위해 죽으시고 세상을 새롭게 하러 오신 하나님을 믿는다면 그것이 바로 복음입니다. 여러분, 이것을 믿습니까? "마르다야, 이것을 믿느냐?" 만일 믿기만 한다면 문제가 될 일은 아무것도 없습니다.

십자가를 지시는 은혜의 예수님

마지막으로 이렇게 묻는 사람이 있습니다. "이렇게 될 것을 내가 어떻게 안단 말입니까? 저도 믿고 싶어요. 그러나 어떻게 믿을 수 있단 말입니까?" 오늘 말씀에서 여러분이 알아야 할 것이 하나 더 있습니다. 예수님은 눈물을 흘리셨고, 진리를 가르치셨고, 분노를 보이셨습니다. 그러나 오늘 본문은 마지막으로 무엇이라 말합니까? "이날부터는 그들이 예수를 죽이려고 모의하니라"(요 11:53). 주님이 나사로를 죽은 상태에서 일으켜 세우셨을 때 적들은 이렇게 말합니다. "이제 그를 없애 버릴 때야. 그는 정말 위험한 인물이니까. 지금 그를 없애야 해."

나사로를 죽은 자 가운데서 일으키실 때 예수님이 무슨 일이 일어날지 아셨을까요? 물론 아셨습니다. 잘 아시면서도 신중한 결정을 하셨습니다. 무덤에서 나사로를 일으켜 세울 수 있는 유일한 길은 자신을 죽이는 길이라는 것을 아셨습니다. 여러분, 이것이 바로 복음 아닙니까? 이 땅의 고통과 죽음을 끝내기 위해 예수님 자신이 세상에 오셔서 자신이 고통과 죽음을 당하신 것 아닙니까?

이런 말을 들을 때가 있습니다. "하나님이 도대체 우리의 고통에 관심이나 있는지 모르겠어요." 그러면 저는 대답합니다. "그럼요, 엄청나게 관심을 가지시지요." 주님은 우리를 위해 자신이 기꺼이 고통을 받으신다는 것이 증거입니다. 주님은 결코 먼 곳에 계신 분이 아닙니다. 바로 우리 곁에 계신 분입니다.

예수님은 완벽한 상담가십니다. 우리가 필요한 것을 언제나 주시는 분입니다. 진리가 필요할 때, 눈물이 필요할 때 우리가 원하는 그 순간에 주시는 분입니다. 우리가 원하는 만큼 주시는 분입니다. 우리가

원하는 순서대로 주시는 분입니다. 유일하게 존재하는 완벽한 상담가
십니다. 주님의 눈물이 필요할 때, 주님의 진리가 필요할 때, 혹은 주
님의 분노가 필요할 때가 있습니다. 우리가 가장 원하는 그것을 주기
위해 오신 분이 바로 주님이십니다.

팀 켈러의 삶과 설교 세계

　　회의주의로 치닫는 시대, 가장 세속적인 도시 뉴욕 한복판에 교회를 개척하여 젊은이들의 가슴에 진리를 심어 주고, 성공 신화에 매달려 살아가는 이 시대 사람들에게 그리스도 안에서 누리는 진정한 자유를 외친 팀 켈러(Tim Keller, 1950-2023)는 2023년 5월 19일 72세의 일기로 하나님의 부르심을 받았다. 웨스트민스터 신학대학원에서 설교학 교수로 섬기다가 1989년 뉴욕 리디머 장로교회를 설립해서 설교와 저술을 통해 이 시대 가장 효과적으로 복음을 전한 신학자요 목회자의 삶을 산 그는 절대 진리를 거부하는 오늘날, 예수가 진리이며 예수 안에 진정한 인생의 가치가 있다는 것을 가장 설득력 있게 제시한 설교자요 변증가였다.

　　켈러와의 첫 만남은 그의 설교를 통해서였다. 2001년 9·11테러가 일어났을 때 많은 사람이 "하나님은 지금 어디에 계시는가? 하나님이 왜 이런 일을 허용하시는가?"라는 질문을 쏟아 냈다. 그때 켈러는 "진리, 눈물, 분노, 그리고 은혜"라는 설교 제목으로, 나사로의 무덤 앞에서 눈물을 흘리셨던 예수님의 이야기를 가지고 테러가 일어난 다음 주일 강단에 올랐다. 그가 설교에서 보여 준 것은 인간 문제의 해결은 고통의 해소가 아니라 예수 안에서 누리는 부활이라는 것이었다.

　　그와의 두 번째 만남은 그가 섬긴 리디머 교회를 방문하여 몇 차례 설교를 들으면서 간접적으로 이루어졌다. 차분한 어조로 본문을 강해하면서 풍부한 인문학 지식을 배경으로 설득력 있게 복음을 강조하는 그의 설교에 많은 감동을 받았다.

사람들은 그가 외친 복음과 집필한 수많은 책을 통해 성경을 더욱 깊게 보는 눈을 배웠고, 많은 목회자는 복음의 그윽한 맛을 가장 설득력 있게 전하는 방법을 가슴에 새겼다. 켈러는 인간이 처한 실존 문제를 외면하지 않는 따스한 가슴을 지녔지만, 현대인이 추구하는 성공 신화의 허구를 드러내는 데도 물러서지 않았다. 그리고 인생의 모든 문제에 진정한 해답이신 예수님을 진지하게 전했다.

켈러의 복음은 그의 표현처럼 단순하고 명료하다. "우리는 우리가 아는 것보다 훨씬 더 죄와 허물로 덮여 있지만 우리가 감히 소망하는 것보다 훨씬 더 예수 그리스도 안에서 사랑받고 받아들여졌다는 것입니다." 인간의 전적 타락과 하나님의 은혜를 외치는 그의 설교는 포스트모던 시대를 살아가는 현대인의 가슴에 파고들어 회의주의의 그물에 걸려 있는 지성인들을 건져 냈고 뭇 성도들의 가슴에 예수의 삶을 추구하게 했다.

췌장암 판정을 받은 후에 죽음과 부활을 오랫동안 설교해 왔지만 자신이 직면한 죽음이라는 현실은 모든 것에 솔직하게 했다. "여러분이 정말 죽는다는 사실을 알면 여러분의 시간과 하나님, 배우자를 보는 방식은 바뀝니다." 삶을 대하는 그의 새로운 발견은 그의 기도문에 잘 나타난다. "오늘 밤 잠이 들고 내일 아침 당신의 은혜로 인해 눈을 뜰 때 내게 기쁨을 주는 생생한 사실에 사로잡히게 하소서. 그 어떤 일이 생기더라도 주 예수 그리스도가 나를 위해 죽으셨고, 또한 나의 의를 위해 다시 부활하셨기에 내게도 최종적인 부활이 임할 것을 알기 때문입니다."

켈러가 세상을 떠나기 하루 전에 가족들에게 남긴 말이다. "I can't

wait to see Jesus. Send me home"(주님 뵙는 시간을 지체하고 싶지 않구나. 이제 주님 곁으로 보내 다오). 살아서 전한 모든 설교보다 더욱 강렬하게 천국을 보여 주는 한마디다. 필자는 그의 죽음 앞에 한 시대 우리가 진심으로 존경할 수 있는 목자와 호흡하게 하신 하나님께 감사를 드렸고, 우리도 예수를 믿고 따르는 진실한 신자로 주어진 인생을 고결하게 살다가 주님 앞에 서기를 기도했다.

켈러의 설교는 개혁신학에 근거한 신학 체계와 성경 해석에 근거한 강해가 씨줄과 날줄처럼 조화를 이룬다. 그의 설교를 한마디로 요약하면, 그리스도 중심의 설교라고 말할 수 있다. 모든 성경의 핵심인 그리스도를 본문에 근거하여 말하되 성경 전체의 배경에서 구속사적 시각으로 해석하고 설교하는 일이다. 이런 점에서 켈러는 주제설교와 강해설교를 배타적으로 보지 않는다. 한 본문에 집중하는 강해설교를 기초로 하되 한 가지 주제를 풍부하게 설명하기 위해서는 성경 전체에서 그 주제를 가져올 것을 강조한다.

켈러 설교의 독특한 점은 회의주의가 만연한 오늘날 문화적 엘리트주의를 추구하는 사람들에게 담대하게 복음을 전할 것을 촉구한다는 것이다. 설교자는 단순히 전하는 것으로 사명을 다하는 것이 아니라 시대의 문화 코드를 이해하고 사람들이 말씀 앞에서 자신의 모습을 발견하도록 말씀 앞으로 끌어오는 일을 감당해야 한다. 이것은 설교자의 가장 중요한 두 가지 책임에 대한 켈러식의 적용으로 볼 수 있다. 설교자는 말씀 앞에서는 주해자로 서야 하고, 청중 앞에서는 현실을 둘러싸고 있는 상황과 그들을 지배하는 내면을 읽어 내는 목자로서야 한다. 점점 세속화되어 가는 오늘날, 시대를 이해하고 진리를 쏟아 내는 켈러와 같은 설교자가 더욱 절실하다.

앞서 설명했듯이, 본 설교는 2001년 9월 11일 미국 뉴욕 세계무역센터가 과격 이슬람교도들이 탈취한 비행기 사고로 무너지고 수천 명이 생명을 잃고 난 다음 주인 2001년 9월 16일에 한 설교다. 당시 대통령 조지 부시는 이슬람 과격 테러 단체를 향해 전쟁을 선포하기도 했다.

켈러의 설교는 전 세계를 흔든 역사적인 사건에 대한 성경적인 응답으로서의 설교라고 할 수 있다. 리디머 장로교회는 뉴욕에 위치해 있기에 많은 교인이 이 사건으로 직간접적으로 가족을 잃었을 것이다. 이 사건은 미국 사회뿐 아니라 교회 안팎에도 엄청난 충격으로 다가왔다. 교만한 미국에 대한 하나님의 심판으로 해석하는 사람도 있었고, 가담한 단체와 국가를 악의 축으로 규정하기도 했다. 켈러는 이러한 분위기가 성경적이지 않다고 판단하고 성경에 근거하여 바람직한 해석을 제시했다.

켈러의 설교는 다음과 같이 요약될 수 있다. 끔찍한 사건 앞에 슬퍼하는 것은 정당하지만 희망이 없는 사람처럼 슬퍼해서는 안 된다. 나사로의 죽음을 두고 예수님은 무관심하게 서 계신 것이 아니라 진리, 눈물, 분노, 그리고 은혜를 통해 다가가셨다. 예수님은 당장 문제를 해결하지는 않으시지만 사람들이 겪는 슬픔 속으로 함께 들어오신다. 예수님이 궁극적으로 보이시는 것은 위로가 아니라 부활이다. 여기에서 인간이 겪는 고통은 문제 해소를 통해 해결되는 것이 아니라 고통의 문제를 넘어서는 부활의 세계에서 해결된다는 것을 보여 준다. 죽은 나사로를 살려 낼 수 있는 유일한 길은 바로 예수님 자신이 십자가에서 죽는 것이라는 사실을 켈러는 매우 감동적으로 묘사해 낸다. 비록 한 편의 설교라 해도 켈러의 설교철학을 잘 보여 준다.

그의 설교에는 갖가지 사회적 이슈나 인간 고민에 대한 성경적이고 논리적인 변증이 잘 드러난다. 그러나 그의 변증적인 설교는 차갑게 다가오는 말씀이 아니라 따스한 목자의 고뇌에서 흘러나온 진리의 변증이라는 것을 알기에 사람들은 그의 설교에 귀를 기울이고, 모든 인류 문제의 궁극적인 해답이신 예수 그리스도를 통해 변화를 체험한다.

팀 켈러의 설교 분석

1. 사회와 문화적 이슈를 반영하는 설교

팀 켈러의 설교는 전 세계를 뒤흔든 뉴욕 세계무역센터 테러로 인하여 혼란에 빠진 미국 사회와 기독교회, 그리고 가족을 잃은 아픔을 체험한 교인들을 향한 성경적인 이해와 적용으로 나타난다. 많은 사람은 미국이 과거의 기독교 전통을 잃어버리고 죄악에 빠졌기 때문에 하나님이 심판하신 것으로 해석했고, 심지어 강단에서 믿음을 상실한 미국과 부도덕에 빠진 미국을 질타하기도 했다. 한편 테러를 자행한 나라와 심지어 아랍 대중들에 대한 오해와 증오심까지 촉발되는 결과를 낳기도 했고, 그들을 적으로 간주하고 전쟁을 선포하기도 했다.

이런 혼란한 상황 속에서 켈러는 테러로 인한 희생과 아픔은 너무나 고통스러운 일이지만, 우리가 궁극적으로 증오해야 할 대상은 사람이 아니라 죽음 자체이며 우리의 문제를 풀어 줄 진정한 해결은 땅 위에서의 평화가 아니라 하나님이 주시는 부활이라는 것을 강조한다. 특이한 것은 이 설교가 테러가 있고 난 5일 후 주일에 전해졌다는 점이다. 방황하는 교인들에게 성경을 통해 올바른 길을 제시하고자 하는 목회자의 마음이 그대로 배어난다.

한국 교회는 오랫동안 정치와 사회, 그리고 문화 전반에 일어나는 현상에 대하여 성경적인 해답을 제시하지 못하거나 침묵해 왔다. 보수적인 신학을 지향하는 사람들에게 설교란 성경 본문만 잘 다루면 된다는 생각이 지배적이었다. 성경 본문에 밀착해야 기독교 설교가 된다는 것은 당연한 말이다. 그러나 이 시대를 지배하는 물질주의와 성공주의, 그리고 문화적 엘리트주의에 빠져 있는 현대인들을 염두에 두고 설교하면 더욱더 회중의 삶에 다가오는 설교가 될 것이다.

때로는 성경을 순서대로 강해한다는 철학 때문에 주위에 무슨 일이 일어나더라도 상황과 관계없이 성경을 차례대로 설교해야 한다는 고집도 많았다. 설교에서의 본문 선택은 전적으로 설교자에게 주어진 권한이다. 시리즈로 본문을 선택한다고 주요한 사회적 이슈를 전혀 다루지 않을 필요는 없다. 중요한 것은 사회적 이슈를 목회자로서 어떻게 이해하고 설교에 적용하는가의 문제다.

목회자는 하늘의 소리를 땅에 발을 딛고 있는 사람들에게 전하는 사람이다. 교인들은 갖가지 문제를 피부로 체험하면서 살아간다. 목회자가 세상이 어떻게 돌아가든 상관없이 본문의 문자적 의미만을 강조한다면, 이는 잘못된 해석이 아니라 현장을 담아내는 목자의 심정이 결여된 것이다. 설교란 본문의 말씀을 오늘을 살아가는 사람들에게 적용시켜 거룩한 변화를 일으키는 것이다.

사회적 이슈를 설교의 대상으로 삼을 때 조심해야 할 것이 두 가지 있다. 첫째, 그 사건과 관계되는 본문을 택해야 한다. 아무 본문이나 택한 후에 본문은 적당하게 해설하고 그 사건에 대해 설교하는 것은 설교의 본질을 벗어난 강연에 불과하다. 설교란 성경 말씀을 전하는 것이다. 둘째, 본문을 선택하면 본문의 소리에 귀를 기울여야 한다. 사회적 이슈를 다룬다는 말과 사회적 이슈에 대해 설교하는 것은 다른 말이다. 본문에서 말하는 저자의 의도를 벗어나 이슈의 눈으로 본문을 해석해 들어가는 것은 정당한 자세가 아니다. 어떤 이슈도 설교자의 해석이나 본문을 통제해서는 안 된다. 본문의 목소리를 충실하게 듣고 난 후 오늘날의 상황으로 적용해 가는 것이 바람직하다. 성경적인 근거 속에서 상황에 대한 성경적인 해석과 적용을 들을 때 비로소 교인들은 하나님 말씀의 권위 가운데 자신의 생각과 행동을 결정하게 된다.

2. 주제를 대지로 명확하게 전달하는 설교

필자는 오래전에 팀 켈러가 목회하는 리디머 교회를 방문해서 그의 설교를 들은 적이 있다. 성탄절 설교였는데, 마태복음 1장을 택한 것을 보면서 어떻게 설교할지 기대감으로 귀를 기울였다. 예수님의 탄생이 역사적 사실이기에 우리가 분명하게 믿어야 할 사건이며, 족보에 나오는 연약한 사람들처럼 하나님의 역사에는 누구라도 쓰임 받을 수 있다는 것과 예수님의 탄생 앞에 우리가 어떤 반응을 보일 것인지 구체적인 결단을 촉구하는 메시지였다. 평범하게 보이는 삼대지 설교였지만 메시지는 분명하게 선포되었고, 설교를 진행하는 흐름은 탁월한 변증적인 내용을 담고 있었고, 예수 그리스도의 복음을 시종일관 잘 드러냈다.

켈러의 설교는 주로 대지를 분명하게 나누어 본문의 메시지를 전달한다. 각 단락은 본문 자체에서 가져오며, 각각 본문에 근거한 설명을 충분히 하고 난 후 현장으로 연결해서 적용한다. 본 설교에서 켈러는 본문에서 네 가지의 주제를 끌어내고 각각 주제를 본문에 근거하여 설명한 후 적절한 예를 들고 현실 속으로 적용해 간다.

첫째, 나사로의 죽음을 통해 가족이 겪는 고통을 바라보면서 흘리신 예수님의 눈물을 보여 주면서 그리스도인들이 현실 가운데 일어나는 아픔을 외면해서는 안 된다는 것을 가르친다. 예수님의 사역이 눈물이 있는 사역이듯이 그리스도인들은 눈물이 있는 사역을 해야 할 것을 강조한다. 둘째, 켈러는 예수님의 분노에 집중하여 많은 시간을 할애한다. 테러를 두고 온 세계와 미국이 분노에 사로잡혀 심지어 전쟁을 도발하는 지경까지 이를 것을 예견하면서, 그는 예수님의 분노는 결코 사람이나 체제에 대한 분노가 아니라 죽음 자체에 대한 분노라는 점을 강조한다. 셋째, 예수님은 진리시라는 것을 보여 주면서 예수님의 사역이 당면한 문제의 해결자가 아니라 문제의 근본적인 해결자라는 것을 부활을 통해 강조한다. 넷째, 예수님은 마침내 죽은 나사로와 죽은 인류를 살리는 방법으로 자신이 십자가에 죽는 것을 택하셨다고 말한다. 예수님의 죽으심으로 모든 인류가 처한 문제를 근본적으로 해결하는 것은 하나님의 은혜에 기인한다는 것을 강조한다.

켈러의 본 설교는 네 가지 대지로 설명하고 적용하기 때문에 매우 분명하면서도 논리적으로 들려온다. 이런 형식의 설교는 현대 설교의 흐름이나 주장과는 매우 다른 면을 보인다. 내러티브 설교 철학을 강조하는 사람들의 눈에는 켈러 같은 설교가 현대인의 심리에 맞지 않아 효과적이지 못하다고 평가할 것이다. 그러나 뉴욕 맨해튼의 젊은이들과 온 세계 수많은 현대인은 그의 설교에 예수님을 만나고 변화를 체험한다. 그의 설교가 심금을 울리는 이유는 단지 뛰어난 적용에 있는 것이 아니라 그 적용이 성경 본문에 근거해 있기 때문이다.

3. 최고의 변증으로 그리스도에게 몰입하는 설교

기독교 설교가 점점 더 어려워지는 포스터 모던 시대를 맞이했다. 점점 영적 무관심으로 치닫는 현대인에게 켈러는 하나님이 보내신 특별한 비밀병기라는 생각이 든다. 그의 설교는 고전과 인문학 그리고 철저한 논리와 열정을 두루 포함하면서 마침내 본문 속에 스며 있는 예수 그리스도라는 진리를 금광을 찾는 광부 같은 열정으로 파헤친다. 자신의 설교 철학을 다룬 책《팀 켈러의 설교》(두란노, 2016)에서 그는 철저하게 본문을 중심으로 강해하라고 권하면서 모든 설교에서 복음의 핵심인 그리스도를 드러낼 것을 촉구한다. 예수 그리스도에 몰입하는 켈러의 설교 철학은 단순히 설교에 예수 그리스도를 덧붙이는 하나의 방법이 아니라 모든 성경을 그리스도의 눈으로 보는 해석학적 시각에 근거한다.

본 설교에서 팀 켈러는 진리, 눈물, 분노 그리고 은혜라는 주제를 다루면서 모든 사람이 겪는 이러한 문제에 대한 근원적인 해답을 예수님에게서 찾는다. 예수님의 눈물은 자신의 능력 부재가 아니라 우리의 아픔을 체감하시는 예수님의 따스한 가슴을 보여주는 증거다. 뉴욕 맨해튼 쌍둥이빌딩의 테러 사건 앞에 모든 사람이 분노의 화살을 던지려 할 때 켈러가 보여주는 예수 그리스도는 인간이 지니는 근원적인 죄성 앞에 분노하시는 모습이다. 이런 예수님의 모습은 다양한 사회 현상 앞에서 문제 자체에 대한 극복으로 해답을 찾으려는 현대인의 지성에 대한 경종이다. 오직 예수 그리스도만이 진정한 해답이다. 예수는 근본적인 해결을 위해 모든 인간의 문제를 온몸에 품고 십자가에 오르셨다. 그것이 진리를 살아내신 예수님이 우리를 위해 보여 주신 은혜의 절정이다.

본 설교를 가만히 묵상하다 보면 시대를 향한 분노의 가슴에 예수님의 따스한 눈물이 스며들어 치유가 일어남을 발견할 것이다. 시대정신과 현대 문화를 치밀하게 바라보는 눈을 가지되 모든 변증의 해답이 되시는 예수 그리스도를 가슴에 품는 것, 이것이 모든 설교자와 성도가 새겨야 할 자세다.

4. 팀 켈러의 설교가 한국 교회 강단에 주는 메시지

팀 켈러는 이 시대 교회와 설교자가 복음의 능력을 확실하게 믿고 전해야 할 것을 촉구한다. 그가 목회하던 리디머 교회가 자리한 곳은 오늘날 가장 세속적인 도시 뉴욕이지만 명확한 십자가의 복음에 젊은

이들은 변화를 체험한다. 그의 30여 년의 목회 결과 5천 명이 넘는 성도들이 예배당을 채웠고, 그들 대부분이 청년 세대다. 오늘날 지성과 이성, 그리고 회의주의적 사상이 만연한 세상에 오직 예수 그리스도만이 해답이시라는 것을 그의 목회와 교회가 증명해 준다.

많은 사람이 한국 교회의 위기를 걱정하는 오늘날, 켈러같이 복음에 뿌리내리고 현장과 시대정신을 인식하고 사람들을 향해 당당하게 복음을 전하는 자세가 필요하다. 켈러가 미국의 다양한 도시에 수백 개 교회를 개척하는 데 도움을 줌으로 도시 선교에 앞장선 것처럼 이 시대 목회자들은 도시를 복음화하는 데 특별한 관심을 기울일 필요가 있다. 2018년 3월에 한국을 방문한 켈러는 한국 교회가 성장하면서 부와 권력 앞에 물들지 말 것을 외쳤다. 강단에서 외친 복음을 삶으로 살아 냄으로 시대 앞에 책임 있는 자세로 서야 할 것을 촉구함으로 한국 교회에 신선한 도전을 던졌다.

켈러의 설교는 전달 면에서도 신선한 도전이 된다. 사람들은 현대인이 감성적이고 감각적인 메시지에 반응한다는 선입견을 가지고 있다. 그러나 성경적인 진리는 어떤 형식을 통해서도 전달이 가능하다는 것, 특히 변증적 방법으로도 오늘날 회중을 설득하는 것이 가능하다는 것을 그는 보여 준다.

켈러는 변증적 설교를 주로 대지설교를 통해 전달한다. 대지설교는 현대 설교자들에게 그렇게 환영받는 방식이 아니다. 그러나 켈러의 설교는 명확하게 본문을 제시하고 적용한다는 점에서 대지설교가 뛰어난 설교 형식이 될 수 있다는 것을 확인시켜 준다. 대지를 통해 논리적으로 본문을 변증해 가는 설교도 이 시대 젊은이들의 가슴에 파고든다는 사실, 그리고 어떤 영혼이라 해도 진리가 바르게 선포되면 영혼의 변화가 일어난다는 것을 잘 보여 준다. 효과적인 설교 전달은 결코 형식에 얽매이지 않는다. 사람을 변화시키고 하나님을 체험하게 하는 것은 설교 형식에 있는 것이 아니라 진리의 말씀 자체이기 때문이다.

2부
지 성

성경적 지성으로
영혼을 물들이다

4장

조나단 에드워즈,
미국 대각성 운동의 주인공

조나단 에드워즈의 설교

설교 제목: **진노하신 하나님의 손안에 놓인 죄인들**(Sinners in the Hands of an Angry God)

본문: 신명기 32:35

　하나님은 언제라도 악한 자들을 지옥으로 던져 버릴 수 있는 능력을 가지고 계십니다. 하나님이 일어나시면, 인간은 누구도 그분을 막을 수 없습니다. 하나님을 대적할 사람은 아무도 없습니다. 하나님의 손에서 죄인을 구해 낼 어떤 구원자도 없습니다. 하나님은 악한 자들을 지옥으로 던져 버리실 수 있을 뿐 아니라, 하나님께는 그렇게 하는 일이 조금도 어려운 일이 아닙니다.

　악한 자들은 지옥에 던져져야 마땅합니다. 그것이 하나님의 공의에 맞는 일입니다. 하나님이 권능의 팔로 그들을 멸망시키신다 해도 그 누구도 맞설 수 없습니다. 오히려 반대로, 하나님의 공의는 그들의 죄악을 영원한 형벌로 처벌하라고 소리치고 있습니다. 그들은 이미 지옥으로 던져질 운명에 놓인 상태입니다. 그들은 이미 지옥에 넘겨진 자들입니다. "믿지 아니하는 자는 … 벌써 심판을 받은 것이니라"(요 3:18).

악한 자들은 지옥의 고통으로 표현되는 하나님의 진노와 분노의 대상자들입니다. 하나님이 당장에 그들을 지옥으로 내려보내지 않으시는 것은 그분이 그들의 사악함에 관심이 없으시거나 분개하지 않으셔서가 아닙니다. 하나님의 분노는 그들을 향해 타오르고 있으며, 그들을 향한 하나님의 저주는 잠든 것이 아닙니다. 지옥의 불은 이미 준비되었고, 지옥의 용광로는 너무나 뜨거워 언제라도 그들을 집어삼킬 수 있습니다. 지옥의 불길은 분노하고 타오르고 있습니다. 번쩍이는 칼날은 그들 위에 드리워져 있으며, 지옥의 불구덩이는 그들을 집어삼키려고 그 입을 넓게 벌리고 있습니다.

마귀는 하나님이 허락만 하신다면 당장이라도 그들을 덮쳐서 사로잡을 준비가 되어 있습니다. 그들은 마귀에 속한 자들입니다. 마귀가 그들의 영혼을 점령하고 다스리고 있습니다. 성경은 그들이 마귀의 소유라고 말합니다. 마귀는 그들을 지켜보고 있으며 언제나 그들 곁에 있습니다. 마치 탐욕스럽고 굶주린 사자가 먹잇감을 응시하듯 그들을 집어삼키려 합니다. 하나님이 잠시라도 제재하는 손을 거두시면, 마귀는 즉시로 그 가련한 영혼들을 덮쳐 버릴 것입니다.

죄는 영혼을 파괴시키고 비참하게 합니다. 죄는 파괴적인 본성을 지니고 있기에 하나님이 죄를 억제하지 않고 내버려 두신다면, 인간의 영혼은 끝없이 비참한 상태로 전락할 것입니다. 악한 자들은 지금 당장 죽음의 징조가 없다 해도 그들을 지켜 줄 안전이란 없습니다. 그들이 자신을 지키고자 하는 신중함이나 그들을 지켜 주고자 하는 다른 사람들의 도움도 그들의 안전을 순간이라도 지켜 주지 못합니다. 너무나 신속하게 다가오는 예기치 못한 죽음이 그들 앞에 다가올 것입니다. "오호라 지혜자의 죽음이 우매자의 죽음과 일반이로다"(전 2:16).

그들이 그리스도를 거부하고 사악한 인간으로 남아 있는 한 지옥에서 벗어나고자 하는 그들의 노력과 계략은 그들을 지옥에서 한순간이라도 벗어나게 하지 못합니다. 지옥에 관하여 듣고 있는 모든 사람이 자신만은 지옥에서 피할 수 있을 것이라고 큰소리를 칩니다. 자신의 안전을 자신에게 의존하는 모습입니다. 자신이 지금까지 해 놓은 일이나 지금 하고 있는 일 또는 자기가 하고자 하는 일들을 가지고 의기양양해합니다. 모든 사람은 지옥의 저주를 어떻게 빠져나갈지 자기 나름대로 계획합니다.

그러나 어리석게도 사람들은 자신의 계획과 자신의 힘과 지혜를 확신하는 것으로 스스로를 기만하고 있습니다. 그들이 신뢰하는 것은 그림자에 지나지 않는 것입니다. 지금까지 이와 같은 식으로 살아간 많은 사람은 이제 죽었고, 그들은 조금의 의심할 여지도 없이 지옥으로 갔을 것입니다. 그들이 살아 있는 자들보다 지혜가 부족해서가 아닙니다. 스스로 지옥에서 벗어날 계획을 세우지 않았기 때문도 아닙니다.

우리가 그들을 만나 살아 있을 때 지옥에 떨어지리라고 생각이라도 해 보았는지 물어볼 기회가 있다면 그들 모두에게 한결같은 대답을 듣게 될 것입니다. "무슨 말씀을요, 저는 꿈에라도 이곳에 오리라는 생각은 못했어요. 저 나름대로의 생각이 있었어요. 꽤 괜찮은 계획이라고 생각했어요. 저 자신을 충분하게 보호해 줄 것이라 생각했지요. 그러나 죽음이란 것이 갑작스럽게 찾아왔어요. 생각해 보지도 않은 때에 생각해 보지도 못한 그런 식으로 죽음이 찾아온 것입니다. 마치 강도같이 갑자기 들이닥쳤지요. 죽음이 저보다 한 수 위였어요. 하나님의 분노는 너무나 신속했어요. 오, 저주받을 나의 어리석음이여! 저는 앞으로 어떻게 펼쳐 가리라고 헛된 꿈에 젖어 큰소리치면서 자신을 위안해 온 거예요. 평안과 안전을 노래할 때 파멸이 한순간 저를 덮쳤어요."

하나님은 누구에게도 지옥에서 건져 내겠다는 약속을 해야 할 필요가 없으신 분입니다. 하나님은 영생을 준다거나 영원한 죽음에서 구원해 줄 것을 약속하신 적이 없습니다. 다만, 그리스도 안에서 이루어 주신 은혜의 약속만 주셨을 뿐입니다. 그러나 하나님의 언약의 자녀가 아닌 그들은 은혜의 약속에는 아무런 관심도 없고, 그것을 믿으려하지도 않고, 언약의 중보자에게도 무관심합니다.

모든 사람은 지옥의 구덩이 위에 놓여 있는 하나님의 손에 매달려 있습니다. 그들은 타오르는 불구덩이에 던져져야 마땅한 사람들입니다. 이미 그곳에 들어가기로 선고를 받은 자들입니다. 마귀는 그들을 기다리고 있으며, 지옥의 문은 그들을 향해 입을 넓게 벌리고 있습니다. 지옥의 불길이 그들 주위에 타오르고 있으며 그들을 덮쳐 삼켜 버릴 것입니다. 그러나 그들 가슴 속에서 지옥의 불길이 폭발할 지경이지만 그들은 중보자 예수 그리스도에게는 아무런 관심도 없습니다. 그들을 보호해 줄 만한 것은 아무것도 없습니다. 한마디로, 그들이 피난처로 삼을 만한 것은 아무것도 없습니다.

적 용

이토록 무시무시한 주제를 말하는 것이 우리 가운데 회개하지 않은 사람을 깨우는 경종이 될 것입니다. 지금까지 들은 모든 이야기는 그리스도 밖에 있는 사람들에게 해당하는 이야기입니다. 비참한 세계, 그 끓어오르는 유황불 못은 바로 당신 발아래 드넓게 펼쳐져 있습니다. 그곳은 분노하시는 하나님의 이글거리는 불꽃이 타오르는 무시무시한 구덩이가 있는 곳입니다. 지옥은 넓은 입을 쩍 벌리고 있고, 당신은 받치고 설 자리나 붙잡을 것이 하나도 없는 상황입니다. 당신과 지옥 사이에는 허공 이외에는 아무것도 없습니다. 지금까지 당신을 붙들고 있는 것은 오직 하나님의 권능과 그분의 선하신 뜻밖에 없습니다.

당신의 사악함은 당신을 납덩이처럼 무겁게 만들어 거대한 무게로 지옥을 향해 떨어지게 할 것입니다. 만일 하나님이 당신을 그냥 내버려 두신다면, 당신은 즉시로 가라앉아 끝도 없는 심연으로 떨어질 것입니다. 당신의 튼튼한 육체와 자신을 지켜 줄 만한 보호와 신중함, 그리고 당신의 최상의 노력과 당신의 모든 의로움도 거미줄이 떨어지는 바위를 막을 수 없듯이, 지옥으로부터 당신을 지탱해 주고 잡아 줄 수 없습니다.

이것이 누구의 진노입니까? 무한하신 하나님의 진노입니다. 만일

이 진노가 사람의 진노라면, 그가 거대한 권력을 쥐고 있는 한 나라의 왕이라 할지라도 하나님의 진노와는 비할 바가 못 됩니다. 왕들의 진노도 심히 두려울 정도입니다. 특히 백성의 재산과 생명을 자기 손에 두고 있는 절대 군주의 경우는 더욱 그러합니다. 그러나 하나님 앞에서 지상의 모든 왕은 메뚜기와 다를 바 없습니다. 아무것도 아닙니다. 하찮은 존재에 불과할 뿐입니다.

왕 중의 왕 되신 하나님의 진노는 마치 하나님의 위엄이 더할 나위 없이 큰 것처럼 훨씬 더 끔찍합니다. "내가 내 친구 너희에게 말하노니 몸을 죽이고 그 후에는 능히 더 못하는 자들을 두려워하지 말라 마땅히 두려워할 자를 내가 너희에게 보이리니 곧 죽인 후에 또한 지옥에 던져 넣는 권세 있는 그를 두려워하라 내가 참으로 너희에게 이르노니 그를 두려워하라"(눅 12:4-5).

당신이 받게 될 하나님의 진노의 맹렬함에 대하여 생각해 보십시오. 때로 우리는 하나님의 격분에 대해 읽습니다. 이사야 59장 18절은 "그들의 행위대로 갚으시되 그 원수에게 분노하시며 그 원수에게 보응하시며 섬들에게 보복하실 것이라"라고 말합니다. 요한계시록 19장 15절도 마찬가지입니다. "전능하신 이의 맹렬한 진노의 포도주 틀을 밟겠고."

오늘 밤 회개하지 않은 분이 우리 가운데 있다면 잘 생각해 보기 바랍니다. 하나님이 당신의 진노를 맹렬히 쏟겠다는 것은 조금의 동정심도 없이 심판하겠다는 말씀입니다. 그러나 지금은 하나님이 당신을 불쌍히 여기시기 위해 당신 앞에 서 계십니다. 지금은 자비를 구해야 할 때입니다. 자비를 얻고자 부르짖어야 할 때입니다. 자비의 시간이 지나면 당신이 아무리 회개하고 고통스럽게 울부짖어도 소용이 없습니다. 당신은 형체도 없이 사라질 것이고 아무런 기약도 할 수 없도록 하나님께 버림받게 될 것입니다. 하나님은 당신을 비참한 상태로 던져 넣는 일 외에는 어떤 일도 하지 않으실 것입니다.

하나님이 던지시는 이 진노는 영원한 것입니다. 전능하신 하나님의 맹렬한 진노는 잠시만 느껴도 끔찍한 일입니다. 그러나 당신은 영원토록 그 고통을 당해야 할 것입니다. 그 극심한 고통은 끝날 날도 없습니다. 당신이 앞을 내다볼 때 당신 앞에는 영원하고 끝없는 시간이 놓여 있다는 것을 알게 될 것입니다. 그 고통에 당신의 생각은 마비되고, 당신의 영혼은 두려워 떨게 될 것입니다. 그 어디에도 구원의 손길은 없고, 짓누르는 고통은 조금도 줄어들지 않고, 순간의 휴식도 찾아볼 수 없다는 사실에 당신은 처절한 절망을 느끼게 될 것입니다.

그러나 오늘 당신은 위대한 기회를 부여받았습니다. 지금 예수 그리스도가 불쌍한 죄인들을 부르고자 은혜의 문을 활짝 열어 놓고 큰소리로 외치며 문 앞에 서 계십니다. 지금은 수많은 무리가 그리스도께로 밀려들어 가는 때입니다. 천국으로 밀려들어 가는 날입니다. 예수 그리스도의 피로 자신들의 죄를 씻음 받고 하나님의 영광에 대한 소망으로 기뻐하고 있는 것을 보십시오. 이러한 상황에 뒤에 남겨진다는 것은 얼마나 안타까운 일입니까.

그리스도 밖에서 지옥의 구덩이 위에 매달려 있는 사람들이여! 노인이든지 젊은이든지, 여자든지 남자든지, 중년이든지 소년이든지 누구를 막론하고 천둥 같은 소리로 부르시는 하나님의 말씀과 섭리의 목소리를 들으십시오. 어떤 사람들에게는 하나님께 받아들여져 구원을 맛보게 될 이때가 다른 사람들에게는 엄청난 보응의 때가 될 것입니다. 지금은 분명히 세례 요한의 때와 같습니다. 도끼가 이미 나무뿌리에 놓여 있습니다. 좋은 열매를 맺지 못하는 나무는 모두 찍혀 불에 던져질 것입니다.

그리스도 밖에 있는 모든 사람이여! 지금은 깨어나서 다가올 하나님의 진노에서 피해야 할 때입니다. 전능하신 하나님의 진노가 우리 회중의 많은 사람 가운데 드리워져 있다는 사실은 너무나 확실합니다. 한 사람도 빠짐없이 소돔성에서 빠져나와 달아나야 할 때입니다. "도망하여 생명을 보존하라 돌아보거나 들에 머물지 말고 산으로 도망하여 멸망함을 면하라"(창 19:17).

조나단 에드워즈의 삶과 설교 세계

2023년 2월 8일 미국 애즈베리 대학교에서는 놀라운 부흥의 바람이 불기 시작했다. 평소처럼 예배를 마친 후에 남아서 기도하던 19명의 학생들 가운데 거룩한 성령이 임재하시기 시작했고, 그 소식이 알려지자 점점 많은 학생과 교수가 예배당으로 모여들었으며, 마침내 애즈베리 부흥이라는 놀라운 역사가 일어난 것이다. 미국 전역에서 부흥을 사모하는 사람들이 몰려들었고 두 주 동안 계속된 부흥의 행진에 매일 24시간 예배당을 가득 채운 1,500여 명의 사람들이 쉬지 않고 기도하고 찬양하며 하나님을 경배했다. 필자도 그 부흥의 현장에 두 번 다녀오면서 한국 교회에도 이 거룩한 바람이 불기를 간절하게 열망하며 기도했다.

미국 역사에 하나님의 부흥의 불길이 가장 힘 있게 타올랐던 시기는 18세기에 일어난 대각성 운동 때일 것이다. 미국의 영적 지도를 바꾸어 놓은 대각성 운동의 중심에 자리한 사람이 조나단 에드워즈(Jonathan Edwards, 1703-1758)다. 에드워즈는 청교도 사상과 정통 칼빈주의 교리에 근거하여, 인간은 전적으로 타락한 존재이며 자신의 구원을 위하여 할 수 있는 일은 아무것도 없으며 오직 하나님의 은총으로 구원이 가능하다는 것을 가르쳤다. 청교도의 엄격한 전통을 따라 하나님을 향한 구체적인 변화를 체험한 사람만 정식으로 교회의 회원이 될 수 있다는 점을 강조했다. 부모가 신앙이 없어도 유아세례를 베풀었던 관습을 비판하고 자녀 세례를 위해 부모의 철저한 신앙을 요구했다.

마틴 로이드 존스는 마르틴 루터와 존 칼빈을 히말라야에 비유한다면 조나단 에드워즈는 에베레스트에 비유하고 싶다고 말했다. 에드워즈는 신학과 신앙이 분리되지 않고 완전한 조화를 이루었으며, 신학 자체가 사변적 체계를 넘어 체험적 신앙으로 정리된 사람이다. 1722년 그가 19세에 작성한 "결단"(Resolutions)이라는 글에는 경건한 신앙 생활을 위한 70가지 결심이 나타나 있다. 에드워즈는 오직 하나님의 영광을 구하고 신앙 이외에 어떤 삶의 목적도 자신의 행동에 영향을 미치지 못하도록 철저하게 결단하고 실천해 온 사람이다.

대각성 운동의 도화선이 된 에드워즈는 칼빈주의 신학을 탁월하게 계승했지만, 그의 부흥 운동의 불씨는 설교를 통한 하나님의 역사였다. 에드워즈는 구원을 얻는 데 인간 노력이 필요한 알미니안주의를 강력하게 비판하고 오직 믿음으로 얻는 구원과 성령의 체험을 강조했다. 말씀으로 말미암은 부흥 운동은 진정한 결실을 맺기 시작했다. 그의 설교를 통해 300명이던 회중교회가 6개월 만에 두 배로 급성장하기도 했으며, 부흥의 바람이 미국 뉴잉글랜드 지방에 퍼져 나갔다.

기독교 역사에서 가장 크게 영향을 미친 설교라면 에드워즈의 "진노하신 하나님의 손안에 놓인 죄인들"로 알려져 있다. 본 설교는 1741년 7월 8일 에드워즈가 미국 코네티컷주 엔필드 마을에 초청되어 전한 설교로서, 신명기 32장 35절 가운데 "그들이 실족할 그때에"(Their foot shall slide in due time, KJV)라는 짧은 구절을 본문으로 함에도, 당시 엄청난 파장을 일으켰다. 대학 시절에 불 위에 떨어져 타 죽는 거미를 관찰한 경험이 있는 에드워즈는 지옥의 불구덩이 위에 떨어져 고통당할 죄인의 멸망을 선포하면서 회개하고 예수님께 돌아올 것을 촉구했다. 이 설교로 말미암아 회개와 변화의 물결이 불길처럼 미국 전역에 번져 가게 되었다.

조나단 에드워즈의 설교 분석

1. 본문을 소개하고 교리를 설명하는 논증적 설교

　　조나단 에드워즈의 대부분 설교는 비슷한 형식을 지닌다. 10페이지 분량의 설교라면 한 페이지는 본문을 설명하고, 나머지의 반은 교리, 그리고 반은 적용으로 진행한다. 본문에 대한 설명에서 전체를 개략적으로 소개하고, 그 본문에 나타난 교리에 관하여 성경적, 신학적, 이성적 사유를 모두 다룬 후에 본문의 주제를 세밀하게 변증하고, 후반부에 적용으로 마무리한다.

　　특이한 것은 에드워즈의 설교에서 본문 자체를 다루는 것은 너무나 간략하게 나타난다는 점이다. 에드워즈의 설교는 본문 자체의 문자적 의미를 풀어 가는 설교가 아니라, 본문에서 발견한 중요한 교리를 체계적으로 설득하는 형식으로, 당시 이성이 지배하던 시대에 가장 적절한 방법의 설교였다. 본 설교에서도 이스라엘에 대한 하나님의 심판이 담긴 본문의 내용을 한 페이지 남짓 설명한다. 그리고 성경 전체에 나타난 하나님의 심판에 대하여 다소 길게 교리적으로 설명해 나간다. 이 설명은 후반부에 적용이 시작될 때까지 계속된다.

　　에드워즈는 임박한 하나님의 무시무시한 심판을 여러 성경 구절을 인용하며 변증해 간다. 이 책에는 설교문 중 일부만 수록했으나 설교 전편을 보면 한 편의 설교에 신약과 구약 10권의 책에서 모두 25회나 인용하고 있다. 그는 자신이 전하고자 하는 교리와 연관된 성경 구절을 다양하게 인용함으로써 주제에 대한 논리적 근거와 설득력을 높인다. 성경에 대한 폭넓은 사유는 에드워즈가 평소 성경에 얼마나 깊이 몰두했는가를 보여 주는 동시에, 당시의 이성주의에 젖은 사람들을 논리적으로 성경 앞으로 인도하는 노력의 결과였다.

2. 교리에 근거한 적용으로 청중을 깨운 설교

조나단 에드워즈의 설교 가운데 가장 큰 특징은 교리에 근거하여 철저하게 삶으로 적용하는 점이다. 설교 초반부에 본문에 관하여 약간 설명한 후, 본론에서 교리를 집중적으로 논증하고, 적용으로 설교를 맺는다. 적용이란 칼빈 이후로 개혁신학을 추구하는 설교에서 공통적으로 나타나는 특징이다. 말씀과 교리 해석으로 그치지 않고 경건한 삶을 향한 촉구로 청중을 깨운다. 에드워즈의 적용이 보이는 독특한 점은 적용을 표현하는 단어로 'Application' 또는 'Use'나 'Improvement'라는 이름으로 설교에서 가장 긴 시간을 할애한다는 점이다. 본 설교는 적용 부분이 본문의 설명보다 10배나 길고 교리 부분보다 두 배나 된다.

에드워즈는 회심하지 않은 사람에게 임하는 엄중한 하나님의 진노를 생생하게 묘사하면서 긴급하게 다가올 하나님의 심판을 경고하고 주님께 돌아올 것을 촉구한다. "그리스도 밖에서 지옥의 구덩이 위에 매달려 있는 사람들이여! 노인이든지 젊은이든지, 여자든지 남자든지, 중년이든지 소년이든지 누구를 막론하고 천둥 같은 소리로 부르시는 하나님의 말씀과 섭리의 목소리를 들으십시오." 예수 그리스도를 믿음으로 말미암는 회심 외에는 구원을 얻을 다른 방법이 없기에,

에드워즈는 가는 곳마다 청중에게 자신을 돌이키고 주님께 나아오기를 촉구했다. 그는 신학과 설교에서 하나님 앞에 개인적으로 진정한 회심이 있기까지 그 어떠한 인간의 공로나 외적인 환경이 구원에 아무런 영향도 미치지 못한다는 사실을 강조했다.

에드워즈의 적용은 당시 청교도들의 설교 특징을 잘 보여 준다. 설교를 마치면서 그는 설교의 주제인 하나님의 진노에 근거하여 하나님께 돌아올 것을 촉구한다. "그리스도 밖에 있는 모든 사람이여! 지금은 깨어나서 다가올 하나님의 진노에서 피해야 할 때입니다. 전능하신 하나님의 진노가 우리 회중의 많은 사람 가운데 드리워져 있다는 사실은 너무나 확실합니다. 한 사람도 빠짐없이 소돔성에서 빠져나와 달아나야 할 때입니다."

3. 풍부한 이미지를 통해 실감 나게 만드는 설교

조나단 에드워즈는 설교에서 실감 나는 이미지를 구사하는 것으로 유명하다. 특히 본 설교는 이미지가 너무나 생생해 마치 눈앞에 지옥을 펼쳐 주는 듯하다. "마귀는 그들을 기다리고 있으며, 지옥의 문은 그들을 향해 입을 넓게 벌리고 있습니다. 지옥의 불길이 그들 주위에 타오르고 있으며 그들을 덮쳐 삼켜 버릴 것입니다."

에드워즈의 설교가 사람들의 가슴을 파고들었던 중요한 이유는 단순히 교리에 순복한 것이 아니라, 전하는 메시지를 생생하게 눈앞에 펼쳐 놓았기 때문이다. 강렬한 이미지는 이성적 논증이 실제로 가슴에 부딪치게 하는 비결이다. 교리를 강조하면서 청중에게 들리는 설교를 한다는 것은 놀라운 일이다. 일반적으로 교리설교는 지루하다는 느낌을 주고 강단에서 피해야 할 설교로 여겨지기 때문이다. 에드워즈는 성경의 가장 깊은 교리를 가장 실감 나게 전함으로 결국 대부흥이라는 놀라운 역사를 이루었다.

에드워즈의 지옥에 대한 묘사를 조금 더 보자. "비참한 세계, 그 끓어오르는 유황불 못은 바로 당신 발아래 드넓게 펼쳐져 있습니다. 그곳은 분노하시는 하나님의 이글거리는 불꽃이 타오르는 무시무시한 구덩이가 있는 곳입니다. 지옥은 넓은 입을 쩍 벌리고 있고, 당신은 받치고 설 자리나 붙잡을 것이 하나도 없는 상황입니다. 당신과 지옥 사이에는 허공 이외에는 아무것도 없습니다." 에드워즈의 생생한 지옥 묘사를 들으면서, 심지어 그렇게 사람을 협박하듯 두렵게 만드는 설교는 그만둘 것을 설교 도중에 외친 사람도 있었다고 한다. 그만큼 교리설교가 가슴을 울릴 정도로 오감을 통해 들렸다는 증거다.

납덩이처럼 무거운 죄를 가진 사람들이 마치 거미줄이 바위를 지탱해 줄 것처럼 어리석게 생각하는 것을 바라보며 에드워즈는 성경의 진리를 눈앞에 보여 준다. 설교에서의 생생한 묘사는 사건을 눈앞에 펼쳐 보여 줌으로 청중으로 하여금 실감 나게 만들어 준다. 귀로 듣는 묘사보다 눈으로 보게 할 때 설교는 훨씬 더 효과적이다. 설교를 준비하면서 내 설교를 화가가 그림으로 옮길 수 있는지 물어보라. 설교에서 귀를 얻는 것보다 눈을 정복하면, 마음을 정복하게 될 것이다.

4. 복음을 통한 하나님의 은혜를 선포하는 복음적 설교

조나단 에드워즈의 설교를 특징짓는 다른 한 가지는 그가 칼빈주의 신학과 거룩한 영적인 체험을 강조하는 부흥주의를 적절하게 조화시켰다는 점이다. 그는 철저한 하나님의 심판을 통하여 죄인들이 회심하고 주님께 나아오기를 원했지만, 언제나 우리를 기다리시는 사랑의 하나님을 동시에 전한다. "지금은 하나님이 당신을 불쌍히 여기시기 위해 당신 앞에 서 계십니다. 지금은 자비를 구해야 할 때입니다. 자비를 얻고자 부르짖어야 할 때입니다."

에드워즈는 신학뿐 아니라 설교에서도 예수님이 유일한 구원의 이름이시라는 것을 확신 있게 선포한다. 하나님의 심판을 피할 유일한 길이 예수 그리스도이시기에 심판 가운데서도 예수 그리스도께 나아오기를 절규한다. "오늘 당신은 위대한 기회를 부여받았습니다. 지금 예수 그리스도가 불쌍한 죄인들을 부르고자 은혜의 문을 활짝 열어 놓고 큰 소리로 외치며 문 앞에 서 계십니다. 지금은 수많은 무리가 그리스도께로 밀려들어 가는 때입니다." 하나님의 심판의 엄중함이 매서운 만큼 예수 그리스도의 구원의 소망도 찬란하게 들려온다. "예수 그리스도의 피로 자신들의 죄를 씻음 받고 하나님의 영광에 대한 소망으로 기뻐하고 있는 것을 보십시오. 이러한 상황에 뒤에 남겨진다는 것은 얼마나 안타까운 일입니까."

에드워즈의 설교가 영적인 부흥을 가져온 힘은 지옥과 심판에 대한 효과적인 묘사가 아니다. 어떠한 상황 가운데서도 우리를 기다리시는 하나님의 자비한 은혜, 지금도 나를 향해 부르시는 하나님의 구원에 대한 초청이 사람을 움직이고 회심을 가져온다.

5. 본문 선택과 교리설교의 한계를 넘어

이성과 지성과 감성 등 모든 분야에서 가장 큰 영향력을 미친 조나단 에드워즈의 설교에서도 몇 가지 한계는 보인다.

첫째, 에드워즈는 거의 모든 설교에서 한 절 내지 두세 절을 택하고 그것에 근거하여 설교한다. 청교도 설교자의 전형적인 본문 선택 방식이다. 하나님의 말씀을 바르게 해석하기 위해서는 한 문장을 콘텍스트와 분리시켜 별개로 다루는 것을 지양해야 한다. 이는 본문을 벗어날 수 있는 위험을 지니기 때문이다. 최소한 하나의 주제가 들어 있는 본문을 택해야 저자가 말하고자 하는 주제에 근거한 설교가 가능하다.

둘째, 에드워즈 설교에서 또 하나 발전해야 할 점은 교리설교의 방향과 관련 있다. 교리를 중심으로 설교할 때는 그 본문이 중심 교리를 담고 있어야 한다. 심판에 대한 단어 하나로 심판 전체를 설교하거나 기도라는 단어 하나로 기도를 주제로 설교하는 것은 자칫 본문의 문맥을 벗어나게 한다. 교리설교의 가장 바람직한 방법은 한 본문에서 중심 교리를 찾아내고 그 교리와 관련된 다양한 본문을 함께 다루어 줌으로 교리를 풍성하게 설명하는 것이다.

설교자가 지켜야 할 가장 기본은 본문에서 저자가 말하고자 하는 의도를 벗어나지 않는 일이다. 설교자는 바흐가 아니라, 바흐의 음악을 연주하는 연주자다. 지금 나의 설교를 예수님이 듣고 계신다고 생각해 보라. 내가 전하는 이 말씀이 이 본문을 통해 주님이 말씀하시는 그 말씀인가? 주님이 고개를 끄덕이실 때 설교자로서의 감격과 보람이 있다.

6. 조나단 에드워즈의 설교가 한국 교회 강단에 주는 메시지

오늘날 한국 교회는 하나님의 심판과 지옥에 대한 메시지를 들어 보기 어려운 때를 맞이했다. 예수님을 따르면서 누리는 은혜와 축복은 강조하지만, 치러야 할 희생과 결단은 약화되고 있다.

조나단 에드워즈의 설교는 한국 교회가 복음의 진정한 능력을 회복하기 위해 가장 절실한 것이 무엇인지 보여 준다. 하나님의 사랑의 축복과 공의의 심판을 균형 있게 선포함으로 자신의 삶을 돌아보며 하나님 앞에서 거룩한 삶으로 나아가고자 하는 열망을 일깨워야 한다.

에드워즈의 철저한 논증은 오늘날 너무나 가벼운 복음이 자리하는 한국 교회 설교자들에게 무거운 책임을 던져 준다. 현재 강단의 흐름은 본문의 깊이 있는 묵상과 성경 전체를 통한 진리의 변증과 확증보다, 본문은 한 번 거쳐 가는 다이빙대처럼 언급하고 설교자의 철학과 삶에 관한 예화로 가득 차 간다. 사람을 변화시키는 능력이 마치 사람에게 달려 있는 듯 청중을 감동시키기 위해 모든 것을 이용하는 모습이다. 설교자가 전할 것은 오직 진리의 복음이다. 자신의 목적을 위해 본문을 이용하는 것이 아니라, 본문에 나타난 하나님을 깊이 사유할 때 영혼을 움직이는 설교자가 만들어지고 그 설교자를 통해 삶을 변화시키는 설교가 탄생한다.

특히 오늘날 부흥을 향한 갈망이 그 어느 때보다 절실한 한국 교회에 에드워즈의 설교는 중요한 교훈을 던져 준다. 그는 뜨거운 체험을 강조하며 부흥 운동을 주도했지만, 설교를 통해 인위적으로 부흥을 일으키는 것을 신뢰하지도 않았고 시도하지도 않았다. 진정한 부흥은 오직 하나님의 진리의 말씀과 성령의 주체적인 역사로 말미암는 것임을 믿고 그대로 의지한 신학자요 설교자였다. 거룩한 말씀과 성령으로 인한 심령의 부흥! 다시 한 번 부흥으로 타올라야 할 한국 교회에 에드워즈의 외침은 길 잃은 자에게 나침반처럼 다가온다.

필자는 2018년에 에드워즈가 섬겼던 노스햄튼 교회를 방문했을 때 받았던 충격이 아직도 선명하다. 교회 게시판에는 동성애자를 상징하는 무지개가 그려져 있고 "All Welcome"(모두를 환영합니다)이라고 쓰여 있었다. 그 아래 "The Jonathan Edwards Church"(조나단 에드워즈 교회)라는 글자를 보면서 무덤에 있는 에드워즈가 당장이라도 뛰쳐나올 것 같은 느낌이었다. 친절하게 안내해 준 담임목사는 엄청난 크기의 예배당에 주일예배에 참석하는 교인이 120명 정도며 반 가까운 숫자가 레즈비언이라고 소개했다. 진리의 복음이 사라진 교회가 어떻게 힘을 잃어 가는지 보여 주는 현장이었다.

에드워즈는 이 교회에서 신앙생활을 하며 거룩을 향해 힘쓰는 사람들만이 성찬에 참석해야 할 것을 강조하다가 결국 해임당해 쫓겨났다. 한국 교회는 진리의 말씀을 철저하게 믿는 믿음뿐 아니라 거룩한 삶으로 믿음을 증명해야 할 책임을 에드워즈에게서 배워야 한다.

5장

헬무트 틸리케,
지성과 영성을 겸비한 설교자

헬무트 틸리케의 설교

설교 제목: 하나님을 찾는 사람(Who is a God-seeker?)

본문: 누가복음 19:1-10

비록 작은 규모의 도시였지만, 여리고는 '세계의 관문' 역할을 했습니다. 마치 오늘날 함부르크나 뉴욕처럼 말입니다. 여리고는 상업의 요충지였기 때문에 여러 곳의 세무소와 세금을 거두는 관리들이 있었습니다. 그들은 공무원도 아니었고 정부의 임금 체계로 월급을 받지도 않았습니다. 자신들이 거두어들이는 세금에서 이득을 챙기고 거기에 특별 수당도 받았습니다. '세리와 죄인들'이라는 표현이 성경에서 보편적으로 쓰인 것을 보면 그들이 얼마나 부정직한 자들이었는지

세상을 움직인 설교자와 설교

를 알 수 있습니다. 더구나 이 사람들은 로마 점령군의 대리인들이었습니다. 당시 여리고 사람들이 거리의 세리들을 볼 때 느꼈던 감정을 쉽게 상상할 수 있습니다.

오늘 장면의 중심에 서 있는 한 인물을 들여다보십시오. 세금 징수를 총괄하는 세리장 삭개오입니다. 그는 무대의 중심에 서 있는 것이 아니라, 돌무화과나무 가지 위에 웅크리고 앉아 있습니다. 군중 가운데 파묻힌 삭개오는 키가 매우 작아서 발끝을 들어도 별 도움이 되지 않았습니다. 결국 나무 위에 있던 거리의 아이들과 합류해야만 했습니다.

삭개오의 우스꽝스런 행동을 한번 상상해 봅시다. 자신이 작다는 것을 보여 주기 원하는 사람은 아무도 없습니다. 한 기관의 장으로서는 말할 것도 없습니다. 자신을 어리석어 보이게 하는 상황에 빠트릴 바보가 어디에 있겠습니까. 사람들은 이 세리장을 볼 때마다 몸을 떨었습니다. 삭개오가 나무 위에 올라가 있는 것을 본 사람들은 그를 비웃었을 것입니다. 그러나 삭개오는 그것을 감수합니다. 나사렛으로부터 온 사람을 보고 싶다는 열정이 너무나 강렬했기에 체면 따위는 중요하지 않았습니다.

이것이 바로 복음서 기자가 우리에게 전해 주고자 하는 첫 교훈입니다. 삭개오는 열정의 구도자였습니다. 자신을 잊어버릴 정도로 찾는 데 열심이었습니다. 자신의 행동이 가져올 결과들, 예컨대 비웃음을 살 수 있다든지 명성과 권위에 흠집을 낸다든지 따위는 문제가 아니었습니다. 기독교란 사회 속에서 자신의 지위를 향상시켜 주고 존경의 분위기를 만들어 주는 수단이 아닙니다. 이 모든 것을 간과해 버린 삭개오. 그의 내면이 완전히 무엇인가에 사로잡혀 있다는 것을 확실히 알 수 있습니다.

위급한 상황이 발생했을 때 격식을 갖출 사람은 없습니다. 전쟁 때 공습이 있었습니다. 한 저명인사가 한 발은 검은색 부츠를, 다른 발은 갈색 구두를 신고 불타는 집에서 뛰쳐나오는 것을 본 적이 있습니다. 정말 우스운 장면이었습니다. 그러나 사느냐 죽느냐의 문제 앞에서는 이런 것은 결코 문제가 되지 않습니다. 마찬가지 심정으로 삭개오는 아이들과 함께 돌무화과나무에 올라가 있습니다.

도대체 그는 누구를 혹은 무엇을 찾고 있습니까? 간단합니다. 그는 예수님을 보기 원했습니다. 그분이 '정말 어떤 존재의 사람인지' 보기를 원했습니다. 중요한 것은 그가 예수님의 '행한 것'이나 '말한 것'을 알고 싶은 것이 아니란 사실입니다. 예수라는 사람 자체에 관심을 쏟았습니다. 문제의 주변이 아니라, 문제의 핵심에 관심을 쏟았습니다. 삭개오에게는 바로 이것이 가장 심각한 문제였기 때문입니다. 삭개오는 '나사렛 예수'라고 불리는 이 문제의 핵심에 반드시 들어가기를 원했습니다.

우리가 찾는 것은 교리나 가르침이 아닙니다. 주님 자신입니다. 가르침과 교리는 심오한 사상을 지니고 있습니다. 수 세기를 걸쳐 온 영적인 경험들은 우리를 지적으로 매료시킬 수 있습니다. 그러나 믿음의 근원 되시는 예수 자신이 그 안에 계시지 않다면, 결국 이 모든 것은 아무 가치 없는 종교적인 난센스에 불과할 것입니다. 예수를 믿지 않는다면, 그분의 가르침은 하나의 '지적 면허'에 지나지 않을 것입니다.

예수를 본 순간 삭개오는 질문합니다. '지금 지나가고 있는 이 사람, 맹인과 걷지 못 하는 자를 고치고 아이들과 기꺼이 친구가 되는 이 사람, 이 사람이야말로 나를 구원해 줄 사람인가?' 그렇지 않다면 지금까지 그에 관해 들었던 모든 것은 순전히 엉터리에 불과하기 때문입니다. 만일 예수야말로 삶의 진리로 들어가는 유일한 길임을 알 수 있다면, 나무에 올라가는 것은 아무런 문제가 되지 않습니다.

삭개오처럼 무엇을 애타게 찾는 사람이라면 자신에 대해 불만족스런 사람임에 틀림이 없습니다. 삭개오에게는 작은 키보다 훨씬 더 큰 고민이 있었습니다. 예수께서 그를 나무에서 불러 내리셨을 때 그를 가로막고 있던 마음의 댐이 무너져 내렸습니다. 그의 삶에서 막혀 있던 모든 것이 쏟아져 나왔습니다. "나를 믿어 주세요. 내 소유의 절반을 가난한 사람들에게 나눠 주고 만일 내가 누구에게 착취한 것이 있다면 네 배로 갚겠습니다."

심리학을 전공하지 않았더라도 조금만 관심을 기울인다면, 삭개오가 말한 것이 자신의 위신을 지키기 위한 것이 아님을 알 것입니다. 그의 고백은 솔직했습니다. 예수라면 자신이 붙들고 있던 모든 것을 다 내려놓을 수 있었습니다.

사람들은 양심의 가책을 피하기 위해 공적인 선행으로 자신을 정당화하려 합니다. 파이프 오르간이나 교회 창문을 꾸밀 스테인드글라스를 살 수도 있을 것입니다. 사람들은 그의 이타적인 모습에 엄청난 감동을 받기도 합니다. 그러나 삭개오는 이타적인 행동으로 남들을 감동시킬 의도가 전혀 없었습니다. 네 배로 갚겠다는 약속도 마찬가지입니다. 그는 자신을 괴롭히는 것이 무엇인지 잘 알고 있었습니다. 그의 전 생애는 옳지 못한 행실에 대한 끊임없는 투쟁이었습니다. 밤마다 자신이 부당하게 대한 사람이나 어려움에 몰아넣은 사람들에 대한 환상으로 시달림을 받았습니다. 집에 들여놓은 샹들리에와 양탄자는 누가 진정한 주인인지를 그에게 묻곤 했습니다. 한 사람은 밝은 데 머물면서 다른 사람은 어둔 데 머무는 것이 옳은지를 묻기도 했습니다.

해결되지 않은 죄의 문제로 짓눌려 있었던 삭개오는 다른 사람의 시선에는 아무 관심이 없었습니다. 돌무화과나무 위에서 우스꽝스럽게 앉아 있는 자신을 사람들이 어떻게 생각하는지 상관하지 않았습니다. 자신의 행동보다 다른 사람들의 행동이 얼마나 더 악한가를 비교하며 자기만족에 빠지고 싶지도 않았습니다.

우리가 죄 가운데 있다는 것을 깨달을 때 하나님 앞에 전적으로 홀로 서게 됩니다. 죄라는 것은 언제나 사람을 고립시키기 때문입니다. 삭개오는 스스로의 힘으로는 이 어두운 복도로부터 탈출할 수 없다는 것을 알았습니다. 누군가 밖에서 등불을 가지고 와서 그를 끌어내 주어야만 했습니다. 그래서 지나가는 그 사람을 불타는 눈동자로 바라보고 속박된 자신의 인생을 해방시켜 줄 능력이 있는 사람인지 물었습니다.

자신의 족쇄에서 해방되는 것 외에 소망이 없던 삭개오. 그는 지금 한 인간의 모습으로 자신에게 다가오시는 인생의 문제의 해답 그 자체에 사로잡혀 있습니다. 참으로 삭개오는 이 나사렛 예수가 어떤 사람인지 알기 위해 그의 눈과 귀를 완전히 열었습니다. 이런 점에서 삭개오는 진정한 구도자입니다.

삭개오의 첫 번째 놀람은 이렇게 시작됩니다. 그는 구경꾼의 입장에서 나사렛 예수라는 이 비상한 사람을 관찰하기 원했습니다. 이 사람에 대한 입장을 정리하기 위해 지나가는 그를 잠시 보기를 원했을 뿐입니다. 그러나 사건은 그가 예상하던 것과는 전혀 딴판으로 일어났습니다. 구경꾼으로서의 그의 역할은 끝이 났습니다. 예수님이 멈춰서시고, 그를 바라보시고, 그의 이름을 부르십니다. "삭개오야 속히 내려오라 내가 오늘 네 집에 유하여야 하겠다"(눅 19:5). 이것이 첫 번째 기적입니다. 예수께서 그를 아신다는 것입니다.

구도자인 삭개오는 이 사람이 그가 그토록 찾고 있는 해방이라는 단어를 가지고 있는지, 그리고 이 나사렛 사람이 믿을 만한 사람인지 의문을 지닌 채 예수를 찾는 도상에 서 있습니다. 한편 그가 찾는 예수는 이미 그에게로 향한 도상에 있습니다. 인생이라는 연극에서 삭개오가 무대에 홀로 서 있는 것처럼 보이는 곳, 절망적인 독백을 되뇌던 그곳에 다른 한 음성이 나타납니다. 이 다른 목소리는 이미 오랫동안 그 길 위에 있었습니다.

우리도 삭개오가 경험한 혁명적인 발견을 우리의 삶 속에서 이룰 수 있을까요? 이것은 우리가 진리를 추구할 때 얻는 발견이 아닙니다. 우리의 삶에 새로움을 가져다주는 지식도 아닙니다. 살아 계신 구세주를 알 때 얻는 발견입니다.

지난 전쟁 중에 때때로 나의 제자들이 전장에서 편지를 보내왔습니다. 한 문장, 한 문장이 다양한 모습으로 이어졌습니다. "저는 행군에서 너무나 지쳐 있습니다. 저의 위장은 텅 비어 있고 이에 물려 할퀴고 러시아의 살을 에는 듯한 추위에 엄청난 고통을 당하면서 죽도록 지쳐 있습니다. 사색을 위한 여유라고는 조금도 없이 살아갑니다. 저의 모든 영적인 삶은 해체되고 파괴되어 있습니다. 저는 초목과 다를 바가 없습니다."

내가 이 젊은이들에게 어떻게 대답해 주어야 하겠습니까? 그들에게 답장을 썼습니다. "복음이 철학보다 더 위대하다는 사실에 감사하세. 만약 복음이 철학과 같은 것이라면, 자네가 복음을 마음에 간직할 수 있는 한 그것을 소유할 수 있고 자네에게 지적인 위안을 줄 수 있을 것이라네. 그러나 자네가 하나님에 관하여 더 이상 생각할 수 없을 때, 여전히 하나님은 자네를 생각하고 계신다네."

분명 이것이 복음의 기적입니다. 우리는 길 위에 홀로 버려진 자들이 아닙니다. 우리를 잘 알고 계신 분이 우리를 만나러 오고 계십니다. 우리가 그분의 임재에 관하여 아무것도 느끼지 못할 때도 그분은 우리에게 다가오십니다. 우리가 삭개오처럼 잎이 우거진 나무 위에 앉아 있을 때, 그분은 이미 우리를 보셨습니다. 우리를 알고 우리를 부르십니다. "속히 내려오라. 내가 너를 보기 위하여 왔단다." 이것은 우리가 구원이나 기독교 윤리를 다룰 때가 아니라, 살아 계신 구세주를 찾을 때 일어나는 기적입니다.

삭개오는 이것을 깨달았습니다. 왜냐하면 그는 예수라는 한 사람에 온전히 집중했기 때문입니다. 예수가 누구인지 알기를 원했고, 이제 그는 알게 되었습니다. 그 순간 예수께서 선포하셨습니다. "오늘 구원이 이 집에 이르렀다"(눅 19:9). 예수 그리스도와 접촉이 이루어지는 순간 구원이 일어났습니다.

예수 그리스도를 만난 사람의 삶은 이전과 같을 수 없습니다. 예수님은 위대한 변화를 일으키시는 분이기 때문입니다. 지혜의 교사는 결코 이런 일을 할 수 없습니다. 그의 목표가 지식을 추구하는 것이기 때문입니다. 예수 그리스도로 시작된 변화는 또 다른 변화를 가져옵니다. 예수님은 우리가 하루를 시작할 때 서광을 비추어 주십니다. 그분은 타자기가 딸그락거리고 하루 종일 전화벨이 울릴 때 우리를 감싸 주십니다. 그리고 저녁이 되면 그분의 손이 항상 나를 받쳐 주기 때문에 나는 쉴 수가 있습니다.

예수님은 내가 나무 위에서 내려와 그늘에 서 있도록 나의 이름을 불러 주셨습니다. 그분은 내 삶에 기쁨을 주시고 극심한 곤경에 처할 때 친구가 되어 주십니다. 내가 마지막 심판대 위에 서야만 할 때, 그분은 나를 위해 중재자가 되어 주십니다. 왜냐하면 내가 하나님의 소유가 되도록 친히 고난을 당하셨기 때문입니다.

헬무트 틸리케의 삶과 설교 세계

독일 루터교회의 목사로서 나치 치하의 암울했던 시대 상황에서 복음으로 독일인의 가슴에 하늘의 소리를 들려준 목회자, 독일 나치 시대에 성경의 가르침과 그의 양심에 근거하여 히틀러에 저항함으로써 실천하는 신학과 설교를 몸소 보여 준 신학자요 설교자, 찰스 스펄전 이후로 가장 뛰어난 설교자라고 평가받기도 하는 그가 헬무트 틸리케(Helmut Thielicke, 1908-1986)다.

틸리케가 독일 함부르크 대학교에서 강의할 때는 대형 강의실이 모자라서 방송으로 다른 방의 학생들에 연결하기도 하고 몇 번이고 더 큰 곳으로 옮겨 가기도 했다. 함부르크에서 가장 큰 성 미카엘 교회에서 설교할 때는 3천 명이 넘는 교인들이 자리를 차지하기 위해 한 시간이나 미리 나와야 했다. 뛰어난 학자요 설교자인 동시에 탁월한 저술가였던 틸리케는 그의 저서가 영문으로 번역되자 단숨에 수천 권이 팔려 나갈 정도로 미국에서도 인기가 높았다.

틸리케는 1908년 12월 4일 독일 부퍼탈 바르멘에서 태어나 1986년 3월 5일 77세의 나이에 하나님의 부르심을 받았다. 어릴 때부터 신학 공부를 하기로 결심하고 대학에서 신학 공부를 시작했지만, 지속되는 질병 때문에 힘겨운 어린 시절을 보내야만 했다. 틸리케의 신학과 설교에 인생의 참된 의미에 대한 고민이 많이 녹아 있는 것은 오랜 질병이 그에게 준 선물이다. 본 대학교에서 칼 바르트에게 수학하기도 했으나, 자연계시를 부인하는 바르트와는 다르게 하나님의 창조 질서의 고유성을 인정했다.

그라이프스 발트 대학교에서 1932년에 "윤리적인 것과 미적인 것 사이의 관계"라는 논문으로 철학박사 학위를 받고, 1934년에는 에를 랑겐 대학교 알타우스 교수의 지도로 "역사와 실존: 개신교적 역사신학의 정초"라는 논문으로 신학박사 학위를 받았다. 1936년부터 하이델베르크 대학교에서 교수 생활을 시작했지만, 히틀러 정권을 비판한 것 때문에 1940년에 교수직에서 쫓겨나게 된다.

틸리케의 설교는 전쟁으로 인하여 고통을 겪는 민중의 아픔과 폐허가 되어 가는 독일 교회를 몸으로 체험하면서 성경을 허공의 메아리가 아니라, 청중의 삶 속에서 들리도록 만들었다. 지속되는 나치 정권과의 갈등 속에서도 틸리케는 예수 그리스도를 향한 진실한 신앙을 조금의 흔들림도 없이 유지해 나갔다. 전쟁이 끝나고 1945년부터 튀빙겐 대학교에서 신학부 교수로 부름을 받고 1954년까지 가르치다가 함부르크 대학교로 옮겨 신학부 교수와 총장으로 섬겼다. 탁월한 철학과 신학, 그리고 윤리학에 근거한 학문적 소양을 깊이 간직하면서도 철저히 성경에 근거한 그의 설교는 학문과 신앙과 목자의 마음의 조화를 잘 보여 준다.

헬무트 틸리케의 설교 분석

1. 묵상과 철학적 사고를 평범한 언어로 풀어내는 설교

필자가 헬무트 틸리케의 설교를 처음 접한 것은 박사과정을 막 시작할 때였다. 그의 설교집을 손에 든 순간부터 순식간에 그의 사상과 설교에 매료되어 갔다. 그의 설교는 문장마다 하늘의 음성처럼 다가왔고, 그가 남긴 육성 테이프는 글에서 느낀 이미지처럼 중후한 품격과 깊은 감동을 전해 주었다. 금세기 최고의 철학자요 신학자요 또한 윤리학자로 이름을 날렸지만, 그가 주는 최고의 매력은 탁월한 학문이 아니라 영혼을 움직이는 설교에 있다. 뛰어난 학문적 소양이 명쾌한 설교의 언어로 표현되는 동시에 따스한 목자의 가슴을 품고 있어 그의 설교를 통해 땅 위에서 신자로 살아가는 기쁨을 누리게 된다.

틸리케의 설교는 곱씹을수록 맛이 더욱 깊어 가는 감동이 있다. 본문의 핵심을 정확하게 포착하는 시각과 시대를 담아내는 정신, 그리고 누구라도 쉽게 이해할 수 있는 평명한 언어가 돋보인다. "하나님을 찾는 사람"이라는 제목의 본 설교에서 틸리케는 먼저 세리의 삶을 묘사하고, 세리장이란 직책에 대하여 소개한다. 삭개오가 돌무화과나무에 올라가는 사건을 두고 기독교라는 종교가 사람의 권위나 명예를 드높이는 것이 아니라, 오히려 자신의 삶에 위협을 가할 수도 있다는 것을 지적한다. 완전한 자기 파괴가 일어나지 않고는 절대자 앞에 설 수 없는 인간의 모습을 가리키는 대목에서 필자는 한참 동안 멍하게 자신의 모습을 반추해 보았다.

삭개오가 자신의 모든 것을 잊어버린 채 나무 위를 기어 올라가는 우스꽝스런 모습을 연출한 이유는 단 한 가지다. 예수 그리스도, 그분에 대한 관심 때문이다. 그는 문제의 변두리에서 머뭇거리는 사람이 아니라 핵심에 관심을 기울였고 그 핵심으로 나아가기 위한 고난을 감수한 사람이다. 틸리케는 이런 삭개오의 모습을 실감 나게 묘사한다.

이런 구도자를 알아주시는 예수 그리스도, 자신의 모습을 지탱하지도 못할 정도의 연약함으로 쓰러져 있을 때도 여전한 사랑으로 다가오시는 우리의 구원자를 노래하는 것을 보면서 독자는 틸리케의 탁월한 혜안에 감탄하는 것에 그치지 않고, 그가 제시하는 우리의 진정한 구세주이신 예수님을 바라보게 된다.

2. 교리와 철학보다 예수 그리스도에 집중

헬무트 틸리케의 설교에는 예수님의 모습이 언제나 중심을 차지한다. 그의 설교철학은 본문에 집중해서 설교하라는 것이다. 본문에 집중할 때 설교하는 사람도, 청중도 하나님의 말씀을 들을 수 있기 때문이다. 소개된 본문처럼 사람의 변화나 극적인 모습이 부각되는 설교에서는 하나님의 일하심이나 예수 그리스도의 모습이 전면으로 나타나기 어렵다. 삭개오의 회심을 집중적으로 그릴 수도 있고, 삭개오의 변화를 강조하면서 복음 앞에 변화되어야 할 인간 상황을 강조할 수도 있다. 그러나 틸리케의 설교는 삭개오의 변화에 대한 긴장을 유지하면서 삭개오를 변화시키는 주체가 예수님이시라는 사실에 집중한다.

예수님을 설교의 전면에 부각시키고자 하는 그의 태도는 곳곳에 나타난다. "도대체 그는 누구를 혹은 무엇을 찾고 있습니까? 간단합니다. 그는 예수님을 보기 원했습니다. 그분이 '정말 어떤 존재의 사람인지' 보기를 원했습니다. 중요한 것은 그가 예수님의 '행한 것'이나 '말한 것'을 알고 싶은 것이 아니란 사실입니다. 예수라는 사람 자체에 관심을 쏟았습니다. 문제의 주변이 아니라, 문제의 핵심에 관심을 쏟았습니다."

예수님의 행한 것이나 말한 것에 대한 관심이 아니라, 예수 자체에 대한 관심을 강조하는 그에게서 오늘날 기독교가 근본적으로 놓치고 있는 것을 보는 듯하다. 특히 성경의 진리에서 많이 이탈된 오늘날 독일 신학의 현장을 생각하면 틸리케의 이런 복음의 회복이 너무나 절실하다는 생각이 든다. "우리가 찾는 것은 교리나 가르침이 아닙니다. 주님 자신입니다. 가르침과 교리는 심오한 사상을 지니고 있습니다. 수 세기를 걸쳐 온 영적인 경험들은 우리를 지적으로 매료시킬 수 있습니다. 그러나 믿음의 근원 되시는 예수 자신이 그 안에 계시지 않다면, 결국 이 모든 것은 아무 가치 없는 종교적인 난센스에 불과할 것입니다."

예수님이 사라진 교리와 가르침이 쓰레기에 불과하고 종교적인 난센스에 불과하다는 주장은 오늘날 신학도와 설교자들에게 혁명처럼 들려온다. 틸리케의 가르침은 오늘날 신학과 교회 강단이 회복해야 할 가장 중요한 외침이 무엇인지를 잘 보여 준다. 무성한 교리 체계와 갖가지 이론으로 난무한 오늘날 신학 세계를 향해 그는 절규하듯 외친다. 우리를 구원해 줄 것은 성경에 대한 이론과 기독교 교리가 아니라, 예수의 복음이며 예수 그리스도 그분뿐이시라고. 예수님의 가르침과 행적은 중요시하면서 예수 자신을 보지 못하는 모든 사변적인 학문에서 벗어나라고.

3. 사회적 관심과 삶의 조화를 이루는 적용

헬무트 틸리케의 설교는 사회적 관심과 행동에 관하여 깊은 관심을 보인다. 그의 사회적 관심은 시대적 상황에 다분히 기인하겠지만, 그의 설교철학 역시 본문의 말씀이 청중의 삶으로 적용될 것을 강조한다. 시대를 품는 목자의 심정을 강조하지만, 오늘날 사회적 관심이나 삶에 대한 고민을 위해 설교를 하나의 문제 해결 수단으로 만들어 버리는 설교와는 전혀 다르다.

틸리케가 믿는 것은 사회 문제와 인생의 문제를 해결하는 것이 기독교가 아니라, 기독교의 예수님을 진정으로 만나면 여타의 문제가 해결된다는 것이다. 기독교는 문제 해결의 종교가 아니라, 예수가 문제 해결의 핵심이시라는 주장이다. 틸리케는 찰스 스펄전을 매우 좋아하고 존경했지만, 사회적 문제를 접근하는 부분에서는 차이를 보인다. 스펄전은 모든 설교의 방향을 개인의 영혼 구원에 집중했기 때문에 사회 문제나 정치 질서에 대하여 관심을 기울이지 않았다고 비판받는다.

본 설교에서 틸리케는 전쟁을 치르고 있는 독일 상황을 두 가지 예화를 통해 보여 준다. 전쟁의 폭격 중에 짝이 다른 신발을 신고 나온 저명한 사람의 이야기를 통해 삶과 죽음의 문제에 직면하게 되면 자신의 모습이 문제가 되지 않는다는 것을 강조한다. 뒤틀린 양심과 인생의 의미를 고민하던 삭개오에게 돌무화과나무에 올라가는 것과 무수한 사람들의 따가운 시선은 아무런 문제가 되지 못한다는 것이다. 전쟁 중에 고통을 호흡하면서 보내온 제자의 편지에 답하면서 철학이 답해 줄 수 없는 것을 복음이 해결해 주는 것을 강조하면서, 우리가 가장 연약할 때 여전히 다가오시는 예수님에 대해 감동적으로 설교한다.

이 부분에 대한 그의 설교를 들어 보라. "내가 이 젊은이들에게 어떻게 대답해 주어야 하겠습니까? 그들에게 답장을 썼습니다. '복음이 철학보다 더 위대하다는 사실에 감사하세. 만약 복음이 철학과 같은 것이라면, 자네가 복음을 마음에 간직할 수 있는 한 그것을 소유할 수 있고 자네에게 지적인 위안을 줄 수 있을 것이라네. 그러나 자네가 하나님에 관하여 더 이상 생각할 수 없을 때, 여전히 하나님은 자네를 생각하고 계신다네.'"

전쟁의 고통이 최소한의 인간다운 모습마저도 빼앗아 버리는 위기 속에서 스승의 편지를 받고 복음과 예수님에 대한 마음으로 다시 한 번 힘을 얻었을 제자의 모습이 눈에 선하다. 틸리케의 이런 정신은 특히 사회 문제에 기독교가 어떻게 반응해야 하는지 고민하는 한국 교회에 신선한 도전을 던진다. 복음으로 체계화된 세상만이 진정한 해답이라는 말이다.

4. 헬무트 틸리케의 설교가 한국 교회 강단에 주는 메시지

오늘날 점점 무너져 가는 독일 개신교의 역사를 보면 금세기에 헬무트 틸리케 같은 설교자가 있었다는 사실은 믿기 어렵다. 틸리케는 그의 뛰어난 학문과 설교에 비해 한국에 비교적 적게 알려진 사람이다.

틸리케가 한국 교회 강단에 던지는 메시지는 다양한 면에서 특별하다. 무엇보다 틸리케가 한국 교회에 던지는 첫 메시지는 본문에 대한 깊은 묵상에 삶을 드리라는 부탁이다. 독일 신학이 주로 철학적이고 사변적으로 흐르는 것과 달리, 틸리케는 철저하게 복음의 우선성을 강조한다. 본문의 문자적 의미에 머물거나 본문을 피상적으로 그려 보는 설교가 아니라, 본문에서 역동하는 하나님의 음성을 듣고 그 안에서 예수 그리스도의 모습에 집중할 것을 강조한다.

틸리케의 설교가 한국 교회 강단에 던지는 가장 강력한 메시지는 현대 사회가 직면한 문제를 신앙으로 해석하고자 하는 시각이다. 그는 하이델베르크 대학교에서 가르칠 때 나치의 정책을 비판한 것 때문에 해직을 당하기도 했고, 2차 세계대전이 한창일 때 혼탁한 사회 상황 속에 현실 문제를 외면하지 않고 강단에서 그 고민을 담아냈다. 모든 인간 문제의 근본 해결로서 오직 예수 그리스도밖에 없다는 것을 강조하는 그의 메시지는 교리와 신학을 넘어 우리 삶 속에 다가오시는 예수를 강조한다.

한국 교회는 다양한 사회 현상이나 문제를 성경적 시각에서 해석하고 대안을 마련하는 지성과 영성을 동시에 소유한 기독교 리더를 필요로 한다. 틸리케는 인간 사회에 존재하는 다양한 신정론적 질문을 피하지 않는다. 예를 들어, 왜 하나님은 악과 동시에 불의를 허용하시는지, 잘못된 전쟁이라는 아픔 속에 죽어 가는 수많은 사람의 고통 앞에서 왜 하나님은 침묵하시는지 등이다. 이런 질문들에 대하여 신학과 설교를 통해 청중의 가슴속으로 들어갔던 틸리케는 한국 교회 목회자들이 현실과 인간의 상황에 대해 좀 더 고뇌할 것을 촉구한다.

심오한 깊이와 바다 같은 넓이의 사상을 가진 설교자였지만 누구나 이해할 수 있는 언어로 표출해 낸 설교자이며, 고난받는 백성 사이로 들어가 그들과 함께 고민하고 아파해 주는 목자였던 틸리케. 오늘 한국 교회 강단은 그와 같은 시대를 주도하는 지성적 목소리와 따스한 목자의 심정을 가진 하나님의 대언자를 기다린다.

6장

존 스토트,
성경과 현실의 다리 놓기

│ 존 스토트의 설교

설교 제목: **하나님의 사람을 향한 명령**(A Charge to a Man of God)

본문: **디모데전서 6:11-12**

여러분과 디모데에 관하여 말씀을 나누려 합니다. 제가 그러하듯이 여러분도 디모데를 보면 매우 친근감을 느낄 것입니다. 우리와 같이 약함을 지닌 사람이기 때문이지요. 디모데는 투명하게 빛나는 성자와는 거리가 멉니다. 그의 머리에 후광 같은 것은 아예 어울리지 않지요. 그도 우리와 같이 모든 연약함을 지닌 한 사람이지요. 몇 가지 이유가 있습니다.

첫째로 바울이 그에게 첫 편지를 쓸 때 그는 비교적 어린 나이였습니다. 아마도 30대 초반 정도였고, 그에게 주어진 중책에 비하면 아직 경험이 적었습니다. 우리가 알고 있는 둘째 이유라면 그는 기질적으로 수줍음이 많은 사람이었습니다. 셋째로 그는 육신적으로 약한 사람이었습니다. 위장병을 앓고 있었지요. 이런 사람이 디모데였어요. 어리고 수줍음이 많고 약한 사람. 오늘날 하나님의 사람들에게 흔히 발견되는 약함들 아닙니까? 우리는 그의 연약함으로 인하여 오히려 우리와 흡사한 모습을 발견합니다. 예수 그리스도의 능력이 그 가운데 나타나고, 디모데의 연약함 안에서 주님의 능력이 온전해지는 것을 봅니다. 바울처럼 말이지요.

우리 가운데 디모데와 같은 사람이 있습니까? 자신은 도무지 갖춘 것이 없는데 너무나 거대한 사명 앞에 서 있는 사람이 있습니까? 하나님이 부르신 사명에는 턱없이 부족하다고 느끼는 사람도 있지 않습니까? 오늘 바울이 디모데에게 하는 말이 저에게도 영향을 미쳤듯이 여러분에게 적용되기를 바랍니다.

이제 디모데전서 본문을 읽어 볼까요? "오직 너 하나님의 사람아 이것들을 피하고 의와 경건과 믿음과 사랑과 인내와 온유를 따르며 믿음의 선한 싸움을 싸우라 영생을 취하라 이를 위하여 네가 부르심을 받았고 많은 증인 앞에서 선한 증언을 하였도다"(딤전 6:11-12).

여러분, 바울이 "그러나 너는"[이 표현은 한글 성경에는 없으나 영어 성경에는 있다] 하면서 시작하는 것에 유의하십시오. 디모데전후서에는 이 표현이 몇 번이나 나옵니다. 디모데는 무엇인가 다르다는 말입니다. 세상과 다르게, 시대의 문화와 다르게 부름을 받았다는 말입니다. 디모데는 흐르는 물에 떠내려가서는 안 됩니다. 말콤 머거리지가 이렇게 말했지요.

세상을 움직인 설교자와 설교

"죽은 물고기만 강물에 떠내려갈 뿐이다." 디모데는 물에 떠내려가서는 안 됩니다. 여론의 압력에 굴복해서는 안 됩니다. 그리스도를 향하여 당당하게 서야 합니다. 갈대처럼이 아니라 태산의 바위처럼. 하나님의 사람이기 때문이지요. 사도 바울은 디모데에게 윤리적인 면, 교리적인 면, 그리고 체험적인 면으로 세 가지를 부탁합니다.

윤리적인 부탁

먼저 윤리적인 촉구를 보겠습니다. 11절을 보면 "이것들을 피하고 의와 경건과 믿음과 사랑과 인내와 온유를 따르며"라고 말합니다. 바울은 먼저 피해야 할 것을 지적하지요. 물질, 돈을 사랑하는 것, 탐욕, 그리고 이런 것들과 관계된 모든 것이지요.

그렇다면 디모데가 추구해야 할 것은 무엇입니까? 여섯 가지로 말하고 있습니다. 먼저 11절에 '의와 경건'이라 말합니다. 의란 말이 이웃과의 올바른 관계라면, 경건이란 하나님과의 바른 관계라 할 수 있습니다. 계속해서 바울은 '믿음과 사랑'을 따르라고 합니다. 믿음이 하나님을 신뢰하는 것이라면, 사랑이란 다른 사람을 섬기는 것이지요. 이어서 '인내와 온유'를 말합니다. 인내가 어려운 상황에서도 참는 것을 말한다면, 온유란 어려운 사람들을 참는 것을 가리킵니다. 상황과 사람을 참는다는 것은 쉽지 않은 일이지만 예수 그리스도를 따르는 사람에게 요구되는 것이지요. 이 얼마나 아름다운 덕목입니까. 의와 경건과 믿음과 사랑과 인내와 온유. 바로 성령의 열매를 떠올리게 하지 않습니까? 또한 우리 구주 예수 그리스도의 모습을 보여 주지 않습니까?

바울이 디모데에게 하는 부탁 가운데 저에게 특별하게 다가오는 것은 부정적인 면과 긍정적인 면 두 부분입니다. 부정적으로는 모든 악에서 떠나고, 긍정적으로는 의와 경건과 모든 것을 추구하라고 부탁합니다. 한마디로 말해서, 악을 멀리하고 의를 추구해야 한다는 말입니다.

성경에서 말하는 거룩함을 이루는 것은 수동적으로 되는 것이 아닙니다. 그냥 앉아서 아무것도 하지 않은 채 하나님이 모든 것을 다 해 주시길 기다려서는 안 됩니다. 우리는 달려가야 합니다. 악한 것으로부터 도망해야 하고 선한 것을 위해 달려가야 합니다. 사도는 특별히 '거룩함을 위한 비법'을 가르치지 않습니다. 특별한 기술이나 암송 구절을 말하는 것이 아닙니다. 바울의 가르침에는 그런 것들이 하나도 없습니다. 오히려 우리는 삶 가운데 달려가야 합니다. 이것이 윤리적인 측면에서의 부탁입니다. 바울이 우리에게 달려가라고 하는 말을 신중하게 생각해야 합니다.

교리적인 부탁

두 번째, 교리적인 부탁을 보겠습니다. 12절에 "믿음의 선한 싸움을 싸우라"고 말합니다. 어떤 믿음을 말합니까? 진리가 주관적으로 흐르는 시대에, 다수의 진리를 주장하는 포스트모던 시대에 바울은 계시된 교리가 있다고 강조합니다. 진리라는 것이 있다는 말입니다. 디모데는 진리를 지키고 보호하기 위해 모든 힘을 다해 믿음의 선한 싸움을 싸워야 합니다. 바울의 윤리적인 부탁과 교리적인 부탁에는 상호 보완적인 책임 정신이 스며 있습니다. 윤리적으로 우리는 악을 떠나

선을 좇아야 합니다. 교리적으로 우리는 잘못된 사상에서 떠나 진리를 위해 싸워야 합니다. 우리는 이 싸움을 위해 부름 받은 사람입니다.

싸움을 좋아할 사람은 아무도 없습니다. 싸움이란 유쾌한 일이 아닙니다. 언제나 품위를 떨어뜨리고, 때로는 피를 부르는 위험한 일입니다. 믿음의 싸움도 마찬가지입니다. 성령에 민감한 사람에게는 괴로운 일입니다. 논쟁을 한다는 것은 지겨운 일이기도 합니다. 그럼에도 불구하고 사도는 이 싸움을 '선한 싸움'이라고 부릅니다. 우리가 원하지 않더라도 이 싸움에는 선한 것이 있고 진리 수호를 위해서 필요하다는 말입니다.

반드시 싸워야 하고 피하지 말아야 할 이유는 진리가 고결하기 때문입니다. 진리를 위한 싸움은 하나님의 영광과 관계되는 일이며 교회의 유익과 관련 있기 때문입니다. 선한 싸움은 반드시 싸워야 합니다. 오늘날 교회처럼 진리가 위험에 처했을 때 우리는 진리를 위해 싸우면서 진리를 수호해야 합니다.

체험적인 부탁

이제 세 번째 부탁으로 윤리적인 부탁과 교리적인 부탁에서 체험적인 부탁으로 넘어가겠습니다. "영생을 취하라 이를 위하여 네가 부르심을 받았고"(딤전 6:12). 바울이 말하는 영생이란 무엇입니까? 영생이란 말에서 중요한 것은 영원히 지속되는 기간이 아닙니다. 중요한 것은 질적인 면입니다. 새로운 시대의 생명, 즉 하나님 나라의 생명이란 말입니다. 예수님이 영생을 정의하면서 요한복음 17장 3절에 무엇이라 말씀하셨습니까? "영생은 곧 유일하신 참 하나님과 그가 보내신

자 예수 그리스도를 아는 것이니이다." 영생이란 하나님을 개인적으로 아는 지식, 그리고 하나님과 개인적으로 가지는 관계를 말합니다.

영생을 취하라니 이상하게 들리지 않습니까? 이미 얻은 영생을 취하라니요. 디모데는 이미 오랫동안 그리스도인이지 않았습니까? 이미 오래전에 영생을 얻지 않았습니까? 물론 그랬지요. 그럼에도 바울은 왜 이미 얻은 영생을 취하라고 부탁한단 말입니까? 문제는 영생을 가졌으나 그것을 충만하게 누리지 못할 수가 있다는 말입니다. 많은 그리스도인이 마찬가지입니다. 세상을 해방시키시는 예수 그리스도로 말미암아 이미 자유함을 얻었으나 그 자유함을 누리지 못하고 있는 사람들이 많다는 말입니다.

지금까지 우리는 바울이 하나님의 사람들에게 한 세 가지의 부탁을 들었습니다. 윤리적으로 우리는 악에서 벗어나 선을 향해 달려가야 합니다. 교리적으로 우리는 잘못된 교리에서 벗어나 믿음의 선한 싸움을 싸워야 합니다. 체험적으로 우리는 이미 얻은 영생을 취해야 합니다.

적용

세 가지 부탁에 근거하여 몇 가지 교훈을 찾아보고자 합니다. 첫째, 이 세 가지 부탁이 오늘날 우리 시대에 얼마나 적실한지 여러분에게 주지시키고 싶습니다. 우리가 아는 것처럼 포스트모던의 분위기는 모든 절대적인 것에 결코 동조하지 않습니다. 그럼에도 불구하고 사도는 오늘 우리 앞에 세 가지 절대적인 목표를 세워 놓습니다. 선한 것이 반드시 있으니 그것을 추구하라는 말입니다. 진리라는 것이 있으니 그것을 위해 싸우라는 말입니다.

디모데를 향해 개인적으로 던지는 메시지를 우리가 보지 않습니까? 이제 하나님이 이 세 가지 절대적인 것에 우리가 조금도 부끄러움 없이 헌신할 수 있게 하시기를 기도합니다. 진리를 위해, 올바른 것을 위해, 그리고 실제적인 것을 위해. 이것이 바울이 우리에게 바라는 세 가지의 촉구입니다.

진리를 위하여 서재를 갖추라

먼저 여러분이 개인적인 서재를 갖추기 바랍니다. 독서는 은혜의 모든 수단 가운데 가장 무시되고 있는 부분이라는 사실을 여러분이 알기를 바랍니다. 은혜의 수단이 무엇인지 여러분은 다 알고 있지요. 성경을 읽으면서, 기도하는 가운데, 성찬에 참여하면서, 그리고 공예배를 통해 하나님의 은혜가 우리에게 옵니다.

빌리 그레이엄이 런던에서 약 600명의 목회자들에게 강연할 때였습니다. 만일 사역을 완전히 다시 시작한다면 두 가지 변화를 주겠다고 말했지요. 갑자기 감전된 듯한 분위기가 되었습니다. '세상에서 가장 유명한 전도자가 자신의 사역에 바꾸고 싶은 것이 있단 말인가? 더 이상 무엇이 필요하단 말인가?' 그는 이렇게 말했지요. "내 인생을 처음부터 다시 시작한다면 지금보다 세 배의 연구를 더 하겠습니다."

거룩한 삶을 추구하라

20세기나 그 이전 세기에 복음주의자들은 거룩한 삶을 추구하는 것으로 알려져 있었습니다. 케직 운동(Keswick Movement)처럼 때때로 이 운동은 '실제적인 거룩함'으로 불렸습니다. 때로는 '성경적 거룩함'이라고 부르기도 했고요. 어쨌든 거룩함을 좇았습니다. 아쉽게도 오늘날 우리 복음주의 노선에는 이러한 흐름을 찾아볼 수 없습니다. 아마도 이곳에는 그리스도처럼 살아가고자 거룩함을 추구하고 좇는 하나님의 사람들이 많겠지요. 여러분이 알고 있는 것처럼 우리를 향한 하나님의 위대한 목적은 우리 모두가 예수님처럼 되는 것입니다.

영생을 취하라

영생과 관련하여 체험하는 것을 두려워 마십시오. 저는 중생 이후에 계속되는 성령의 축복이라는 위대한 역사가 '죽은 자들 가운데 부활' 또는 '새로운 창조'로서 그리스도인의 삶에 시작될 때부터 성화의 과정이 계속된다고 믿습니다. 이 과정 가운데 성부 하나님과 성자 예수님과 성령을 더욱 깊이, 더욱 풍성히, 더욱 충만히 체험하게 됩니다.

균형 잡힌 그리스도인의 삶을 위하여

이제 세 가지의 부탁을 균형 있게 추구하라는 말씀으로 맺겠습니다. 교리와 윤리, 그리고 체험을 골고루 취하십시오. 믿음의 선한 싸움을 싸우는 그리스도인들이 있습니다. 진리를 위한 위대한 전사들이지요. 그러나 온유를 추구하거나 선을 좇지는 않습니다. 의로움이나 온유를 추구하지만 진리를 위한 싸움에는 관심이 없는 사람들도 있습니다. 교리나 윤리 같은 것들은 아예 무시하고 종교적 체험만을 추구하는 사람들도 있습니다. 왜 이렇게 극단적으로 되어야 합니까? 이 세 가지의 부탁 모두가 우리를 위해 하나님이 목적하신 것입니다. 균형 잡힌 그리스도인의 삶을 위해서 말이지요.

21세기의 디모데는 어디에 있습니까? 여기에 있지 않습니까? 이 곳에 진리를 굳건하게 붙잡고, 올바른 교리를 따라가며, 영생을 취할 사람이 많이 있을 줄 믿습니다. 21세기 교회는 이러한 디모데를 기다립니다. 이런 사람은 하나님의 사람입니다. 저는 이런 사람을 'BBC'라고 부르고 싶습니다. 영국방송협회(British Broadcasting Corporation)가 아니라 '균형 잡힌 성경적인 기독교'(Balanced Biblical Christianity) 말입니다.

존 스토트의 삶과 설교 세계

대학교에 들어가서 예수님을 인격적으로 만난 필자는 선교단체에서 말씀 훈련을 받았다. 성경을 미시적으로 보는 훈련을 철저하게 받으면서 늘 갈망했던 것은 기독교에 대한 총체적인 이해였다. 이런 갈증을 풀어 준 한 계기가 있었다. 존 스토트(John Stott, 1921-2011)가 1993년 한국에 방문했을 때 성경의 가르침에 뿌리를 내리면서 지성의 세계를 품은 그의 설교를 들으면서 신앙의 균형을 잡을 수 있었다. 일생 독신으로 살면서 몇 벌 되지 않는 옷과 신발에 만족하며, 찾아오는 사람들 모두 '엉클 존'(Uncle John)이라 부르라고 친절하게 대했던 사람. 예수님이 "공중의 새를 보라"(마 6:26)고 하신 말씀을 따라 세상의 모든 새를 찾아다니며 창조의 아름다움을 노래한 사람. 그가 존 스토트다.

2004년 〈뉴욕 타임즈〉에서 기독교 칼럼니스트 데이비드 브룩스는 스토트에 관하여 이렇게 표현한다. "만일 복음주의권에서 교황을 선출한다면 당연히 존 스토트를 뽑을 것이다." 신학계에 성경에 근거한 그리스도의 구원을 강조하는 복음주의의 뿌리를 심고, 설교자에게 그리스도를 중심으로 진리의 말씀을 오늘날 적실하게 적용할 것을 외치며, 그리스도인의 가슴에 선교와 복음 전도를 향한 거룩한 열망을 일으킨 사람, 그리고 끊임없는 집필 활동으로 전 세계 그리스도인들에게 균형 잡힌 신앙인의 삶을 제시한 하나님의 사람. 우리는 그를 복음주의 거장 존 스토트라 부른다.

스토트는 1921년 4월 27일 신앙이 없는 아버지와 경건한 신앙을 가진 어머니에게서 태어났다. 1938년 에릭 내쉬 목사의 "그러면 그리스도라 하는 예수를 내가 어떻게 하랴"(마 27:22)라는 제목의 설교를 듣고 그날 저녁 전 생애를 주님께 드리기로 결단했다. 스토트의 생애는 한 사람이 감당하기에는 거대한 산맥 같고 광대한 평원 같은 삶이기에 짧은 글로 그를 설명하기가 쉽지 않다. 세 가지 정도로 간추리면 목회자로서의 스토트, 신학자로서의 스토트, 그리고 저술가로서의 스토트를 들 수 있다.

스토트는 케임브리지 대학교를 졸업하고 1945년에 영국 성공회에서 서품을 받았으며 자신의 모교회인 올 소울즈 교회의 담임목사로 30년 동안 시무했다. 1959년에서 1991년까지 영국 왕실의 목사로 섬기면서 성경에 근거한 복음과 말씀이 이끌어 가는 삶을 강조했다.

신학자로서의 스토트 하면 가장 먼저 떠오르는 단어가 '복음주의 거장'이라는 말이다. 그가 강조하는 복음주의란 성경을 하나님의 계시된 복음으로 믿는 신학, 타락한 인류를 구원하는 유일한 하나님의 해결책으로서 예수 그리스도를 개인적으로 믿는 신앙, 그리고 성령의 인도하심을 믿는 확신을 가리킨다. 스토트는 복음주의의 이름으로 자유주의의 거대한 공격과 맞서 싸워 왔으며 복음주의의 기치를 잘 드러내는 1974년 로잔 언약과 1989년 마닐라 선언을 만드는 데 결정적인 역할을 했다. 한마디로 그는 복음주의의 과거, 현재, 미래라고 불릴 수 있을 것이다.

스토트는《기독교의 기본 진리》(생명의말씀사, 2015)와《그리스도의 십자가》(IVP, 2007)를 포함하여 40권이 넘는 저술 활동으로 세계인의 가슴에 복음에 대한 명확한 이해와 그리스도인으로서의 복음에 합당한 선교적인 삶에 불길을 일으켰다. 설교학 책인《설교자란 무엇인가》(IVP, 2010),

《존 스토트 설교의 능력》^(CH북스, 2017), 그리고 《현대 교회와 설교》^{(생명의샘,} ²⁰¹⁰⁾를 통해 설교자의 상, 설교에 대한 확신, 그리고 바람직한 강해설교의 철학을 제시했다.

스토트의 설교에 대한 확신은 특별하다. 하나님은 하나님의 백성인 교회가 반드시 성장하기를 원하신다는 기본 신념을 지니고 있으며, 이런 확신은 자연히 설교의 중요성으로 연결된다. 진리의 말씀 선포인 설교를 통해 하나님의 백성을 부르시고 세우신다는 것이다. 설교의 중요성 가운데 스토트가 특별히 강조하는 것은 설교자로서의 인격과 삶이다. 스토트는 설교자로서의 사명을 용어에 근거하여 설명하는데, 청지기(steward), 반포자(herald), 증인(witness), 그리고 아버지(father)로서의 설교자의 사역을 강조한다.

스토트는 강해설교를 지향하며 본문에 나타난 지배적인 사상을 찾아내어 그 중심 사상을 집중적으로 전할 것을 강조한다. 그의 설교 철학을 한마디로 축약하면, 하나님의 말씀에 대한 신실한 선포라고 표현할 수 있다. 본문의 의미를 당시의 정황 속에 바르게 파악하여 오늘날 청중에게 적실하도록 다리를 놓는 작업을 설교라고 부르며, 이를 위해 모든 설교자는 반드시 강해설교자가 되어야 한다고 강조한다.

2011년 하나님의 품 안에 안길 때까지 일생 하나님의 말씀 선포와 진리를 수호하기 위해 온몸을 바친 스토트가 인터뷰에서 남긴 한마디는 오고 가는 모든 설교자의 가슴에 영원히 울리는 메아리로 남는다. "성경을 손에 들고 가슴에 품고 강단으로 나아갈 때 저의 피는 들끓기 시작합니다. 제 눈은 하나님의 말씀을 풀어내는 순전한 영광으로 빛납니다. 우리는 하나님의 진리를 사람들과 나누는 그 영광과 특권을 마땅히 강조해야 합니다."

존 스토트의 설교 분석

1. 복음주의에 근거한 강해설교

존 스토트의 본 설교의 제목은 "하나님의 사람을 향한 명령"으로 디모데전서 6장 11-12절을 본문으로 한다. 이 설교에는 그의 신학과 설교철학이 고스란히 담겨 있다. 신학적으로는 철저한 복음주의에 근거하며, 설교학적으로는 본문을 잘 드러내는 강해설교를 보여 준다. 그의 설교는 성경 본문의 권위를 그대로 인정하면서 본문을 따라 오늘날 신앙인이 추구해야 할 세 가지 사명을 제시한다. 윤리적인 삶, 진리를 고수하기 위해 믿음의 선한 싸움을 싸우는 삶, 그리고 구원 이후 성화의 여정에서 체험적인 삶을 통해 균형 있는 신앙인의 삶을 살 것을 강조한다. 윤리, 교리, 체험에는 진리와 삶의 균형을 이루려는 복음주의자로서 평소 그의 소신이 잘 드러난다.

스토트의 설교에는 한 가지의 확실한 중심 사상이 흐른다. '하나님의 사람이 추구해야 할 균형 잡힌 삶이 무엇인가'라는 것이다. 이를 본문에 나타난 명령형에 근거하여 세 가지의 메시지로 나눈 다음 주해와 해설, 그리고 적용이 적절하게 배합되어 나타난다. 삼대지 설교 형식을 따른다고 볼 수 있다. 사실 오늘날 삼대지 설교는 그렇게 인기를 끄는 설교 형식이 아니다. 프레드 크래독을 중심으로 일어난 최근의 설교학은 전통적인 삼대지 설교의 한계를 지적하면서 더 이상 본문의 진리를 명제적으로 설교하는 것을 거부하며 귀납적 설교 또는 내러티브 형식을 주창한다.

그럼에도 불구하고 스토트의 설교는 삼대지 설교 형식이 아무런 문제가 되지 않는다는 것을 잘 보여 준다. 설교자들이 관심을 가져야 할 것은 형식이 아니라 본문을 하나님이 의도하신 말씀 그대로 파악하여 오늘날 청중에게 적실하게 적용하느냐의 부분이다. 어떤 설교 형식을 취하더라도 본문이 말하고자 하는 바를 바르게 적용하는 것이 성경적인 강해설교다. 스토트는 성경을 바람직하게 드러내는 유일한 방법이 강해설교라고 강조한다.

그는 설교의 대지를 본문의 세 가지 명령에 근거하여 나눈 후 철저하게 본문을 분석하고 설명하고 적용하는 형식을 유지한다. 감동적인 예화나 다른 설교 기법을 가져오는 대신, 본문의 의미를 헬라어 원문과 성경 전체, 그리고 기독교의 교리에 근거하여 철저하게 파악하여 제시함으로 청중으로 하여금 충분한 논리적인 수긍을 통해 결단으로 나아가게 한다. 그의 설교는 전통적인 설교 형식을 통해서도 얼마든지 사람의 가슴을 움직이는 설교가 가능하다는 것을 잘 보여 준다.

본 설교를 읽는 가운데 한 가지 의문이 들 수 있다. 스토트는 본문을 읽고 난 다음 설교하는 일반적인 방식과 달리 먼저 설교의 서론을 시작하고 난 다음 본문을 읽는다. 서론에서 디모데를 소개함으로써 그가 오늘날 평범한 신앙인과 동일한 연약함을 지닌 존재라는 것을 통해 공감대를 형성한 후 본문을 읽어 간다. 이렇게 서론에서 문제 제기나 설교를 들어야 할 이유 혹은 청중과의 공감대를 형성한 후 본문을 읽는 것은 청중의 관심을 얻는 좋은 설교 방법에 해당한다.

2. 본문과 현실 사이에 다리를 놓는 적용

존 스토트는 그의 설교학 명저인《현대 교회와 설교》에서 진정한 설교란 성경의 세계와 오늘날의 세계와의 사이에 다리를 놓는 것이라고 주장한다. 본문에서 찾아낸 성경 진리를 오늘날 청중에게 적당하게 적용함으로써 변화를 추구한다. 그의 설교는 먼저 본문을 충분하게 주해한 후 구체적으로 적용을 시작한다. 세 가지의 대지를 따라 적용 역시 세 가지로 나누어 제시한다.

스토트의 적용은 철저하게 본문에 근거해 있다. 첫째, 교리적인 삶을 위해 진리를 더욱 확실하게 이해하고 은혜를 누리기 위해 독서를 강조한다. 둘째, 윤리적 삶을 위해 예수 그리스도와 같은 거룩한 삶을 추구할 것을 강조한다. 셋째, 체험적인 삶을 위해서는 영생을 얻은 사람들이 성화의 과정에서 새 창조의 대상답게 살아야 한다고 강조한다. 일생의 성화 여정 속에 성부와 성자, 그리고 성령 하나님을 더욱 깊고 더욱 풍성히 알아 갈 것을 촉구한다. 본문의 주해와 적용이 마치 잘 짜인 건축물처럼 균형 있게 제시된다.

설교의 진정한 목적은 올바른 말씀 해석을 통한 청중의 변화다. 변화를 일으키는 가장 강력한 도구는 적실한 적용에 있다. 본문을 잘못 해석하는 것은 근본적인 문제이지만, 본문과 무관하거나 본문을 잘못 이해한 잘못된 적용 역시 폐해가 크다. 또한 청중의 삶과 괴리된 적용 역시 청중의 마음을 움직일 수 없다. 본문이 성경의 진리를 그대로 대변해야 하듯이 적용 역시 성경의 진리에 반드시 근거해야 한다.

스토트의 말처럼, 설교란 본문 세계와 현실 세계 간에 다리를 놓는 작업이다. 이러한 정의는 설교자들에게 두 가지의 사명을 요구한다. 본문의 세계를 바르게 이해하는 주해자로서의 자질과 설교의 대상인 오늘날의 시대와 청중을 바르게 파악하는 전달자로서의 시각이다. 설교자는 하늘의 음성을 땅 위에 전달하는 사람이다. 하늘의 목소리를 모르는 것은 근본적인 문제이지만, 땅의 소리와 상황을 모르는 것은 진리를 효과적으로 스며들지 못하게 한다.

3. 하나님의 말씀으로서의 성경에 대한 확신

존 스토트는 본문을 철저하게 먼저 주해하고 거기에 근거하여 오늘의 삶으로 적용하는 설교를 추구한다. 중요한 문자의 의미를 풀어내고 본문의 의미를 그대로 제시하는 그의 설교에서 평소 그가 견지해 온 성경관을 볼 수 있다. 스토트 시대 영국 교회에는 성경의 무오에서 많이 벗어나 자유주의 물결이 거세게 일었다. 자유주의는 하나님의 말씀인 성경의 권위를 무너뜨렸고, 결국 교회의 강단에 위기를 가져왔다.

스토트는 성경이 하나님의 진리의 말씀이라는 확신 위에 설교한다. 성경은 하나님의 계시와 영감으로 기록된 책이며, 그 말씀은 해석과 해설을 필요로 한다. 말씀을 해석할 때 스토트는 늘 본문의 의미에 충실할 것을 강조한다. 오늘날 문화나 철학의 시각으로 성경을 읽어 들어가서는 안 된다는 것이다.

본문에 충실한 설교를 위해 본문의 문법적, 문예적 이해, 그리고 성경 저자들이 처한 상황과 문화에 대한 이해, 나아가 성경 언어에 대한 성실한 연구를 필요로 한다. 하나님의 말씀에 대한 확신 위에 현대 세계로 나아올 때 본문에 근거한 적용이 가능하다. 그때 청중은 권위 있는 하나님의 말씀에 귀를 기울이고 그 말씀에 근거하여 실제적인 삶의 변화를 가져올 수 있다. 오늘날 교회에 스토트의 성경관은 어느 시대보다 절실하게 요구된다. 성경관이 무너지면 성경적인 설교는 불가능하다.

4. 존 스토트의 설교가 한국 교회 강단에 주는 메시지

존 스토트는 설교에 대한 확신을 가지고 외치는 설교자다. 그의 설교신학은 '기독교란 본질적으로 하나님의 말씀의 종교'라는 기초에서 출발한다. 말씀이 바르게 해석되고 하나님의 사람을 통해 효과적으로 전달될 때 거룩한 역사가 일어난다는 확신은 말씀에 대한 자세와 강단에 서는 태도를 바꾸어 놓는다. 설교자들은 본문을 따라 진리를 드러내는 증인이지, 본문을 마음대로 통제할 권한을 가진 사람이 아니다. 설교자는 바흐가 아니라 바흐의 음악을 연주하는 연주자라야 한다.

스토트의 설교는 오늘날 강단이 빠질 수 있는 두 가지 위험에서 우리를 구해 준다. 보수적인 강단은 성경 주해에 집중하지만 현실 문제에 대한 민감성은 떨어진다. 자유주의 강단은 현대 사회에 대한 이해는 뛰어나지만 본문 자체에 대한 강조는 약하다. 해석 없는 적용이 뿌리 없는 실존적 삶만 강조한다면, 현대인의 삶에 다가오지 않는 해석은 허공을 울리는 소리로 사라질 수 있다. 스토트의 설교철학과 설교는 설교자가 끊임없이 두 세계를 고민하며 하늘의 소리를 땅 위에 살아가는 사람들에게 가장 적절하게 전하는 노력을 기울일 것을 촉구한다.

7장

제임스 패커,
성경 진리를 확신 있게 선포하는 설교자

제임스 패커의 설교

설교 제목: **바벨!**(Babel!)

본문: **창세기 11:1-9**

"또 말하되 자, 성읍과 탑을 건설하여 그 탑 꼭대기를 하늘에 닿게 하여 우리 이름을 내고 온 지면에 흩어짐을 면하자 하였더니"(창 11:4). "여호와께서 거기서 그들을 온 지면에 흩으셨더라"(창 11:9). 메아리가 들립니까? 아이러니가 보입니까? 하나님은 이 백성에게 그들이 꼭 피하고 싶었던 바로 그 일이 일어나게 하셨습니다! 사실 이것이 인간의 교만과 어리석음을 심판하시는 하나님의 방법이며, 하나님이 지금 여기에서 하고 계시는 일입니다.

오늘 이야기가 역사라고 말하기보다 민담이나 전설처럼 들린다는 사실에 오해하지 마세요. 초기의 모든 역사는 어느 정도 시적인 산문 형식으로 서술되어 있습니다. 여기서 우리가 듣고 있는 것은 위대한 도시 바벨론이 어떻게 처음 세워졌는지, 그리고 그 이름이 실제로 무엇을 의미하는지입니다. 바빌로니아 사람들은 그 이름을 '신의 문'이라는 뜻의 '바빌리'로 설명하곤 했지만, 여기서 '바벨'은 주전 1만 년에서 5천 년 사이에 인류의 공통 언어를 방언의 혼돈으로 바꾸신 하나님의 행위를 기념하기 위해 히브리어 단어인 '혼돈'이라는 말을 떠올리게 합니다.

하지만 이 이야기가 20세기 말의 그리스도인들에게 시사하는 바는 무엇일까요? 많은 것을 시사합니다! 사실 이 이야기는 중국, 러시아, 미국, 영국, 캐나다, 그리고 모든 젊은 국가가 지금 이 순간에 무엇을 하고 있는지를 드러내는 현대 세계의 거울과도 같습니다. 오늘날 우리가 '파워 게임'(power game)이라고 부르는 것을 매우 생생하게 보여 줍니다.

이야기를 다시 살펴보세요. 홍수 이후 티그리스강과 유프라테스강 사이의 비옥한 초승달 지대(시날 평지)에 정착한 사람들이 착수한 웅장한 프로젝트가 묘사되어 있습니다. 계획은 도시 한가운데에 거대한 마천루 탑(나중에 바빌로니아 사람들이 '지구라트'라고 불렀음)이 있는 도시를 건설하는 것이었습니다. 이 탑은 모든 사람에게 이 도시가 자랑스럽고 강한 공동체이며 누구도 함부로 넘볼 수 없는 곳임을 보여 주기 위한 것이었습니다. 따라서 탑을 세움으로써 스스로 '이름', 즉 평판을 얻는 데 도움이 될 것입니다.

지금도 마찬가지입니다. 파리에는 에펠탑이 있고, 워싱턴 D.C.에는 워싱턴 기념탑이 있으며, 토론토에는 CN 타워가 있습니다. 이 탑들은 모두 국가적 자부심의 상징입니다. 따라서 캐나다에 새로 이주해 온 사람이 CN 타워가 가장 높다고 말하면서 왜 기뻐하는지 궁금해할 필요가 없습니다. 그러나 이 이야기에서 알 수 있듯이, 타락한 세상에서 국가와 시민의 자부심은 완전히 순수한 것이 아니며, 결코 그럴 수도 없다는 사실을 우리 모두 직시해야 합니다. 왜 안 될까요? 바벨론 역사의 첫 번째 조각이 분명하게 보여 주듯이, 그것은 항상 어느 정도는 악랄한 파워 게임에 영향을 미치기 때문입니다.

현대 세계의 거울

저는 바벨탑 이야기가 현대 세상의 거울이라고 말씀드리고 있습니다. 두 가지 측면에서 그렇습니다.

첫째, 이 이야기는 오늘날 세상에서 인간이 교만해지는 목적을 보여 줍니다. 그 목적은 권력입니다. 어거스틴은 교만이 원죄라고 말했습니다. 하와는 뱀의 유혹으로 하나님과 동등해지고 하나님으로부터 독립하려는 목표를 품게 되었습니다. 사탄이 선악과를 먹으면 얻을 수 있다고 약속한 지혜를 통해 하와와 아담은 하나님 없이도 잘 지낼 수 있는 힘을 얻게 될 것이었습니다. 그 미친 유혹의 순간에 사탄이 하와가 원하게 만든 것이 바로 그것입니다. 권력에 대한 열정, 정상에 올라 책임자가 되고자 하는 갈망은 에덴에서 그랬던 것처럼 항상 어떤 형태로든 의존하는 것에 대한 혐오에서 시작되며, 교만은 이러한 열정과 혐오에 불을 붙이는 불꽃입니다. 오늘날 세계 정치에서 볼 수 있는 현상입니다.

　모든 국가는 자국의 독립을 원하며, 그 독립을 확보하고 보호하기 위해 우리가 '세력'이라고 부르는 것을 냉혹하게 유지합니다. 이는 글로벌 세계 경제 동향을 통해서도 똑같이 나타납니다. 모든 국가는 자급자족하고 독립적인 부를 축적할 수 있을 정도로 발전하기를 원합니다. 그리고 개인이 비즈니스, 가정, 교회, 심지어는 태양 아래 모든 사회 단위에서 다른 개인을 조종하고 통제하고 착취하려는 방식에서 이를 볼 수 있습니다. 독립성과 지배력을 가장 많이 확보한 자가 승리하는 파워 게임은 타락한 인류의 일반적인 행동입니다.

　권력이 손짓하고 자존심이 앞서는 곳에서는 도덕적 모서리가 잘려 나가고 여러 종류의 부정행위가 발생합니다. 운동선수들은 경주에서 승리하기 위해 금지된 스테로이드를 복용하고, 정치인들은 선거에서 승리하기 위해 금지된 코스를 따르는 등 여러 가지 일들이 벌어집니다. 여기서 "벤 존슨"과 "워터게이트"라고만 속삭여도 무슨 말인지 알 수 있을 것입니다.

　피아니스트 제럴드 무어는 한 세대 전 영국 최고의 음반 제작자였던 친구 월터 레지에 관하여, "그가 인생에서 가장 원했던 것은 권력이었다"라고 썼습니다. 레지는 무어와 함께 세계에서 가장 아름다운 가수와 결혼하는 것과 세계 최고의 오케스트라를 경영하는 것, 이 두 가지 야망을 공유했고, 무어와 다른 사람들의 평가에 따르면 레지는 두 가지 모두 성공했습니다. 권력 추구에서 촉발된 자부심은 다른 사람에게도 권리와 감정이 있다는 사실을 잊고 거칠게 군림하는 무자비한 자기 몰입을 낳습니다. 이것은 사랑과 보살핌과 봉사를 부정하는 것이며, 끔찍하고 슬픈 악입니다.

바벨탑 이야기는 권력에 대한 열정을 가진 교만이 안장에 올라타면 초래되는 두 가지 현실을 강조합니다. 첫 번째는 극단적으로 편집증을 유발할 수 있는 불안입니다. 권력을 많이 가질수록 그 권력을 잃을까 두려워하고, 그 가능성에 위협을 느끼며, 이미 가진 것을 지키기 위해 더 많은 권력을 추구하게 됩니다. 제국을 건설하는 사람은 한번 시작하면 멈출 수 없습니다. 금융계의 거물인 존 록펠러는 억만장자가 된 지금 인생에서 가장 원하는 것이 무엇이냐는 질문에 이렇게 대답하지 않았습니까? "조금만 더!"

'우리가 온 지면에 흩어지지 않도록' 도시를 건설하겠다는 정착민들의 결심에서 편집증적 불안의 패턴을 볼 수 있습니다. 누가 그들을 흩어지게 했나요? 그들뿐이었지요! 그러나 무엇이 그들을 사로잡았는지 알 수 없는 상황에서 스스로를 보호해야 한다는 충동이 그들을 사로잡았고, 만일을 대비해 이미 가지고 있는 힘을 더 키워야 한다고 느꼈습니다. 그래서 그들은 스스로를 건설하기 시작했습니다.

이제 교만이 만들어 내는 두 번째 현실, 즉 비현실성이 나타나고 허세와 어리석음의 장엄한 제스처로 이어집니다. 계획은 '하늘 꼭대기에 닿는 탑'을 짓는 것이었습니다. 시날 평지에서 정착민들은 벽돌을 만들 수 있는 점토와 점액질 구덩이에서 역청(끈적끈적한 타르)을 발견했습니다. 그들의 원자재와 기술이 프로젝트에 적합했을까요? 3절에 "벽돌로 돌을 대신하며 역청으로 진흙을 대신하고"라는 구절은 그들의 자원이 충분하지 않았다는 것을 말해 줍니다. 벽돌을 붙일 제대로 된 진흙 하나 없이 벽돌 마천루를 세운다고 상상해 보세요! 그러나 교만한 꿈은 그들의 현실의 한계를 넘어섰습니다. 그 순간 그들은 마음만 먹으면 무엇이든 할 수 있다고 생각했고, 이것이 바로 현대 기술의 꿈이기도 합니다. 이 오래된 이야기가 얼마나 최신의 이야기일까요!

그들의 행복감에 찬 자만심은 하나님에 의해 감지되었고 6절에 나오는 하나님의 말씀에 반영되어 있습니다. "이같이 시작하였으니 이후로는 그 하고자 하는 일을 막을 수 없으리로다." 즉 그들이 스스로 능력이 있다고 생각하기에 시도하지 못할 것은 없습니다. 웅장하고 해로운 살쾡이 계획에 지나친 교만의 어리석은 비현실주의는 여기에 반영된 또 다른 익숙한 불행입니다.

그러나 이제 이 이야기가 우리에게 보여 주는 두 번째 주요 사항, 즉 오늘날 세상에 대한 하나님의 섭리의 목적을 살펴보십시오. 그 목적, 또는 적어도 여기서 강조된 부분은 죄인들로 하여금 구원자를 믿게 하여 그분의 우주적 교회를 모으고 세우는 하나님의 영원한 계획이 완성될 때까지 현재의 질서를 보존하시는 것입니다. 이 세상은 분명히 종말을 맞이할 것이지만, 그 시기를 결정하는 것은 사람이 아니라 하나님이십니다. 하나님이 장막을 내리기를 기뻐하실 때까지, 그분은 고의적이든 무의식적이든 지구의 안정을 위협하는 인간의 계략을 계속 차단하실 것입니다. 바벨탑 건축 팀원들의 의사소통을 불가능하게 하여 건축을 포기하고 현장을 떠나게 함으로써 그들이 원치 않았던 방향으로 흩어지게 하신 것이 바로 그분이 바벨 건축을 막으신 의미입니다.

하나님은 바벨탑 프로젝트가 성공했다면 그 누구도 그들을 막을 수 없었을 것이며, 그들이 세상에 끼칠 피해는 엄청날 것이라고 예견하셨습니다. 그래서 그분은 그들의 프로젝트를 막음으로써 그들의 교만을 심판하셨습니다. 그때 그분은 그리스도의 초림을 위해 세상을 보존하고 계셨습니다. 이제 그분은 그리스도의 재림의 정해진 날을 위해 세상을 보존하고 계시며, 그날까지 세상을 위협하는 타락한 인간의 어리석음을 계속 차단하실 것입니다. 오늘날과 같이 공해, 기근, 핵 재앙, 오존층 파괴, 온실 효과 등 지구 생태계의 재앙으로 위협받는 시대에 이것은 매우 변함없는 진리입니다.

세상이 더 오래 지속될 것이라는 보장은 없습니다. 하나님이 예수님의 재림을 얼마나 빨리 계획하셨을지 누가 알겠습니까. 그리스도의 재림이 제가 방금 나열한 종류의 공포로 시작되지 않을 것이라는 보장도 없습니다. 지상에서 여러분의 삶과 나의 삶에 종말이 있듯이 세상의 종말도 하나님이 정하신 대로 반드시 일어날 것입니다. 사람이 계획을 세울지라도 그 일을 이루시는 분은 하나님이십니다. 우리 시대는 그분의 손에 달려 있습니다. 인간의 변태성이 환경과 기술적 어리석음을 통해 신의 세계를 대규모로 파괴할 수 있는 가능성은 무한하게 보이지만, 하나님은 자비로운 섭리로 종말이 올 때까지 만물의 파괴 과정을 억제하실 것입니다. 그러니 안심하십시오. 심판자는 여전히 하늘 보좌에 계십니다!

바벨탑 이야기가 우리에게 주는 교훈이 이것뿐인가요? 절대로 그렇지 않습니다. 이 이야기에서 우리의 마음을 들여다볼 수 있는 세 가지 질문이 튀어나옵니다. 이 질문들이 저에게 제시하는 것처럼, 여러분에게 직접적인 형태로 제시하겠습니다.

첫째, 여러분과 저는 바벨탑의 태도를 구현하고 있나요? 앞서 살펴본 것처럼 바벨탑의 태도는 교만, 편집증, 권력 추구의 복합체입니다. 교만은 "나는 다른 사람들보다 더 커야 한다"고 말합니다. 편집증은 "내가 위협받고 있으니 내 입지를 강화해야 한다"고 말합니다. 마음속에서 유언처럼 춤을 추는 권력은 "나를 쫓아와! 나는 잡을 가치가 있다! 이제 날 쫓아오는구나! 좋아!"라고 말합니다. 여러분도 이런 삶의 태도를 가지고 있나요? 자기 주장, 조작, 권력 쟁취에 초점을 맞춘 자신만의 바벨탑을 어딘가에 쌓고 있지는 않나요? 친구, 동료, 교회 식구, 가족 등 여러분을 가장 잘 아는 사람들이 이 질문을 받는다면, 여러분에 대해 뭐라고 말할까요? 여러분의 마음에는 바벨의 영이 없다고 항변하지 마세요. 그렇게 말한다면 저는 여러분을 믿지 않을 것입니다.

신문에 실린 가장 짧은 편지에 대해 알고 있습니까? 영국의 〈데일리 메일〉 편집자가 독자들에게 "세상에서 가장 심각한 문제가 무엇입니까?"라는 질문에 대한 답을 보내 달라고 요청했습니다. 이때 G.K. 체스터턴이 보낸 답장은 이렇습니다. "저 자신입니다." 재치가 넘치나요? 재치뿐 아니라 현명한 답변이기도 합니다! 우리 밖의 세상에서 우리를 둘러싸고 있는 바벨의 기원은 바로 당신과 나의 마음속에서 작동하는 바벨입니다. 우리는 바벨의 태도에 빠지는 것에 대해 용서받아야 할 뿐만 아니라, 바벨의 태도가 더 이상 우리를 지배하지 않고 바벨의 행동이 더 이상 우리를 표시하지 않도록 내면을 변화시켜야 합니다.

그러므로 살아 계신 구원자 예수 그리스도에 대해 하나님께 감사드립니다! 그분은 십자가를 통해 우리에게 용서를 가져다주실 뿐만 아니라, 교만의 고름(혐오스러운 이미지를 용서해 주세요. 저는 혐오스러운 것에 대해 이야기하고 있습니다)

을 우리 안에서 빼내시고 그분의 영으로 우리 안에 그분과 같은 순종, 사랑, 겸손의 마음을 심어 주십니다. 여러분은 아직 그분으로 인한 변화를 찾지 못했나요? 아직 찾고 있습니까? 바벨 행동에 중독된 것을 회개하고 변화를 구할 때가 되지 않았나요?

이제 두 번째 질문입니다. 여러분과 저는 바벨탑의 혐오감을 경험하고 있나요? 혐오감은 형벌을 예고하는 저주입니다. 하나님은 직접적인 행동으로 바벨탑을 향해 혐오감을 보여 주셨습니다. 8절을 강조하기 위해 9절을 반복한 것처럼, 그분은 정착민들을 고립과 외로움 속에 흩어지게 하셨고, 각자는 지리적으로나 언어의 장벽으로 인해 다른 사람들과 단절되었습니다.

오늘날 우리 모두는 인간 개미집에서 거의 서로 얽혀 살고 있으며 언어 장벽도 거의 없습니다. 그럼에도 불구하고 외로움과 고립감은 모든 상담사가 알고 있듯이 서구의 가장 큰 아픔이 되었으며, 바벨의 정신에 굴복하는 것은 상황을 더욱 악화시킬 뿐입니다. 저는 포춘 쿠키에 적힌 문구 하나를 기억합니다. "공자가 말하기를, 사다리 꼭대기는 좋은 곳이지만 매우 외롭다." 정말 맞는 말이지요! 관계적으로 우리 서구 세계는 최근 몇 년 동안 썩었습니다.

동료, 친구, 배우자, 자녀, 부모 등 가장 가까이 지내야 할 사람들로부터 고립되고 소외감을 느끼는 괴로움은 우리 모두에게 알려져 있다고 해도 반박하지 않을 것입니다. 하지만 예수 그리스도에 대한 구원의 신뢰가 이 특별한 고통에 대한 해결책의 시작이라는 사실을 알고 있나요? 우리가 예수님을 구원자 주님으로 영접할 때 그분은 항상 우리와 함께하겠다고 약속하시므로, 우리가 외롭다고 느끼는 어두운 순간에도 우리는 결코 외롭지 않습니다. 이제 우리는 동반자 그리스도와 삶을 나누고 있기 때문에 바벨탑의 혐오가 역전되기 시작합니다. 그리고 다음 질문에서 알 수 있듯이 반전은 더 진행됩니다.

마지막으로 질문합니다. 여러분과 저는 바벨탑에 대한 대안을 받아들입니까? 그 대안은 무엇인가요? 성경은 매우 명확하게 설명합니다. 바벨탑은 교만, 편집증, 파워 게임, 그로 인한 소외와 고립을 의미하며, 이 모든 것이 바벨탑의 방식을 따르는 사람들에 대한 하나님의 흩어지게 하심이라는 심판을 계속 만들어 냅니다. 바벨탑에 대한 하나님의 대안은 완전히 반대로 그리스도를 영접한 사람들이 누리는 새로운 삶의 방식, 즉 겸손과 사랑으로 하나님 및 동료 신자들과 교제하는 방식입니다.

이 대안은 성령이 부어지시던 오순절 날에 그 모습을 드러냈습니다. 사도행전 2장의 시작 부분에 묘사된 언어의 은사는 종종 바벨탑의 역전으로 여겨지지만, 더 진실하고 깊은 역전은 사도행전 2장의 마지막에 묘사된 교회의 생활 방식입니다. "믿는 사람이 다 함께 있어 … 재산과 소유를 팔아 각 사람의 필요를 따라 나눠 주며 날마다 마음을 같이하여 성전에 모이기를 힘쓰고 집에서 떡을 떼며 기쁨과 순전한 마음으로 음식을 먹고"(행 2:44-46).

기쁘고 진실한 마음으로 하나님을 찬양하는 이러한 삶의 방식은 이교도들이 놀라움을 금치 못하며 "이 그리스도인들이 서로 사랑하는 것을 보라!"고 말할 정도로 초대교회 시기에 계속되었습니다. 그것은 그리스도인의 진정한 삶의 형태이기 때문에 모든 교회에서 여전히 계속되어야 합니다. 그리스도인들과 교제하는 삶은 그리스도와 교제하는 삶이 시작되는 바벨탑의 역전을 완성합니다.

일부 교회는 자신들이 바벨탑에 대한 하나님의 대안, 즉 세속 세계가 알고 있는 오만하고 교묘하며 자기만을 추구하고 권력을 쟁취하는 공동체 생활의 패턴에 대한 하나님의 대안이 되도록 부르심을 받았다는 사실을 전혀 이해하지 못하는 것 같습니다. 많은 교회가 실제로 바벨탑에 대한 하나님의 대안이라는 지점까지 도달하지 못합니다. 여러분의 교회는 어떻습니까? 바벨탑의 영이 교회에서 추방되었나요? 여러분 자신의 기도와 행동으로 그 영이 들어오지 못하도록 돕고 있습니까? 교회 방문객들이 이곳에 서로 사랑하는 그리스도인들이 있다는 것을 알 수 있습니까?

우리 교회가 바벨탑에 대한 하나님의 대안, 믿음과 사랑과 소망과 도움의 교제, 바벨탑의 건축자들이 한때 자신들의 자존심을 위해 일했던 것처럼 예수님을 섬기기 위해 열심히 일하는 성도들의 교제라는 것이 더 분명하다면, 기독교는 지금보다 세상에서 더 많은 신뢰를 얻을 수 있을 것입니다. 예루살렘의 초대 그리스도인들이 바벨탑에 대한 대안을 일관되게 실천하던 모습을 본다면, 사람들은 분명히 주목할 것입니다. 솔직히 말해서 저는 그날을 보고 싶습니다!

말씀을 마무리하면서 여러분에게 직접 묻고 싶습니다. 예수 그리스도의 종으로서 여러분은 바벨탑에 대한 하나님의 대안을 자신과 교회의 올바른 삶의 방식으로 받아들이고 있습니까? 그런 다음 가정에서, 성도들과의 교제 속에서, 그리고 어디를 가든지 일관되게 그것을 실천하기로 결심하겠습니까? 이것이 바로 바벨탑 이야기가 신약의 그리스도인들에게 던지는 궁극적인 도전입니다. 우리 모두가 이 말씀을 들을 수 있는 귀가 있기를 바랍니다. 여러분에게 하나님의 복이 임하기를 바랍니다. 아멘.

제임스 패커의 삶과 설교 세계

2005년 〈타임〉지는 제임스 패커(James Packer, 1926—2020)를 20세기에 가장 영향력 있는 복음주의자 25인 중 한 사람으로 지명했다. 그의 책 《하나님을 아는 지식》(IVP, 2008)은 〈크리스채너티 투데이〉가 뽑은 복음주의 노선에 영향을 준 50권의 책 가운데 5위를 차지했다. 패커는 세계적인 인기와 존경을 한 몸에 받았지만, 정작 자신은 이름조차 남기기를 원하지 않고 오직 예수 그리스도의 복음의 종으로 살기를 원했던 하나님의 사람이었다.

패커는 1926년 영국 글로스터 외곽에서 가난한 가정에 태어났으며, 1952년 영국 성공회의 부제 서품을 받고 1953년에는 사제 서품을 받았다. 영국 옥스퍼드 대학교에서 문학사와 문학석사, 철학박사 학위를 받았다. 캐나다 밴쿠버에 있는 리전트 신학교에서 조직신학과 역사신학을 가르쳤고, 영국 성공회 사제들인 존 스토트와 알리스터 맥그래스와 함께 성공회의 복음주의 신학을 이끌었다. 그는 50권이 넘는 방대한 책을 쓴 저술가였으며 《하나님의 인도》(IVP, 2011), 《은혜를 아는 지식》(쉴만한물가, 2002), 《성령을 아는 지식》(홍성사, 2020), 《하나님 나를 도와주세요》(아가페문화사, 2003) 등 수많은 책이 한국에도 소개되어 있다.

패커는 설교를 전달의 기술로 보지 않고 신학의 문제로 인식한다. 설교란 하나님의 말씀인 성경을 통하여 삼위일체 하나님을 중심으로 전하는 것임을 강조한다. 모든 성경이 하나님의 말씀이기에 설교를 통해 하나님의 모습을 드러내야 한다는 그의 주장은 어릴 때부터 형성된 사상이다. 마틴 로이드 존스의 설교를 듣고 말씀을 향한 그의 거룩한 자세에 감흥을 받은 패커는 줄곧 하나님의 말씀을 통해 삼위일체의 하나님을 드러내는 것을 목적으로 삼아 왔다. 하나님을 중심으로 하는 설교는 구체적으로 예수 그리스도를 강조하는 설교로 발전한다. 패커의 설교에는 예수 그리스도의 강조가 전반적으로 잘 나타난다.

패커의 설교학의 기초는 하나님의 무오한 성경에서 시작한다. 모든 성경이 영감된 하나님의 말씀이기에 말씀을 대할 때 반드시 하나님의 계시인 진리를 대하는 마음으로 주해하고 전해야 한다. 진리의 말씀 앞에 선 설교자라면 함부로 자신의 생각을 전할 수 없다는 그의 강조에서 말씀을 맡은 전달자로서의 올바른 자세를 발견한다. 오늘날 성경의 권위가 땅에 떨어진 영국 교회를 생각하면 그의 외침이 얼마나 중요한지 새롭게 느껴진다. 성경을 향한 그의 사랑은 쓰러져 가는 영국 교회를 세우는 주춧돌이 되어야 할 것이며 이 시대의 신학의 기초가 되어야 할 것이다. 성경을 강조하는 그의 자세는 무엇을 전하는가를 결정한다. 설교자 자신은 하나님 말씀의 전달자이기 때문에 말씀의 권위를 앞세워야 한다.

패커는 설교에서 성경의 권위를 강조하는 만큼 적용도 강조한다. 그는 설교자란 본문과 청중 사이에서 하나님의 음성을 들려주는 사람으로서 서 있다고 여긴다. 청중과 하나님 사이에서 하나님의 모습을 보여 주면서 청중에게 나아가야 할 길을 제시하는 사람, 그것이 설교자에게 주어진 위대한 영광이다. 진리의 말씀은 반드시 삶으로 적용되어 거대한 변화를 일으켜야 하기 때문에 적용이 없는 해설이나 강연은 설교가 될 수 없다는 것이 그의 주장이다. 평생 학자로 살아왔지만 그의 설교에 대한 철학을 생각하면 목회적인 마음이 얼마나 깊이 배어 있는가를 알 수 있다. 패커는 2016년에 시력을 잃어 교수와 집필과 강연 등 공적인 사역을 내려놓았다. 교회에 남기고 싶은 말을 물었을 때 그가 남긴 말은 평생에 그가 추구한 삶을 잘 보여 준다. "모든 방법으로 하나님을 영화롭게 하십시오."

제임스 패커의 설교 분석

1. 성경의 진리를 확신하고 선포하는 설교

제임스 패커의 "바벨!" 설교를 읽는 사람은 다른 설교자들과 다른 점을 한 가지 발견하게 될 것이다. 전체적으로 차분하게 마음을 몰입해서 읽어야 이해가 된다는 점이다. 그만큼 설교에서 묵직한 묵상의 깊이와 성경 시대와 우리 시대를 꿰뚫는 해박한 세계관적 사고를 발견하게 될 것이다. 이런 설교자의 시각은 본문이 하나님의 절대 오류 없는 말씀이라는 확신에서 비롯된다. 패커는 창세기의 바벨탑 사건을 역사적인 사건 그대로 보며 하나님이 그들을 심판하기 위해 언어를 혼잡하게 하신 사건을 역사적 사건으로 이해한다. 또한 바벨탑의 대안으로 신약의 예수 그리스도와 사도행전의 말씀을 인용하면서 성경이 성경을 해석하는 원리를 적용한다.

성경을 진리의 말씀으로 믿고 설교한다는 사실은 너무나 당연한 말이지만, 오늘날 많은 교단과 신학교는 이 진리를 버린 지 오래다. 십자가를 걸고 있지만 십자가의 설교는 사라지는 시대가 되고 있다. 한국 교회는 선교 초기부터 모든 것이 부족했지만, 한 가지 확실한 것이 있었다. 성경 말씀을 하나님의 계시된 말씀으로 그대로 믿는 신앙과 어떤 설교에서도 예수 그리스도의 복음을 외쳤다는 사실이다. 패커의 본 설교는 최고의 학문을 추구하는 학자이면서 성경 진리에 그대로 뿌리내리는 설교가 어떤 것인지 잘 보여 주는 모델이라 하겠다.

2. 예수 그리스도를 향해 나아가는 설교

제임스 패커는 설교의 적용이 반드시 예수 그리스도로 연결되어야 할 것을 강조한다. 모든 설교는 예수 그리스도를 향해 계시가 나아가듯이 예수님께로 귀결되어야 한다는 말이다. 본 설교에서 바벨탑 사건을 통해 끊임없는 인간의 권력과 욕망의 노예가 아닌, 새로운 대안으로 추구해야 할 예수 그리스도를 잘 보여 준다. 특히 적용 부분에 이르러 우리 모든 인류의 가슴속에 스며들어 있는 바벨탑과 같은 요소를 적나라하게 보이고 촉구한다. 우리는 바벨탑과 같은 마음을 품고 있지는 않은지 생각해 보게 한다.

패커의 질문 앞에 우리는 여전히 바벨탑을 쌓던 사람들이 추구했던 죄악을 따라가고 있는 자신의 모습을 발견한다. "여러분도 이런 삶의 태도를 가지고 있나요? 자기 주장, 조작, 권력 쟁취에 초점을 맞춘 자신만의 바벨탑을 어딘가에 쌓고 있지는 않나요? 친구, 동료, 교회 식구, 가족 등 여러분을 가장 잘 아는 사람들이 이 질문을 받는다면, 여러분에 대해 뭐라고 말할까요? 여러분의 마음에는 바벨의 영이 없다고 항변하지 마세요. 그렇게 말한다면 저는 여러분을 믿지 않을 것입니다."

인류의 내면 깊숙이 박혀 있는 바벨탑을 제거할 수 있는 해결책이 바로 예수 그리스도의 긍휼과 은혜다. 바벨탑을 쌓아 가기 위해 쉼 없이 발버둥 치는 인류를 위해 예수님이 이 땅에 오셨고, 오직 당신의 사랑으로 인류를 용서하심으로 새로운 역사를 쓰셨다. 패커의 설교에는 그리스도를 향한 진실한 자기 고백이 스며 있다.

구약에서 그리스도를 전하는 것은 중요성만큼 쉬운 것도, 잘 지켜지는 것도 아니다. 패커의 주장처럼, 모든 성경이 삼위일체 하나님을 중심으로 주어진 계시라면 기독교 설교자들은 모든 성경을 통해 예수 그리스도를 전해야 한다는 것을 주저해서는 안 된다. 오늘도 바벨탑을 향해 달려가는 타락한 인간 심성을 고치실 분이 예수 그리스도 이외에 이 땅에 누가 있다는 말인가. 또한 예수 그리스도 이외에 인간의 교만을 꺾고 진정한 만족을 주실 분이 누가 있다는 말인가.

3. 본문과 현실을 연결 짓는 적용적 설교

제임스 패커는 단순히 본문을 해설하는 것에서 그치지 않고, 본문을 오늘의 삶으로 연결하는 적용을 강조한다. 설교자란 본문과 오늘을 살아가는 청중의 사이에 서서 그들 간에 다리를 연결하는 사람이라고 주장한다. 본 설교에서는 패커의 이러한 설교철학이 잘 나타난다. 전반적으로 본문의 해설을 간략하게 하고 난 다음, 본문에서 오늘날 우리에게 주는 메시지에 집중한다. 패커는 바벨탑을 쌓아 가는 당시의 모습을 오늘날 인류가 반복하고 있다는 것을 적용을 통해 보인다. "저는 바벨탑 이야기가 현대 세상의 거울이라고 말씀드리고 있습니다. 두 가지 측면에서 그렇습니다. 첫째, 이 이야기는 오늘날 세상에서 인간이 교만해지는 목적을 보여 줍니다. 그 목적은 권력입니다." 최초 바벨탑 건설자들의 죄가 오늘날도 동일하게 되풀이되는 것을 보임으로써 현대인들 역시 나름대로의 바벨탑을 쌓고 있다는 것을 상기시킨다. 패커의 설교는 첫 시작부터 현 시대의 삶에 초점을 맞추고 있다. 이런 점에서 그의 설교는 적용을 향해 나아가는 설교라고 말할 수 있다.

패커의 적용을 향한 질문은 시작에서 그치지 않고 지속된다. "바벨탑 이야기가 우리에게 주는 교훈이 이것뿐인가요? 절대로 그렇지 않습니다. 이 이야기에서 우리의 마음을 들여다볼 수 있는 세 가지 질문이 튀어나옵니다. 이 질문들이 저에게 제시하는 것처럼, 여러분에게 직접적인 형태로 제시하겠습니다. 첫째, 여러분과 저는 바벨탑의 태도를 구현하고 있나요?" "이제 두 번째 질문입니다. 여러분과 저는 바벨탑의 혐오감을 경험하고 있나요?" "마지막으로 질문합니다. 여러분과 저는 바벨탑에 대한 대안을 받아들입니까?" 패커는 구체적인 세 가지 질문을 통해 오늘날 사람들이 바벨탑을 그때의 이야기 정도로 스쳐 지나가는 것을 허락하지 않는다. 바벨탑 앞에서 자신의 모습을 반추하여 바벨탑을 극복할 수 있는 진정한 대안이신 예수 그리스도께로 돌아갈 것을 강조한다.

패커가 제안하는 대안은 특이하다. 그는 심판의 바벨탑과 정반대의 대안으로 성령이 오시고 난 다음 진정한 초대교회의 모습을 보여줌으로써 오늘날 그리스도인의 공동체가 진정으로 나아가야 할 방향을 제시한다. 신약에 나타난 대안 공동체를 통해 그리스도인들이 나아가야 할 방향을 제시하는 것은 매우 특이하다. 설교를 마치면서 그의 적용은 한층 더 강력한 촉구로 귀결된다. "말씀을 마무리하면서 여러분에게 직접 묻고 싶습니다. 예수 그리스도의 종으로서 여러분은 바벨탑에 대한 하나님의 대안을 자신과 교회의 올바른 삶의 방식으로 받아들이고 있습니까? 그런 다음 가정에서, 성도들과의 교제 속에서, 그리고 어디를 가든지 일관되게 그것을 실천하기로 결심하겠습니까?"

4. 제임스 패커의 설교가 한국 교회 강단에 주는 메시지

제임스 패커의 설교와 설교신학은 여러 면에서 한국 교회에 끼치는 영향이 크다. 오늘날 복음주의를 이끄는 대표자인 그의 주장은 서구의 무너져 가는 신학을 향해 경종을 울릴 뿐 아니라 한국 교회를 위해서도 본질적인 질문을 던지게 한다. 창세기 11장에 나타난 바벨탑 사건을 역사적인 사건으로 그대로 인정하고 인간의 타락상을 파악한 후 오늘날 우리의 내면과 삶으로 연결하는 그의 설교는 성경을 그대로 믿고 적용하고자 하는 그의 설교철학을 대표한다. 한국 교회가 지금까지 성경관을 견고하게 지탱해 온 것은 하나님의 특별한 은총이다. 하나님의 절대적인 진리의 말씀으로 성경을 고수하고 성경을 그대로 믿어 온 신앙적 기초가 무너진다면, 더 이상 영혼을 변화시키는 기독교는 존재할 수 없게 된다.

패커의 설교는 설교가 나아가야 할 방향을 적용을 통해 잘 보여 준다. 그의 설교는 본문을 해설하고 하나의 적용을 해 나가는 설교 즉 적용이 있는 설교가 아니라 모든 본문의 흐름이 적용을 향해 달려가는, 즉 적용을 향해 나아가는 설교다. 설교에서의 적용은 본문에 덧붙여진 하나의 부품이 아니라, 본문이 나아가야 할 방향에 해당된다. 패커의 뛰어난 점은 본문에 근거하여 적용이 매우 정교하게 제시된다는 점이다. 그의 설교를 들으면서 나의 마음속에 일어나는 바벨탑과 같은 꿈틀거림을 발견하고 자신을 돌아보는 것은 그의 설교가 남기는 위대한 힘이다.

구약을 통해서도 예수 그리스도를 이처럼 자연스럽게 제시할 수 있다는 것은 탄탄한 해석학적인 힘뿐 아니라 그의 설교철학에 기인한다. 패커는 모든 설교가 삼위일체 하나님의 메시지를 전달하는 것을 목적으로 삼고, 특히 예수 그리스도를 향해 본문이 나아가야 할 것을 강조한다. 본 설교는 그의 설교철학에 충실한 설교다.

그리스도가 중심 되는 설교는 하나의 설교 방법이 아니라 설교철학에 해당된다. 예수 그리스도는 기독교의 메시지를 기독교가 되게 하는 등뼈와도 같다. 예수 그리스도를 강조하는 패커의 설교의 탁월한 점은 그리스도를 설교의 한 부분으로 제시하는 것이 아니라, 본문의 근본적인 해결책으로서 예수 그리스도에게로 돌아가라고 촉구하는 데 있다. 철저한 성경관에 근거한 본문 해설과 삶으로의 적용, 그리고 그리스도가 중심 되는 그의 설교철학은 모든 기독교 설교자가 따라야 할 최고의 교과서다.

3부
복음

예수 십자가 복음으로
세상을 흔들다

8장

드와이트 무디,
대중전도설교의 선구자

드와이트 무디의 설교

설교 제목: **그리스도, 그분은 당신에게 어떤 분이신가?**(What Think Ye of Christ?)

본문: **마태복음 22:42**

　여기 모인 분들 가운데 그리스도에 대하여 어느 정도 생각해 보지 않은 분은 아무도 없을 것이라 생각합니다. 그리스도에 대하여 들어도 보았고, 읽어도 보았고, 사람들이 그분에 대하여 설교하는 것도 들어 보았을 것입니다. 지난 1,800년 동안 사람들은 그분에 대하여 이야기 해 왔고 그분에 대하여 생각해 왔습니다. 어떤 사람들은 그분에 대한 자신의 분명한 입장을 가졌지만, 그렇지 않았던 사람들도 확실히 있었 습니다. 오랜 세월은 흘렀지만 여전히 우리에게 떠오르는 한 가지 질문이 있습니다. "그리스도, 그분은 당신에게 어떤 분이신가?"

제가 어떤 유명 인사에 대하여 여러분의 의견을 묻는다면 여러분은 그 사람에 대한 나름의 견해를 가지고 있을 것입니다. 그런데 어찌하여 주 예수 그리스도에 대해서는 자신들의 마음을 결정하지 않고, 찬성하든지 아니면 반대하든지 입장을 확실하게 가지지 않는 것입니까? 만일 그분이 옳은 분이시라고 생각한다면 여러분은 왜 그분에 대하여 좋게 말하지 않고, 또한 그분의 편에 서지 않는 것입니까?

세상이 우리를 어떻게 생각하는가 하는 것은 그리 중요한 것이 아닙니다. 그가 여왕이든 정치가든 혹은 귀족이거나 왕자든 간에 잠시 지나면 다 사라질 사람들입니다. 그러나 이 땅에 살고 있는 모든 사람은 이 한 사람, 즉 그리스도에 대해서는 나름대로의 관심을 가지고 있습니다. 저는 성공회나 장로교 또는 침례교나 로마 가톨릭에 대하여 여러분의 의견을 묻는 것이 아닙니다. 이 목사님이 어떤지, 저 목사님은 어떤지 묻는 것도 아닙니다. 이 교리와 저 교리에 대해서 여러분의 의견을 묻는 것도 아닙니다. 한 가지 질문, 살아 계신 그리스도에 대하여 여러분은 어떻게 생각하는지 묻고 있습니다.

저의 질문은 이것입니다. "그분은 정말 하나님의 아들인 동시에 하나님 자신이 맞는가? 그분은 정말 한 가지 목적을 가지고 하늘을 버리고 세상에 오신 것이 맞는가? 그 목적이란 세상을 구원하고자 하는 것이 맞는가?" 저는 말구유에서 시작하여 그분이 살아 내신 33년의 발자취를 따라가기를 원합니다. 당연히 궁궐에서 태어나셔야 할 분이 말구유에서 탄생하신 것을 여러분은 어떻게 생각하는지 묻고 싶습니다. 그분은 왜 천사들이 보좌하는 장엄하고 영광스러운 하늘나라를 떠나

153

서 궁궐과 왕관과 권세를 버리고 외롭게 이 땅에 오셨을까요?

저는 여러분에게 선생으로서의 그분을 어떻게 생각하느냐고 묻고 싶습니다. 그분은 일반 사람들과는 전혀 다르게 말씀하셨습니다. 저는 그분을 설교자로 보기를 원합니다. 여러분을 산 위에 데려가서 그분의 부드러운 입술에서 떨어지는 말씀을 듣게 하고 싶습니다. 우리는 얼마나 자주 "예수님에 대한 이야기를 해 주세요"라는 소리를 듣고 있습니까? 어린아이들이 주님이 들려주시는 말씀을 얼마나 사랑하는지 알고 있습니까? 주님이 말씀하신 이야기보다 어린아이들의 흥미를 더 끌었던 책은 이 세상에 없습니다. 그분의 심오한 이야기는 세상의 지혜자들을 당혹하게 만들었고, 서기관과 바리새인들은 그분의 말씀을 전혀 깨닫지 못했습니다. 여러분은 그분이 정말 놀라운 설교자라고 생각하지 않습니까?

이제 여러분에게 의사로서의 그분을 어떻게 생각하는지 묻고 싶습니다. 그리스도처럼 치료할 수만 있다면 그는 의사로서 명성을 떨치게 될 것입니다. 그분에게 필적할 만한 치료를 해 본 의사는 존재하지 않습니다. 말씀만 하셨을 뿐인데 질병이 그 자리에서 바로 달아났습니다. 그분께는 못 고칠 병이란 없었습니다.

이제 가야바를 불러내 볼까요. 위엄 있게 흘러내리는 옷을 입은 그를 여기에 세워 놓고 그의 증언을 들어 봅시다. "가야바, 당신은 그리스도가 고난당했을 때 대제사장이었고, 산헤드린의 의장을 맡았고, 사람들이 그리스도를 죄인으로 몰아갈 때 공회의 의장석에 앉아 있었지요. 당신도 그분을 죄인으로 여겼고 그분을 정죄했었지요. 무슨 근거로 그분을 정죄했는지 말해 보시오. 어떤 증거라도 찾았는지 말해 보시오."

가야바는 대답합니다. "그는 하나님을 모독하는 말을 쏟아 내었소. 인자가 하나님의 권능의 우편에 앉아 있는 것과 하늘 구름을 타고 오는 것을 너희가 보리라고 말했지요. 그 말을 들었을 때 나는 그가 신성 모독이라는 죄를 지었음을 확신했고 내 옷을 찢고 그를 죽음에 내어 주었던 것이지요." 그렇습니다. 그들이 예수를 대적했던 이유는 그리스도가 하나님의 아들이셨다는 것이고, 그분을 죽인 이유는 그리스도가 자신의 신부를 위해 다시 오겠다고 하신 약속 때문이었습니다.

이제 빌라도를 소환할 시간입니다. 그를 증언석에 앉히고 물어봅시다. "빌라도여, 그리스도가 그대 앞에 끌려왔었고 그대는 얼굴을 맞대고 그분과 대화하면서 심문했었소. 당신은 그리스도에 대하여 어떻게 생각하시오?" 빌라도가 대답합니다. "나는 그 사람에게서 아무런 잘못도 발견하지 못했소. 그는 유대인의 왕이라 말했지만, 나는 그에게서 어떤 죄도 찾아내지 못했소." 이것이 바로 그리스도를 심문했던 사람들의 증언입니다.

이제는 가룟 유다가 증인으로 나오는군요. 그는 꼭 필요한 증언을 할 것입니다. 그에게 물어봅시다. "유다, 당신은 그리스도에 대하여 어떻게 생각하시오? 당신은 당신의 선생에 대하여 잘 알고 있지요. 그리고 은 삼십에 그를 팔았지요. 당신은 그분이 수많은 기적을 행하는 것도 목격했고 예루살렘에서도, 베다니에서도 그분과 함께 있었지요. 그분이 무덤에서 나사로를 살려 낼 때도 그 자리에 함께 있었지요. 자, 그러면 당신이 대답할 차례요. 당신은 그리스도에 대하여 어떻게 생각하시오?" 그는 지금 대제사장의 관저로 들어가고 있습니다. 은돈을 탁자 위에 내던지는 소리가 들립니다. "나의 배신으로 무죄한 자가 피를 흘리게 했소!" 이 사람이 바로 그리스도를 배반한 사람이며, 이것이 바로 그가 그리스도에 대하여 생각하던 바입니다. 그렇습니다. 하나님은 그리스도의 죽음에 관련되었던 모든 사람의 입으로 그분은 무죄한 사람이었다는 것을 증언하도록 하셨습니다.

이제 십자가 처형 장소에 있었던 로마 백부장을 증인으로 불러내 볼까요. 그는 로마의 병사들을 지휘하던 사람입니다. 그는 그리스도께 십자가를 지고 가라고 명령했고, 그분의 손과 발에 못을 박으라는 명령도 내렸고, 옆구리를 창으로 찌르라는 명령도 내렸던 사람입니다. 이제 그 백부장을 앞으로 나오도록 합시다. "백부장이여, 그대는 그리스도를 사형에 처하라는 공문도 보았고, 그분이 죽는 것도 목격했고, 그분이 십자가 위에서 했던 말도 들었을 것이오. 자, 그러면 말해 보시오. 당신은 그리스도에 대하여 어떻게 생각하시오?" 그를 잘 보기 바랍니다. 그는 울부짖는 모습으로 가슴을 치며 절규합니다. "이분은 진실로 하나님의 아들이십니다!"

이제 십자가에 달린 강도에게 가서 그에게도 물어볼 것입니다. "당신은 그리스도를 어떤 분으로 생각하시오?" 한 강도는 그리스도를 비웃고 조롱했습니다. 그러나 다른 한 강도는 "이 사람이 행한 것은 옳지 않은 것이 없소"라고 말했습니다.

이제 그리스도의 친구들을 불러내어 봅시다. 그들의 증언에 귀를 기울여 보기 바랍니다. 먼저 설교의 왕자라 불리는 광야에서 외쳤던 세례 요한을 불러냅시다. 예수님을 제외하고 이 사람보다 더 뛰어난 설교자는 없었습니다. 이 사람은 온 예루살렘과 유대를 광야로 끌어냈던 사람입니다. 이 사람은 혜성처럼 나타나서 나라 전체를 흔들어 놓았던 인물입니다. 약대 털옷을 입고 있는 세례 요한을 불러냅시다. 그리스도에 대하여 어떻게 생각하느냐고 그에게 물어봅시다. 그의 대답은 팔레스타인 광야에서 울려 퍼졌지만 성경에 영원히 기록되어 있습니다. "보라 세상 죄를 지고 가는 하나님의 어린양이로다"(요 1:29). 이것이 바로 세례 요한이 그리스도에 대하여 생각했던 것입니다.

이제 베드로를 불러내 볼까요. 변화산에서 주님과 함께 있었고 배반당하시던 날 밤에도 함께 있었습니다. "베드로, 와서 그리스도에 대한 당신의 생각을 말해 주시오. 증언석에 서서 그분에 대하여 증언해 주시오. 당신은 그분을 부인했지요. 저주까지 하면서 그분을 모른다고 했습니다. 그때 그 말이 사실입니까? 당신은 진짜 그분을 모릅니까?" 저는 베드로가 이렇게 말할 것이라 생각합니다. "제가 그때 했던 말은 거짓말이었어요. 저는 그분을 알고 있었습니다." 그 후에 베드로가 예루살렘 죄인들에게 그들의 죄를 책망하는 소리가 들립니다. 그는 예수를 '주와 그리스도'라고 부르고 있습니다. 이것이 바로 오순절에 있었던 증언입니다. "이 예수를 하나님이 주와 그리스도가 되게 하셨느니라"(행 2:36).

이번에는 사랑하는 제자 요한에게 들어 봅시다. 다른 누구보다 그리스도를 잘 알았던 제자였지요. 주님의 가슴에 얼굴을 기대고 사랑으로 타오르는 심장 소리를 들었던 사람입니다. 만약 여러분이 그가 주님에 대하여 어떻게 생각했는지 알고 싶다면 그가 기록한 복음서를 펼쳐 보십시오. 마태는 그리스도를 왕권을 계승한 왕으로 묘사합니다. 마가는 그분을 종으로 그리고, 누가는 사람의 아들로 기록하고 있습니다. 요한은 펜을 들고 한 필치로 유니테리언 신자들의 질문에 답을 주고 있습니다. 요한은 아담 이전의 시간으로 거슬러 올라갑니다. "태초에 말씀이 계시니라 이 말씀이 하나님과 함께 계셨으니 이 말씀은 곧 하나님이시니라"(요 1:1). 요한계시록을 보십시오. 요한은 거기서 주님을 '광명한 새벽 별'이라고 부릅니다(계 22:16). 요한은 주님에 대하여 올바른 생각을 가지고 있었습니다. 주님을 알았기 때문입니다.

이제 의심했던 제자 도마를 불러 봅시다. "도마, 당신은 그분을 의심했습니다. 그분의 부활도 믿지 않았고 그분의 옆구리에 당신의 손을 넣어 보아야 믿을 수 있겠다고 말했지요. 당신은 그분에 대하여 어떻게 생각합니까?" 도마가 하는 말입니다. "나의 주님이시요 나의 하나님이시니이다"(요 20:28).

다른 증언들을 좀 더 들어 볼까요. 한때 그리스도를 심하게 핍박했던 사울을 봅시다. 살기가 등등한 그가 그리스도를 만납니다. 그리스도가 그에게 말씀하십니다. "사울아 사울아 네가 어찌하여 나를 박해하느냐." 사울이 대답하기를 "주여 누구시니이까" 하자, 주님은 "나는 네가 박해하는 예수라" 하셨습니다(행 9:4-5). 비록 하늘에 계신 분이지만 "나는 나사렛 예수다"라고 거리낌 없이 말씀하셨던 그분을 보십시오. 그리스도와의 만남으로 사울이 변화되어 바울이 되었습니다. 우리는 몇 해 후에 그가 "내가 그를 위하여 모든 것을 잃어버리고 배설물로 여김은 그리스도를 얻고 그 안에서 발견되려 함이니"(빌 3:8-9)라고 말하는 것을 봅니다. 이것이 주님에 대한 그의 증언입니다.

그러나 이보다 훨씬 더 중요한 증거가 아직도 남아 있습니다. 예수님이 요단강에서 요한에게 세례를 받으실 때 하늘이 열리고 음성이 들려왔습니다. 하나님 아버지께서 직접 말씀하셨습니다. 바로 그리스도에 대한 하나님의 증언입니다. "이는 내 사랑하는 아들이요 내 기뻐하는 자라"(마 3:17). 아, 그렇습니다. 하나님 아버지께서도 아들에 대해 기쁘게 여기십니다. 그리고 하나님이 그분을 기쁘게 여기신다면 우리도 마땅히 그리해야 하지 않겠습니까. 만약 죄인이 하나님과 같이 그리스도를 기쁘게 여긴다면 그 죄인은 하나님을 만날 수 있습니다. 여러분이 하나님 아버지처럼 "나는 그분을 기뻐한다"고 말하며 그분을 영접하는 순간 여러분은 하나님과 결혼하는 것입니다. 이 증언을 믿지 않겠습니까? 여러분, 이 최종적인 증언, 만군의 주요 만왕의 왕이신 하나님의 증언을 믿지 않겠습니까?

하나님 아버지의 반복되는 증언을 들어 보십시오. 베드로와 야고보와 요한이 주님과 함께 변화산에 있을 때 하나님이 말씀하십니다. "이는 내 사랑하는 아들이요 내 기뻐하는 자니 너희는 그의 말을 들으라"(마 17:5). 그 소리는 팔레스타인의 온 구석을 지나 온 세상 바다 끝까지 울려 퍼졌습니다. 그렇습니다. 그 소리는 아직도 우리 귓가에 울려 퍼지고 있습니다. "그의 말을 들으라! 그의 말을 들으라!"

사랑하는 친구들이여, 오늘 그분의 말씀에 귀를 기울이겠습니까? 귀 기울여 보십시오. 그분이 무엇이라 말씀하십니까? "수고하고 무거운 짐 진 자들아 다 내게로 오라 내가 너희를 쉬게 하리라 나는 마음이 온유하고 겸손하니 나의 멍에를 메고 내게 배우라 그리하면 너희 마음이 쉼을 얻으리니 이는 내 멍에는 쉽고 내 짐은 가벼움이라"(마 11:28-30).

여러분은 이 구세주를 귀하게 여기지 않겠습니까? 그분을 믿지 않겠습니까? 뜻과 정성을 다해서 주님을 신뢰하지 않겠습니까? 그분을 위해 살지 않겠습니까? 그분이 우리를 위해 생명을 내어놓으셨다면 우리도 그분을 위해 기꺼이 우리 것을 내어놓아야 하지 않겠습니까? 그분이 나를 위하여 십자가를 지고 죽으셨다면 우리도 그분을 위해 십자가를 져야 하지 않겠습니까? 그분을 소중하게 여겨야 할 이유가 있지 않습니까? 이 구세주 예수를 대항하는 것이 옳고 고상한 일이라 생각합니까? 여러분은 "그를 십자가에 못 박으라! 십자가에 못 박으라!" 하고 외치는 소리가 옳다고 여깁니까? "하나님, 우리 모두가 당신의 유일하신 독생자를 귀하게 여기고 당신께 영광을 돌릴 수 있게 하옵소서."

세상을 움직인 설교자와 설교

드와이트 무디의 삶과 설교 세계

필자가 설교학회에 설교와 논문 발표를 위해 영국 런던 케임브리지 대학교에 방문했을 때였다. 대학교 앞을 지날 때 인도하던 목사님이 한 건물을 가리키면서 저 건물이 옛날에 드와이트 무디(Dwight Moody, 1837-1899)가 설교했던 곳이라고 소개했다. 그 이야기를 필자도 잘 알고 있다. 무디가 케임브리지 대학교 학생들을 대상으로 설교했을 때 그의 미숙한 영어 사용에 학생들은 야유를 퍼부었다. 설교를 마쳤을 때 한 학생이 다가와 무디의 잘못된 발음과 문법을 조목조목 지적했다. 그때 무디가 했던 말이다. "나는 부족한 언어로 매일 하나님의 복음을 전하는데 학생은 그 뛰어난 재능으로 하나님을 위해 무엇을 합니까?" 이 사건은 케임브리지 대학교 학생들에게 혁명 같은 바람을 일으켰다.

이때 무디의 설교에 도전을 받은 학생들 7명은 자신들의 삶을 중국 선교사로 드리기로 결단했다. '케임브리지 7인'이라 불리는 젊은이들이다. "한 번뿐인 인생 속히 지나가리니, 그리스도를 위한 일만이 영원하리라." 이 글로 잘 알려진 WEC국제선교회 창시자인 C. T. 스터드도 그 가운데 한 사람이다. 스터드는 중국과 인도에서 선교 사역을 마치고 53세의 나이에 약화된 건강 상태였지만 아프리카 콩고에서 18년 동안 섬기다가 그곳에서 하나님의 품에 안겼다. 특별한 배움이 없는 무디였지만 그의 설교와 삶으로 수많은 젊은이가 하나님 앞에 자신들의 삶을 드렸고 놀라운 역사의 주인공들이 탄생했다.

무디는 1837년 2월 5일에 미국 매사추세츠주에서 태어났으며 네 살 때 아버지를 잃고 극심한 가난 속에서 자라났다. 학업은 초등학교를 나온 것이 전부였으며, 17세가 되었을 때 집을 떠나 보스턴으로 이동하여 삼촌의 가게에서 구두 점원으로 일했다. 삼촌에게서 교회를 다닐 것을 권유받고 신실한 주일학교 선생인 에드워드 킴빌의 인도로 예수님을 만났다. 19세가 되었을 때 보스턴을 떠나 시카고로 이사했으며, 이곳에서 구두 사업으로 큰돈을 벌었다. 가난한 배경 속에서 제대로 배우지 못한 그에게 유일한 소망은 부를 축적하는 일이었다. 그러나 무디는 세상에서의 경제적인 성공을 뒤로하고 마침내 전심으로 복음을 전하는 일에 뛰어들었다. 한 시대 미국과 영국의 영혼을 움직인 위대한 부흥사 무디의 삶은 이렇게 시작되었다.

무디의 설교는 곧 대중의 반응을 얻게 된다. 그가 어린아이들을 섬겼을 때는 수천 명의 아이들이 몰려들었고, 아이들로 시작된 복음 전도의 행전이 대중으로 연결되어 수많은 사람이 이해하기 쉬운 그의 설교에 매료되었다. 물론 무디의 설교에 반대하는 목소리도 많았다. 배움이 없는 그의 설교를 두고 많은 사람이 비판했으며, 그의 설교가 사람들의 감정을 부추기고 문학성이 결핍되었으며 문법이 정확하지 않다고 비난받기도 했다. 무디는 사람들의 비난에 응답하는 대신 자신의 부족한 부분을 고치도록 받아들였다.

무디는 짤막한 키에 덥수룩한 수염을 길렀지만 그의 눈은 잃어버린 영혼을 향해 타올랐다. 그의 설교는 짧으면서도 분명했고 눈에 보일 듯한 묘사와 표현으로 사람들의 관심을 사로잡았다. 사람들은 그의 설교에 남녀노소와 교단과 사상에 관계없이 한결같이 가슴을 열고 반응했다. 오늘날처럼 대중 매체가 없고 교통수단이 불리했던 시기에 1억 명 이상의 사람들에게 설교하고, 복음 전파를 위해 학교를 세우고, 전도 단체를 결성하고, 대중 집회를 통해 수많은 사람을 예수님의 생명으로 인도한 설교자, 그가 바로 역사상 가장 뛰어난 설교자 가운데 한 사람으로 평가받는 드와이트 무디다.

　무디의 삶과 설교는 하나님이 사용하시는 사람은 땅 위의 것을 갖추기 전에 하늘의 것으로 충만해야 한다는 사실을 일깨워 준다. 그의 설교와 삶은 오늘날처럼 고등화된 신학 교육을 받은 목회자들이 오히려 놓치고 있는 것이 무엇이며, 영혼을 움직이는 설교자들이 진정으로 갖추어야 하는 것이 무엇인지를 보여 준다.

드와이트 무디의 설교 분석

1. 전도의 목적으로 타오르는 설교

　드와이트 무디라는 이름에는 꼭 따라오는 수식어가 있다. '대중 복음전도자'라는 이름이다. 금세기의 가장 뛰어난 대중집회전도자라면 누구나 빌리 그레이엄을 꼽을 것이다. 그레이엄 이전 19세기 후반 40년 동안 대중전도집회를 통한 부흥을 이끌어 온 장본인이 바로 무디다. 그는 정규적인 교육을 받지 못했고 끝까지 목사 안수를 받지 않고 평신도 전도자로 머물렀지만 그의 설교는 19세기 미국 전역을 복음으로 깨웠다. 교육에 대한 특별한 관심으로 여러 학교를 세우고 세계 선교를 위해 학생자원운동을 일으킨 사람도 그였다.

　무디의 설교는 주로 예수님의 사랑을 통해 복음을 제시함으로써 사람들이 회개에 이르고 예수님을 구주로 받아들이는 데 집중한다. 성경의 내용을 균형 있게 전하기보다 성경의 주제인 예수님의 사랑에 집중하여 설교하기 때문에 거의 모든 설교에서 예수님의 사랑에 근거한 복음의 메시지가 분명하다. 회개의 복음을 통해서 예수님을 전하지만 그의 설교는 하나님 앞에서의 죄로 인한 두려움의 회개가 아니라 사랑의 하나님 앞에서의 반응으로서의 회개를 강조한다.

"그리스도, 그분은 당신에게 어떤 분이신가?"라는 제목의 본 설교에도 무디의 평소 설교의 특징이 잘 나타난다. 간결한 메시지와 하나의 주제에 집중함으로써 반복적으로 예수님의 구세주 되심을 증거하고 사람들이 주님을 받아들일 것을 촉구한다. 일반적인 복음 전도자와 달리 무디에게는 적용이나 촉구가 강하게 나타나지는 않는다. 본 설교도 예외는 아니다. 마지막 한 단락 정도를 예수님을 받아들일 것을 촉구하는 내용으로 끝을 맺는다. 예수님이 주님이시라는 것을 설교 전반에 걸쳐 충분히 설명하고 또한 이 주님을 받아들여야 할 당위성을 충분히 강조했기 때문에 적용이나 촉구의 메시지가 이미 내용에 충분히 들어 있다고 볼 수 있다.

복음전도설교는 목회를 하는 설교자들에게 찾아보기 쉽지 않은 설교 유형이다. 하나님은 시대에 알맞은 복음 전도자를 세우셨고, 무디는 하나님의 계획에 가장 합당하게 쓰임 받은 사람이다. 오늘날 한국 교회는 이러한 복음 전도자를 절실하게 필요로 한다. 포스트모던 시대에 진리가 무너지고 교회를 다니는 사람들이 점점 줄어드는 때에 대중적으로 사람들에게 쉽게 다가가 선명한 복음으로 마음을 움직이는 목소리가 절실하다. 복음 전도를 목적으로 하는 설교는 일반적으로 목회자들도 가장 힘들어하는 설교다. 무디는 오늘날 목회자들에게도 복음전도설교를 위한 좋은 본보기로 남아 있다.

2. 중심 메시지를 반복하며 강조하는 설교

훌륭한 설교에는 반드시 하나의 핵심 메시지가 있어야 한다. 설교에서 문제는 때로 내용이 빈약하거나 너무 많아서가 아니라 여러 가지 내용이 하나의 중심 주제와 연결되지 않을 때 나타난다. 강해설교란 본문 전체를 아우를 수 있는 하나의 핵심 메시지를 찾아내어 그것을 다양한 전달 방식으로 전하는 설교다. 삼대지 설교라 해도 대지가 독립적으로 존재하는 것이 아니라 각 대지가 전체 주제를 뒷받침할 수 있어야 한다.

드와이트 무디의 설교에는 누구라도 쉽게 이해할 수 있는 하나의 메시지가 전반에 흐르고 있다. 즉 예수님에 대하여 어떻게 생각하는가 하는 문제다. 무디는 청중에게 세상에서 가장 중요한 이름이라고 할 수 있는 예수 그리스도에 대하여 긍정이든 부정이든 분명히 결단할 것을 촉구한다. 예수님이 진정한 구세주시라는 것을 증명시켜 나가는 그의 방법은 매우 특이하다. 성경의 한 본문을 택하고 그 본문에서 예수님을 어떻게 표현하는가에 집중하지 않고, 예수님에 대하여 성경의 다양한 인물들이 어떻게 이해하고 결단하고 증언했는지를 나열식으로 보여 준다.

무디의 설교에는 다양한 인물들이 나타난다. 당시에 대제사장인 가야바와 예수를 십자가에 못 박은 빌라도의 입을 통해 예수님이 무죄한 분이시라는 것을 밝힌다. 예수님을 판 유다를 등장시키고 예수님이 십자가형을 받는 것을 집행하고 목도한 백부장과 십자가의 강도의 입을 통해 예수님이 진정한 하나님의 아들이시라는 것을 증명한다. 계속해서 사복음서의 저자들과 사도 바울, 그리고 마지막으로 가장 강력한 증언인 하나님 스스로 예수님이 당신의 아들이라고 말씀하신 것을 강조함으로써 사람들에게 예수님이 죄가 없는 하나님의 아들이시라는 것을 일관되게 강조한다. 다양한 계층과 상황 속에 놓인 청중은 무디가 제시하는 성경의 다양한 인물들의 증언을 들으면서 예수님에 대한 자신의 시각이 어떠한지 돌아볼 것이다.

하나의 주제가 명확한 설교는 성경 기록의 목적에 부합할 뿐 아니라 청중에게도 유용한 방식이다. 성경의 저자는 하나의 사상을 전달하기 위해 여러 가지 사건과 가르침을 가져온다. 고대로부터 청중은 하나의 메시지가 분명할 때 전달자가 들려주고자 하는 의도를 쉽게 간파한다. 이런 점에서 무디의 설교는 배움을 통해서가 아니라 설교 현장에서 체득한 뛰어난 수사학적 장치를 지녔다고 볼 수 있다.

무디의 설교는 복음전도설교가 보이는 한계를 똑같이 보여 준다. 특별한 목적을 위해 택한 본문이 전체 주제를 그대로 담고 있지 않다는 점이다. 본문 마태복음 22장 42절은 예수님이 그분을 둘러싸고 모인 바리새인들에게 물으신 질문으로, 41-46절이 하나의 단위를 이루는 본문이다. 무디는 본문의 상황이나 의미를 묘사하는 대신 42절 한 절의 주제에 근거하여 신약 성경 전체에 관련된 증거들을 제시하는 것으로 설교를 이끌어 간다. 이는 성경적인 강해설교라기보다 복음 전도에 근거한 주제설교라고 부를 수 있다.

3. 단순한 내용과 명확한 흐름이 있는 설교

드와이트 무디의 설교에서 느낄 수 있는 가장 큰 특징은 쉽고 내용이 단순하다는 것이다. 본 설교는 어린아이들이나 노인들 혹은 누가 들어도 이해하기 쉽다. 내용이 단순하고 하나의 메시지가 집중적으로 부각되기 때문이다. 설교의 진행 역시 하나의 주제를 향해 일관되게 나아가기 때문에 따라가기도, 기억하기도 쉽다. 그의 설교에는 심오한 신학적인 탐구나 본문을 깊이 묵상하며 연구한 결과가 보이지는 않는다. 예수 그리스도에 집중한 설교이기 때문에 내용과 흐름이 단순하다.

무디의 설교가 쉽다는 것은 몇 가지 시사하는 점이 있다. 특별한 신학 교육을 받지 못했기에 깊이 있는 내용보다 단순한 설교를 할 수밖에 없었을 수 있다. 그러나 무디의 설교가 쉬운 데는 더 중요한 이유가 있다. 그는 특정한 교리나 종파에 치우치지 않고 대중을 향해서 설교했기 때문에 누구나 이해할 수 있도록 설교하는 것이 그의 목적이었기 때문이다.

모든 사람에게 들리는 설교를 위해 무디가 택한 방식은 이야기 형식으로 전달하는 설교였다. 그의 설교는 본문에 대한 직접 강해보다 본문의 내용을 쉽게 이해할 수 있는 이야기로 풀어 간다. 주로 자신이 경험한 이야기나 다양한 예화, 그리고 예화를 설명하기 위해 또 다른 예화를 사용하기도 한다. 본 설교에서는 주제를 설명하기 위해 성경의 많은 예를 이야기로 소개한다. 다양한 성경의 인물들을 통해 예수 그리스도가 주님이시라는 사실을 청중에게 분명히 이해시키려 한다.

설교가 단순하고 흐름이 명확한 것은 시대를 막론하고 오늘날 강단에서도 더욱 필요하다. 내용이 단순하다는 말이 내용의 빈약함을 말하는 것은 아니다. 흐름이 명확해야 한다는 말이 생각할 만한 내용이 없는 가벼운 설교를 말하는 것도 아니다. 가장 깊은 진리를 가장 쉽게 표현할 수 있는 설교라는 말이다.

4. 드와이트 무디의 설교가 한국 교회 강단에 주는 메시지

드와이트 무디의 설교는 오늘날 한국 교회 강단에 특별한 교훈을 던진다. 특별한 배움이 없었던 무디였지만 그의 설교는 복음을 향한 확고한 신념으로 타오른다. 예수를 증거하고자 하는 그의 열정이 설교문을 통해 오늘까지 귓가에 생생하게 들려올 정도다. 신학이란 이름으로 성경에 나타난 예수의 십자가와 부활의 권능을 점점 약화시키는 시대를 맞이했다. 목회자라 할지라도 복음에 영혼을 적시지 못하면 성경을 문자적으로 해석할 수는 있지만 성경 속에 있는 하나님의 가슴을 쏟아 내지는 못한다. 무디의 삶과 설교는 모든 시대의 설교자의 가슴에 새겨야 할 복음에 대한 확신을 다시금 보여 준다.

무디의 설교는 성인들뿐 아니라 어린아이들이 들어도 모두 이해할 수 있는 설교다. 시카고에서 주일학교를 시작했을 때 몇 년이 지나지 않아 천 명이 넘는 아이들이 교회로 몰려든 것은 결코 저절로 된 것이 아니다. 하나님의 은혜에 사로잡힌 무디의 설교였지만 그의 설교에는 어린아이들도 쉽게 이해할 수 있는 단순함과 선명함이 있다. 스토리텔링이라는 말이 대중에 뿌리내리기 전에 무디는 스토리텔링의 황제였다. 오늘날 이야기 설교를 주창하는 학자들은 주로 복음 자체에 대한 관심보다 복음을 전달하는 커뮤니케이션에 더 깊은 관심을 쏟는다. 무디가 설교에서 이야기처럼 구사할 수 있었던 것은 복음을 제쳐놓은 전달 방법에 대한 관심 때문이 아니다. 진리의 말씀을 누구에게라도 쉽고 분명하게 들려주고자 하는 열정의 열매였다.

무디와의 만남을 기억하며 R. A. 토레이는 무디를 기도의 사람인 동시에 순종의 사람이었으며 하나님의 말씀을 지극히 사랑하여 매일 말씀을 묵상하고 그 속에 빠져 살았던 사람으로 소개한다. 토레이를 시카고에서 만났을 때 무디가 그에게 들려준 말이다. "토레이 선생, 만일 하나님이 나에게 저 창문으로 뛰어내리라고 말씀하신다면 나는 뛰어내릴 것입니다." 하나님의 말씀에 절대 순종했고 하나님 말씀의 능력을 절대적으로 확신했던 무디. 오늘날 한국 교회 강단은 이런 열정과 순수와 확신을 가진 설교자를 기다린다. 회중석에 앉아 있는 한국 교회의 성도들이 기다리는 설교자도 이런 사람이며, 한국 교회를 바라보시는 하나님이 간절한 마음으로 기다리시는 설교자도 바로 이런 사람이다.

9장

빌리 선데이,
대중설교의 아버지

빌리 선데이의 설교

설교 제목: **지금이 진정으로 회개할 때입니다**(Why Delay Your Real Conversion?)

본문: **없음**

회개는 구원의 길입니다

회개란 무엇입니까? 완전히 변화된다는 말입니다. '회개'는 '개혁'과 다릅니다. 개혁이 외부로부터 일어나는 것이라면, 회개는 안으로부터 일어나는 것입니다. 회개란 예수님께 완전히 항복한다는 의미입니다. 예수님이 원하시는 것을 기꺼이 하고자 하는 결단을 가리킵니다. 당신이 주님께 완전히 항복하지 않거나 주님의 뜻에 순종하지 않는 한 천 번을 개혁한다 해도, 혹은 당신의 이름을 50개나 되는 교회에

올려놓는다 해도 아무 소용이 없습니다.

주 예수 그리스도를 당신의 가슴에 믿고 그분을 당신의 입으로 시인하십시오. 그러면 구원을 얻습니다. 하나님은 좋으신 분입니다. 당신을 향한 구원의 계획은 두 부분으로 되어 있습니다. 마음으로 믿고 입으로 시인하는 것입니다. 여기 모인 많은 분은 당연히 믿기는 하겠지요. 그렇다면 왜 고백하지 않습니까? 이제 입을 열어 고백하십시오. 이제 고백하십시오. 사업하는 남성분이나 여성분들, 어떤 일을 하든지 여기 있는 모든 분들, 그렇지 않습니까?

그 노련하고 용감했던 엘리야가 이세벨이 그의 생명을 찾고자 할 때 겁에 질린 사슴처럼 도망한 사실을 기억합니까? 그는 브엘세바로 도망해서 그곳 로뎀나무 아래에 앉아 하나님께 죽기를 구했습니다. 주님은 그의 기도를 들어주셨지요. 그러나 그가 기대한 대로는 아니었습니다. 만일 주님이 그를 죽게 내버려 두셨다면 장송곡처럼 울어 대는 나무들의 애가를 들으면서 아무런 의미 없이 죽어 갔을 것입니다. 하지만 주님은 엘리야를 위해 더 좋은 것을 예비해 두셨습니다. 불수레와 불말들이 나타나서 죽음을 보지 않고 영광 가운데 들림을 받았습니다.

주님은 오늘 말씀하십니다. 당신을 위해 더 좋은 것을 예비해 두었다고 하십니다. 여러분이 볼 수만 있다면, 주님은 구원을 예비해 두었다고 하십니다. 여러분 가운데는 술주정꾼들도 있을 것입니다. 간음한 사람들, 창녀들, 거짓말쟁이도 있겠지요. 자신은 결코 잃어버린 사람이 아니라는 교만한 사람도 있을 것입니다. 어쩌면 나는 조금도 교만하지 않다며 정말 교만의 극치를 달리는 사람도 있을 것입니다.

예수님이 바로 이때 하시는 말씀을 들어야 합니다.

예수님이 말씀하십니다. "나에게로 오라." 교회로 오라는 말이 아닙니다. 교리로 나오라는 말도 아닙니다. 설교자에게 나오라는 것도 아니지요. 나에게 오라는 말입니다. 전도자에게도 아닙니다. 나에게로 오라. 사제에게 오라는 것도 아닙니다. 나에게로 오라. 교황도 아닙니다. "내게로 오라 내가 너희를 쉬게 하리라"(마 11:28). 우리를 구원하는 믿음은 교회가 주는 것이 아닙니다. 예수 그리스도를 믿는 믿음만이 우리를 구원할 수 있습니다.

여러분이 교회를 다니면서 목회자들의 사례 가운데 일부분을 헌금할 수 있습니다. 예배도 참석할 수 있고요, 교회학교에서 가르칠 수도 있습니다. 때로는 사람들에게 감사하다는 칭찬을 받기도 하겠지요. 당신이 그리스도인이라고 확인시켜 줄 만한 것을 다 할 수 있습니다. 기도까지 할 수도 있지요. 그러나 하나님이 말씀하시는 것을 하기까지는 결코 진정한 그리스도인이라고 할 수는 없습니다.

바로 이것이 여러분과 저를 위해 계획된 유일한 길입니다. 하나님은 모두를 똑같이 대하십니다. 주님은 은행가와 은행을 청소하는 청소부를 위한 계획을 따로 가지신 분이 아닙니다. 주님은 모든 사람을 위해 단 하나의 길을 계획하고 계십니다. 그것은 법입니다. 당신이 인정하지 않더라도, 하나님의 법에 달라질 것은 아무것도 없습니다.

구원은 개인적인 문제입니다

구원에 대해 가장 먼저 기억할 것은 구원은 개인적인 문제라는 것입니다. '너희는 주를 찾으라'라는 말은 모든 사람이 스스로 찾아야 한

다는 말입니다. 부모가 자식을 위해 대신 찾아 줄 수는 없습니다. 자식
도 마찬가지로 부모를 대신할 수는 없습니다. 만일 당신이 아프다면,
제가 아무리 좋은 약을 먹는다 해도 다 소용없는 일입니다. 구원은 개
인적인 문제라서 그 누구도 당신을 대신할 수는 없습니다. 구원에 관
심을 기울여야 할 사람은 바로 당신 자신입니다.

여러분 가운데는 대단히 남성답게 또는 여성답게 살아온 분들도
있을 것입니다. 그러나 여러분에게는 한 가지 부족한 것이 있습니다.
주 예수 그리스도에 대한 공개적인 고백이 부족합니다. 어떤 사람들
은 특별한 방식으로 주님께 나아가야 한다고 생각합니다. 예를 들어,
감정에 엄청난 무엇이 일어나야 한다고 생각합니다. 어떤 사람은 회
개하고 난 후보다 회개하기도 전에 이미 죄에 대해 깊은 애통함을 느
낍니다. 어떤 사람은 그 반대입니다. 어떤 사람은 회심한 때를 압니다.
그렇지 않은 사람도 있지요.

어떤 사람은 매우 감정적입니다. 적극적으로 표현하는 사람도 있
습니다. 쉽게 울음을 터트리는 사람도 있습니다. 냉정한 사람도 있고
감정에 휘둘리지 않는 사람도 있습니다. 한 남자가 집회 중에 일어나
서 40년 동안 눈물 한 방울 흘리지 않았는데 과연 구원받을 수 있는지
물었습니다. 그렇게 말하면서 눈물을 흘리기 시작했습니다. 성향에
따라 사람들은 제각기 다를 뿐입니다.

자, 사람이 어떻게 다시 태어나는가 하는 문제는 우리 하나님께
맡겨 드립시다. 그것은 하나님이 하시는 영역입니다. 우리에게 중요
한 것은 주 예수 그리스도가 우리처럼 뼈를 가지고 우리처럼 살을 가
지고 사람이 되셨다는 사실입니다. 우리를 위해 십자가에 돌아가심으

로 우리에게 내려진 심판에서 우리를 구원하셨다는 사실입니다. 다른 관심은 다 버리고 오직 구원에 관해서 우리가 해야 할 일에 관심을 집중하십시오. 중요한 것은 이것입니다. '주 예수 그리스도를 믿으라. 그리하면 구원을 얻으리라.'

이렇게 말하는 사람이 있습니다. "선데이 목사님, 교회는 위선자들로 가득해요." 지옥이 그런 곳이에요. 여러분에게 말합니다. 지옥에 가길 원하지 않는다면, 그곳에서 영원히 살기를 원하지 않는다면 참 신자가 되기 바랍니다. 천국에는 위선자란 없습니다.

이렇게 말하는 사람도 있지요. "선데이 목사님, 교회를 다니지 않고도 그리스도인이 될 수 있고, 천국도 갈 수 있지 않습니까?" 물론입니다. 유럽을 가는 데 꼭 증기선을 탈 필요는 없습니다. 수영해서도 얼마든지 갈 수 있지요. 그러나 상어들이 우글거리는 해로를 따라 수영해야 합니다. 그렇게 할 분은 없겠지요. 진실로 구원받기를 원한다면 즉시로 교회를 찾아야 합니다.

회개는 지금 해야 합니다

회개하는 데 걸리는 시간은 얼마나 됩니까? 마음에 결단을 하고 그리스도를 받아들이는 데 얼마나 시간이 걸리지요? 하나님을 기쁘시게 하는 데 즉각적으로 결단하기 어렵다고요? 마태가 한 결단을 보십시오. 여러분도 지금 당장 할 수 있습니다. 책상에 앉아 있는 한 그는 제자가 아니었습니다. 일어나는 순간 제자가 된 것입니다. 자리를 박차는 순간 하나님을 향한 그의 삶이 바뀌었습니다. 악을 버리고 선을 좇기 시작한 것입니다. 여러분도 마태처럼 즉각적으로 변화를 체험할 수 있습니다.

　하나님이 말씀하십니다. "악인은 그의 길을, 불의한 자는 그의 생각을 버리고 여호와께 돌아오라"(사 55:7). 이 결단이 일어나는 순간 아무리 오랫동안 죄인이었을지라도 그는 안전한 상태가 됩니다. 몇 시간이고 며칠이고 고민할 필요가 없습니다. 지금 즉시 결단하십시오. 여러분, 누구와 힘겨루기를 하고 있습니까? 하나님과는 하지 말기 바랍니다. 세상에 죄라고는 하나도 없을 때, 구원에 대한 계획은 이미 결정되었습니다. 자동차 바퀴가 만들어지기 훨씬 전에 이미 전기가 존재한 것이나 마찬가지입니다. "악인은 그의 길을, 불의한 자는 그의 생각을 버리고 여호와께 돌아오라." 언제라고요? 한 달, 한 주, 하루, 한 시간 안에요? 아닙니다. 바로 지금입니다. 여러분이 하나님 앞에 굴복하는 순간 하나님의 구원의 계획은 바로 곁에서 시작됩니다. 여러분이 알기도 전에 이미 구원을 받는 것입니다. 어린아이가 태어나는 것처럼요.

　만일 여러분이 믿는다면 믿는다고 말하십시오. 그리고 한 발 앞으로 나오십시오. 수많은 사람이 경계선에서 양다리를 걸치고 있습니다. 그런 사람에게는 구원이 임하지 않습니다. 마음으로 믿으십시오. 그리고 입술로 고백하십시오. 마음으로는 믿고 입으로는 고백하는 것입니다. 그리고 구원을 받으십시오. 충만하고 거저 주어지는 자유, 그리고 온전하게 하는 구원을 받으십시오.

　군복을 입고 총을 들었다고, 수통을 찼다고 군인이 되는 것이 아닙니다. 군대에 입대해야 군인이 되는 것입니다. 이런 것들은 입대하지 않고도 얼마든지 구할 수 있습니다. 군인이 되려면 징집일에 나가서 조국을 지키겠노라고 서약을 해야 합니다. 군인 되게 하는 것은 바로 그 서약입니다. 교회를 나가는 것은 정말 그리스도인이 되는 것하고 아무런 관계가 없습니다. 예수 그리스도가 우리 마음의 왕좌에 앉으시는 것은 얼마나 영광스런 일입니까. 한두 시간이 아니라 영원히 당신의 능력으로 우리를 통치하신다는 사실이 말입니다.

예수 그리스도를 기억하십시오. 우리가 다시 살아 하늘에서 주님과 통치하기 위해 주님은 우리를 대신하여 십자가를 지시고 생명을 주셨습니다. 주 예수를 믿고 입으로 주님을 시인하십시오. 그리하면 당신과 당신의 집이 구원을 얻을 것입니다. 주님의 구원은 위대한 것입니다. 거대한 죄에서 우리를 구원하기 때문입니다. 천국으로 가는 길은 하버드나 예일 또는 프린스턴 대학교에 있는 것이 아닙니다. 예수 그리스도를 영접하는 길 외에 어떤 환경도, 어떤 문화도 당신을 천국으로 인도할 수 없습니다. 구원은 위대한 것입니다. 천국으로 가는 길은 피로 얼룩진 길입니다. 예수 그리스도를 통하지 않고 그 누구도 천국에 간 일이 없습니다. 앞으로도 그럴 것입니다.

빌리 선데이의 삶과 설교 세계

미국 기독교 역사상 대중설교의 아버지와 같은 존재인 빌리 선데이[Billy Sunday, 1862-1935]는 1862년 미국 아이오와주 에임스에서 태어났다. 그가 태어난 지 5주 만에 아버지는 사망하고 어머니는 재혼했다. 결국 가정 형편이 어려워 10세가 되었을 때 그는 형과 함께 고아원으로 보내졌다. 그는 자신의 힘겨웠던 처지를 부끄러워하지 않았으며 자신 스스로 '가난 대학교'를 졸업한 사람이라고 말하곤 했다.

선데이는 어린 시절부터 뛰어난 운동선수로 인기를 얻었으며 1883년부터 1891년까지 프로야구 선수로 활동했다. 1886년에 회심을 체험하고 그의 삶을 그리스도를 위해 드리기로 결단했다. 결국 회심한 지 5년 만에 엄청난 야구 선수의 연봉을 버리고 복음 사역에 뛰어들었다. 1893년부터 1895년까지 윌버 채프만과 동역했으며, 1896년부터 전임전도사로 독립했다. 선데이는 급속하게 대중전도자로 유명하게 되었고 가는 곳마다 수만 명의 대중이 그가 전하는 심플하고도 열정적인 복음을 듣고 회심했다.

선데이의 회심을 말할 때 인용되는 일화가 있다. 미국 시카고의 가난한 노동자 아들로 태어난 드와이트 무디는 18세가 되었을 때 킴볼이라는 주일학교 교사가 전한 복음을 듣고 회심하게 되었다. 무디가 런던에서 가진 한 집회에서 변화를 받은 사람이 영국 기독교 역사에 가장 뛰어난 강해설교자 프레드릭 메이어다. 메이어가 전한 설교를 듣고 채프만이 변화를 받았고, 그는 메이저리그에서 뛰고 있던 한 야구 선수에게 복음을 전했다. 그가 바로 대중설교로 미국을 깨운 빌리 선데이다. 그리고 선데이가 전한 복음으로 기독교 역사상 가장 많은 사람에게 복음을 전한 위대한 전도자 빌리 그레이엄이 탄생했다.

선데이 설교의 가장 두드러진 특징은 복음을 쉽게 풀어냄으로써 누구나 기독교의 가르침을 쉽게 이해하게 하는 데 있다. 선데이 자신이 충분한 교육을 받지 못한 사람이기에 심오한 복음을 깊이 풀어내기가 어려웠지만, 복음을 이해하기 쉽게 만드는 대중설교자로서 그는 특별한 은사를 받았다. 특히 죄에 대한 강렬한 메시지로 청중의 회심을 불러일으켰다. "나는 죄와 싸우겠다. 발이 있는 한 죄를 차 버리겠고, 주먹을 가지고 있는 한 죄를 쳐 버리겠고, 머리를 가지고 있는 한 죄를 받아 버리겠고, 치아를 가지고 있는 한 죄를 물어뜯어 버리겠다. 내가 늙어 주먹도, 치아도, 힘도 사라진다면 영광의 내 집에 들어갈 때까지 잇몸으로라도 죄와 싸워 이기겠다."

선데이는 스스로 보수주의자로 자처하면서 당시에 자유주의자들을 공격하고 조롱하기도 했다. 그러나 그는 성경을 하나님의 절대적인 말씀으로 믿었으며 그의 믿음에 근거하여 사람들의 관심을 한몸에 받으면서 진리를 전파했다. 그는 설교를 통해 그리스도의 동정녀 탄생, 성경의 무오성, 예수 그리스도의 육체적 부활, 그리스도의 피로 말미암는 속죄, 그리고 예수님의 재림을 강조했다. 그가 1893년부터 1935년까지 가진 공식적인 집회만 548회였고, 그의 설교를 통해 회심을 체험하고 예수 그리스도를 만난 사람은 100만 명 가까이 되었다.

선데이 설교에 자주 나타나는 특징 가운데 하나는 도덕의 회복과 사회 개혁을 향한 부르짖음이다. 선데이 자신이 회심 전에 비도덕적 삶에 심취했기 때문에 그리스도 안에서 경건한 삶을 특별히 강조했다. 또한 춤이나 카드놀이 또는 도박이나 어린이 노동 착취 등을 고발하고 사회 개혁을 촉구하는 목소리를 설교를 통해 나타냈다. 그가 활동했던 시기에 미국에는 전국에 20만 개가 넘는 술집이 있었다. 특히 금주를 강조하면서 그가 늘 부르짖은 것이 있다. "위스키와 맥주가 그곳에 있는 것은 당연합니다. 그곳이 바로 지옥이기 때문입니다. 술집은 전혀 쓸모없는 곳입니다. 술은 행복을 약속한다고 하지만 실제로는 불행을 가져다줍니다." 그의 설교에는 교회를 향한 개혁과 도전의 목소리도 강하게 들어 있다.

선데이는 명성이 높았던 만큼 많은 비판도 따랐다. 자신은 성경을 문자대로 해석한다고 주장했지만, 그의 설교는 본문을 주의 깊게 다루는 주해적 능력이 부족한 것으로 나타났다. 때로는 성경 본문을 문맥과 전혀 다르게 해석하기도 하고 논리에 어긋나게 설교하는 경우도 있었다. 그는 전도대가 벌어들인 헌금으로 엄청난 돈을 번 부자로 비난받기도 했다. 그럼에도 불구하고 선데이의 설교가 수많은 청중의 가슴에 파고들었던 것은 우연이 아니다. 그는 일반 평민들의 삶을 잘 이해했고, 그들의 언어로 설교했으며, 비상하리만큼 청중의 마음을 움직인 전도 설교자였다.

빌리 선데이의 설교 분석

1. 회개와 복음을 강조하는 설교

성경이 가장 강조하는 설교의 핵심 가운데 오늘날 강단에서 가장 사라진 설교를 꼽으라면 아마도 예수님의 보혈로 말미암는 복음과 회개를 촉구하는 설교일 것이다. 그리스도의 십자가로 말미암는 보혈의 설교와 주님의 희생으로 말미암는 구속의 설교, 그리고 그 앞에 죄악된 인간의 회개를 부르짖는 설교는 그 중요성만큼 강단에서 인기가 있는 것은 아니다. 회개와 복음의 자리에 신앙인의 윤리와 행복한 삶을 강조하는 강연 같은 설교가 오늘날 강단을 잠식하고 있다. 회개와 복음은 예수님이 공적 사역을 시작하면서 가장 먼저 전하신 설교의 주제이기도 하며, 시대를 막론하고 가장 시급하게 전해야 할 메시지다.

빌리 선데이의 설교는 예수 그리스도의 십자가로 말미암는 보혈의 은총과 주님 앞에 죄인 된 사람들의 심령에 반드시 일어나는 회개를 강하게 촉구하는 복음전도설교의 유형을 보인다. 그의 설교는 믿지 않는 사람들에게는 복음의 진리 앞에 회개를 촉구하는 메시지로, 믿는 사람들에게는 바르게 살아가도록 만드는 경종을 울리는 설교다. 교회를 다니는 것으로 신앙인의 안전지대를 노래하지 말라는 경고다. 교리나 뛰어난 설교자들 혹은 교황도 한 사람의 영적인 상태를 책임질 수는 없다고 강조하는 그의 설교에는 오직 예수 그리스도 한 분으로 말미암는 구원의 길이 들어 있다.

오늘날 설교자들이 가장 어려워하는 설교는 전도설교라고 한다.

복음을 제시하고 회개를 촉구하는 설교가 많은 목회자에게 가장 피하고 싶은 설교다. 가장 중요한 성경의 진리가 가장 피하고 싶은 설교라는 것은 참으로 아이러니다. 선데이의 설교는 오늘날 설교자들이 가장 회복해야 할 설교의 본질을 보여 준다. 성경의 정수인 복음과 회개를 설교하는 데는 확신이 필요하다. 하나님의 말씀은 영혼을 변화시키는 힘이 있다는 것과 오늘 이 말씀을 통해 하나님이 반드시 변화시키실 영혼이 있다는 것을 신뢰하는 믿음이다.

2. 명확한 목적이 이끄는 설교

설교에는 한 가지의 분명한 목적이 있어야 한다. 목적이 없는 설교는 아무리 화려하게 보이고 유익한 정보가 많다 하더라도 듣는 사람들이 쉽게 흥미를 잃어버리게 한다. 내용이 불명확한 설교도 문제이지만 더 심각한 것은 한 가지의 명확한 목적이 나타나지 않는 설교다. 설교는 향방 없이 날리는 권투 선수의 잽이 아니라, 한 방에 상대를 쓰러뜨리는 펀치가 있어야 한다. 해돈 로빈슨이 강조하는 것처럼, 설교는 산탄이 아니라 명중탄이 되어야 한다.

빌리 선데이의 설교에는 분명한 목적이 나타난다. 지금 설교를 듣는 사람들이 복음을 듣고 믿을 뿐 아니라 마음으로 그리스도를 영접하고 구체적으로 결단을 표현하게 만드는 것이다. 그리스도의 보혈의 은총을 믿고 회개하고 결단하여 입으로 시인하게 하기 위해 그는 집요하게 청중의 가슴속으로 파고든다. 누구나 약한 부분이 있는 불완전한 죄인이기에 회개가 필요하다는 점, 교회를 다니는 것으로 또는 신앙의 행위를 하는 것으로 진정한 그리스도인이 되는 것이 아니라는 점, 하나님 앞에 회개는 나 자신이 아닌 다른 누구도 대신할 수 없다는 사실, 그리고 마음으로 영접할 뿐 아니라 구체적으로 표현하라는 촉구를 통해 선데이는 끊임없이 설교의 목적을 향해 달려간다.

선데이가 지향하는 설교의 목적은 설교의 결론에서 언급되는 마지막 한마디의 촉구가 아니다. 설교의 시작부터 청중을 향한 촉구는 강하게 나타난다. 설교의 목적을 언제부터 명확하게 밝히는 것이 좋은지에 대한 질문은 설교학적으로도 중요한 문제다. 존 브로더스처럼 적용이 설교에서 가장 중요한 부분이기에 설교 처음부터 적용으로 들어갈 것을 강조하는 학자들도 있다. 처음부터 설교의 목적이 명확한 설교는 청중에게는 긴장감을 고조시키고, 설교자에게는 한 가지의 주제에 집중하게 한다.

설교자는 설교하기 전에 스스로 물어보아야 한다. '오늘 본문에서 말하는 한 가지의 목적이 무엇인가? 이 설교가 마지막 도착해야 할 종착역이 무엇인가? 예배당 문을 나서는 교인들이 한 가지를 지니고 가야 한다면 무슨 말씀이 될 것인가?' 어떤 본문을 설교한다 해도 설교의 한 가지 공통적인 목적은 청중의 변화라야 한다. 하나님이 본문을 통해 말씀하고자 하시는 중심 주제가 선포되고 성령이 놀랍게 역사하심으로써 청중의 삶에 거룩한 변화를 일으키는 것이다.

3. 쉽게 이해할 수 있는 삶의 언어로서의 설교

좋은 설교란 심오한 진리를 누구라도 쉽게 이해할 수 있는 언어로 전하는 것이다. 빌리 선데이를 성공적인 대중 설교자로 세운 중요한 요인은 그의 설교가 누가 들어도 쉽게 이해된다는 점이다. 선데이 설교에 나타나는 몇 가지 특징이 있다.

첫째, 설교에 사용하는 언어가 매우 대중적이다. 그의 설교에는 신학적이거나 학문적인 용어가 잘 나타나지 않는다. 설교자는 가능하면 신학적인 용어 또는 지나치게 기독교적인 용어를 지양하고 일반인이 이해하는 언어를 구사하는 것이 좋다. 설교를 작성하면서 나의 언어가 기독교를 잘 모르는 사람도 이해할 수 있는지 지속적으로 질문해보는 것은 대중언어를 개발하는 데 매우 좋은 방법이다.

둘째, 선데이의 설교는 문어체보다 구어체로 사람들의 귀를 열어주어 마음을 움직이게 한다. 설교자는 하나님이 본문을 통해 청중과 대화하시듯 말씀을 들려주어야 한다. 구어체 설교문을 위해 몇 가지 필요한 자세가 있다. 설교 문장을 간결하게 구사해 보라. 문장이 길수록 개념적인 내용이 많아진다. 간결한 문장일수록 청중의 가슴에 깊이 인식된다. 또한 나의 설교가 그림처럼 머릿속에 그려지는지 확인해 보라. 설교자가 충분하게 설교를 내면화할 때 간결한 묘사가 가능하다. 구어체 설교는 설교문을 작성할 때부터 시작된다. 설교를 듣는 사람의 입장에서 설교문을 작성해 보라.

셋째, 선데이는 많은 질문을 통해 청중의 관심을 고조시킨다. 설교에서의 질문은 여러 면에서 전달에 매우 효과적이다. 청중의 관심을 얻을 수 있다는 점과 설교의 흐름을 쉽게 보여 줄 수 있다는 점, 그리고 청중과 공감을 일으킬 수 있다는 점에서 매우 유익하다. 선데이는 많은 질문과 그에 대한 답변을 던지는 방식으로 설교의 일방적인 느낌을 막고 청중과 하나 되는 느낌을 유지한다.

질문할 때 유의할 점이 있다. 청중에게 지나치게 어려운 신학적인 질문이나 개념적인 질문은 피해야 한다. 예를 들어, "예정론이라는 것이 무엇이지요?", "구원이 무엇인가요?" 등은 청중과의 교감을 오히려 막는 질문들이다. 질문은 청중과의 교감을 높이기 위해 하는 것이다. "하나님이 우리를 미리 택하셨다고 말하는데, 이것을 무엇이라 하지요?", "우리에게 구원을 주시는 유일한 이름은 누구밖에 없습니까?" 등은 누구나 쉽게 대답할 수 있는 질문들이다. 설교자의 질문에 청중은 마음으로 답을 하며 더욱 관심을 집중할 것이다.

4. 본문을 드러내는 데는 미흡한 설교

대중전도 설교자들이 가지는 공통점 가운데 하나는 설교가 본문의 내용을 충실하게 드러내기보다 한 가지 주제를 정하고 성경 전체 맥락에서 전한다는 점이다. 복음의 핵심을 드러낸다는 점에서는 매우 유익한 설교이지만, 주어진 본문을 통해 말씀하시는 하나님의 음성을 진실하게 드러내는 데는 한계가 있다. 빌리 선데이의 설교에는 때로 대중전도 설교자들이 보이는 방식처럼 특별한 본문이 나타나지 않는다. 회개에 대한 설교를 할 때면 성경 전체에서 회개와 연관된 본문을 가져오기도 하고 회심을 체험한 다양한 사람들을 소개하기도 한다.

여기서 한 가지 질문이 떠오른다. "전도설교라는 목적에도 합당하고 본문도 살려 낼 수 있는 설교가 가능한가?" 이는 설교의 기본 정의에서 출발할 수 있다. 설교란 본문을 통해 하나님이 말씀하고자 하시는 것을 설교자로서 대신 전하는 것이다. 설교자는 태양 빛을 반사하는 달과 같다. 설교자가 태양처럼 원하는 대로 빛을 비추어서는 안 된다. 마찬가지로 설교자는 본문을 수정하거나 통제할 수 없다. 본문을 드러내면서도 주제를 집중해서 설교하려면 먼저 전도와 관련된 본문을 택하는 것이 시작이다. 일차적으로 충실하게 본문을 보여 준 후에, 성경 전체에서 그 주제와 관련된 본문을 가져올 수 있다. 이것이 본문의 문자적 의미와 성경 전체의 주제가 어우러진 좋은 주제강해설교라 할 수 있다.

5. 빌리 선데이의 설교가 한국 교회 강단에 주는 메시지

한국 교회가 세계 교회 역사상 유례를 찾아보기 어려운 급속한 성장을 한 배경에는 순수한 복음 선포가 있다. 한국 교회 초기 선교사들은 다양한 배경의 사람들이었지만, 한 가지는 확실했다. 예수 그리스도의 십자가와 부활, 그리고 복음 앞에 회심을 강조하는 설교였다. 회심이란 모든 그리스도인이 자신의 삶을 주님을 위해 드리기 전에 반드시 거쳐야 할 단계다. 물론 이때의 회심이란 단순한 죄인으로서의 인식 정도를 가리키는 것이 아니다. 주님의 십자가의 고통이 바로 나의 죄악 때문이라는 것을 고통스럽게 깨닫고 내 속에 스며 있는 죄악의 뿌리와 죽기까지 싸움하는 진통을 가리키는 것이다. 나의 근본이 뒤바뀌는 회개, 선데이는 이를 '진정한 회개'(real conversion)로 표현한다.

오늘날 한국 교회 강단은 영혼을 바꾸는 회개를 통한 진정한 신앙인의 탄생보다 일단 교회를 다니기 시작하면서 그리스도인이 되는 기초를 배우는 과정이 강조된다. 진정한 신자가 된다는 것은 먼저 예수님이 십자가에서 흘리신 피의 의미를 진실로 깨닫고 그 앞에 고통하며 해방을 경험할 때 일어나는 역사다. 구원의 체험 이후에 모든 신앙의 여정은 주님을 닮아 가는 성화의 과정에 속한다. 진정한 회심 없이 진정한 성숙이란 불가능하다. 그리스도의 십자가 보혈 앞에 자신을 깨닫기 전에 그리스도를 따라가는 제자의 삶은 불가능하다.

한국 교회는 1907년 평양 대부흥 운동이라는 놀라운 영적 유산을 가지고 있다. 평양 대부흥 운동은 길선주 목사의 회개로부터 시작된 영적 각성 운동이다. 다시 한 번 진정한 회개의 복음이 한국 교회 강단에 거센 파도처럼 흘러 영혼 탄생의 거룩한 바람이 불기를 기대한다.

10장

빌리 그레이엄,
인류 역사의 최고 복음 전도자

빌리 그레이엄의 설교

설교 제목: **세상에서 가장 어두운 시간**(The World's Darkest Hour)

본문: **마태복음 26:36-39**

마태복음 26장 36-39절은 이렇게 말합니다. "이에 예수께서 제자들과 함께 겟세마네라 하는 곳에 이르러 제자들에게 이르시되 내가 저기 가서 기도할 동안에 너희는 여기 앉아 있으라 하시고 베드로와 세베대의 두 아들을 데리고 가실새 고민하고 슬퍼하사 이에 말씀하시되 내 마음이 매우 고민하여 죽게 되었으니 너희는 여기 머물러 나와 함께 깨어 있으라 하시고 조금 나아가사 얼굴을 땅에 대시고 엎드려 기도하여 이르시되 내 아버지여 만일 할 만하시거든 이 잔을 내게서 지

나가게 하옵소서 그러나 나의 원대로 마시옵고 아버지의 원대로 하옵
소서 하시고."

오늘 밤 여러분이 예수님의 모습을 자세히 보기 바랍니다. 인류 역
사상 가장 캄캄한 어둠의 시간이라 할 수 있는 예수님의 마지막 24시간
이 나타나 있기 때문입니다. 그리스도의 생애에서 마지막 시간에 일어
난 사건을 살펴보면서 오늘 밤 우리가 살아가는 삶 속에 어떻게 구체적
으로 적용할 수 있을지 알아봅시다.

많은 사람이 저에게 편지를 쓰거나 물어봅니다. "복음이란 이해
하기 어렵습니다. 예수님을 받아들인다거나 거듭나야 한다는 말을 이
해할 수 없습니다." 제 생각에 이렇게 말하는 사람이 더 많습니다. 그
리스도가 우리를 구원하기 위해 왜 십자가에 죽으셔야만 했는지 이해
할 수 없다는 것이지요. 겟세마네의 칠흑 같은 어둠의 시간을 이해할
수 없다는 말입니다. 왜 그리스도가 스스로 죽음의 길을 택하셔야 했
는지, 왜 주님이 부끄러운 십자가를 스스로 지셔야만 했는지 알 수 없
다는 것입니다. 그리스도가 흘리신 피에 대한 성경의 어떤 말씀도 이
해하기 어렵다는 것입니다.

성경 여러 곳에서 "그리스도의 피"(히 9:14), "예수의 피가 우리를 모
든 죄에서 깨끗하게 하실 것이요"(요일 1:7)라는 구절들을 발견할 것입니
다. 사람들은 이런 말에 반감을 느낍니다. 사람들은 이런 구절들을 좋
아하지 않습니다. 도대체 왜 이런 구절이 성경에 있는지 이해하지 못
하지요. 예수님의 십자가와 부활을 왜 그렇게도 높이 강조하는지 의
아해합니다. 오늘 밤 저는 우리가 예수님의 생애에서 마지막 24시간은
역사상 가장 어두운 순간이라는 것을 깨닫기를 원합니다. 그럼에도 그

것은 새벽이 오기 전의 어둠에 불과했습니다.

승리를 맛보기 전에, 왕관을 쓰기 전에, 하나님의 나라가 오기 전에, 그리고 최후 승전가를 울리기 전에 반드시 고난을 통과해야 합니다. 그리스도의 승리에 동참하기 전에, 바로 지금 여기에서, 새로운 생명을 누리기 전에, 하늘나라에 들어가기 전에, 그리고 언젠가 우리가 그리스도와 함께 왕 노릇 할 것이라는 약속을 주장하기 전에 우리도 동일한 십자가 앞으로 나아와야 합니다. 여러분도 단순한 신앙으로 나와 그리스도의 발 앞에 엎드리어 기꺼이 십자가를 지시는 구세주를 받아들여야만 합니다.

예수님이 돌아가시기 전날 밤이 어떠했습니까? 예수님은 제자들과 함께 다락방에서 최후의 만찬을 하시고 감람산으로 올라가 겟세마네라는 동산에 앉으셨습니다. 동산 밖에 여덟 명의 제자들을 남겨 두시고 베드로, 야고보, 그리고 요한을 데리고 가셨지요. 주님은 제자들에게 깨어 기도하라고 말씀하셨습니다. 주님은 조금 떨어져 몸을 땅에 엎드리고 고통스런 기도를 올리기 시작하셨습니다. 기도가 끝나기도 전에 성경은 이렇게 말합니다. "땀이 땅에 떨어지는 핏방울같이 되더라"(눅 22:44). 예수님은 자신의 몸에서 땀이 피가 되어 떨어지도록 고통하며 기도하셨습니다.

그날 밤 예수님은 신비하고도 이상한 기도를 하셨습니다. "아버지여 만일 아버지의 뜻이거든 이 잔을 내게서 옮기시옵소서 그러나 내 원대로 마시옵고 아버지의 원대로 되기를 원하나이다"(눅 22:42). "이 잔을 내게서 옮기시옵소서"라는 기도는 무슨 의미일까요?

그날 밤 고통의 잔이 예수님께 주어졌습니다. 주님은 멈칫하셨지요. 왜 그렇습니까? 오늘 밤 여러분이 이것을 깨닫기 바랍니다. 예수님은 죽어야 한다는 사실을 아셨습니다. 제자들에게 십자가를 져야만 한다고 말씀하셨지요. 주님은 구약에서 메시아가 반드시 고난을 당해야 할 것을 읽어 주기도 하셨습니다. 십자가의 그림자는 항상 주님을 따라다녔습니다. 주님은 우리를 구원하기 위해, 우리의 죄를 갚기 위해 십자가를 져야만 한다는 것을 아셨습니다. 이제 최후의 시간이 다가왔습니다. 그러나 그 고난의 잔은 너무나 쓴 잔이었습니다.

오늘 밤 그 고난의 잔이 무엇인지 깨닫기를 바랍니다.

첫 번째, 그 잔은 육체의 고통을 의미했습니다. 예수님 전에도 인간은 비참하게 죽기도 했습니다. 끓는 물에 던져지기도 했고 화형에 처해 죽기도 했습니다. 육체의 고통을 당하면서 죽은 사람들도 많았습니다. 그러나 십자가는 다른 죽음보다 훨씬 더 끔찍한 죽음이었습니다. 바로 당신과 저를 위해 주님이 매질을 당하신 것입니다.

여러분 가운데는 이렇게 말하는 사람도 있겠지요. "그러나 목사님, 저는 예수님의 손에 못을 박은 일이 없는데요. 예수님을 매질한 적도 없고요." 여러분, 그렇지 않다고요? 오늘 여러분은 그렇게 했습니다. 오늘 여러분이 행한 죄는 예수님을 못 박는 데 도움을 준 것이지요. 바로 여러분과 제가 예수님을 못 박은 것입니다. 예수님의 죽으심은 우리를 위한 것이었지요.

주님은 돌아가시기 전날 밤 무릎을 꿇고 기도하셨습니다. "오, 하나님. 빌리 그레이엄을 구하고, 짐 존스를 구원하고, 인류를 구하는 데 제가 이 고난을 받지 않고 구원할 다른 길이 있다면 그 방법을 찾아 주십시오." 다른 길은 없었습니다.

세상을 움직인 설교자와 설교

두 번째, 그 잔은 또 다른 고통을 보여 줍니다. 예수님은 홀로 십자가를 지셔야 했습니다. 이는 외로움이라는 고통이었습니다. 주님과 함께 갈 수 있었던 사람은 아무도 없었습니다. 주님은 하나님의 아들이십니다. 우리의 죄를 감당할 수 있는 분은 오직 한 분뿐이셨습니다. 주님은 유월절의 어린양이셨고, 그 양은 아무런 흠도 없어야만 했습니다(출 12:5).

여러분, 알고 있습니까? 우리는 하나님을 대항하여 범죄한 사람들입니다. 하나님을 대적하였고 죽어 마땅히 심판받아 지옥에 가야할 사람들입니다. 그럼에도 예수님은 말씀하십니다. "내가 심판을 당하리라. 내가 지옥에 갈 것이며 내가 고난을 당하리라." 그리고 주님은 십자가에 홀로 가셨습니다. 오직 주님만이 하나님을 기쁘시게 할 수 있는 유일한 희생 제물이셨기에, 오직 그분만이 하나님과 사람을 화해시킬 수 있는 유일한 분이셨기에 이 모든 고통을 홀로 감당하신 것입니다.

이렇게 말하는 사람이 있습니다. "저는 지옥에 가는 것이 두렵지 않습니다. 거기에도 사람이 많을 테니까요." 잘 들으십시오, 여러분. 성경은 지옥이 외로운 장소라고 말합니다. 거기서 만날 사람은 한 사람도 없습니다. 악마도 볼 수 없어요. 지옥이란 하나님과 분리된 곳입니다. 그곳은 캄캄한 밤의 장소이며 외로운 곳입니다. 여러분 곁에는 아무도 없습니다. 남편도, 아내도 없는 곳입니다. 친구라고는 한 사람도 없지요. 오직 여러분 한 사람일 뿐이며 죄로 말미암은 외로움만 자리한 곳입니다. 여러분의 인격을 파탄시키고, 삶을 망가뜨리고, 여러분의 영혼을 망치게 합니다.

오늘 밤 여러분의 죄에서 돌아서 그리스도께로 나오십시오. 주님이 여러분을 자유케 하시게 하십시오. 그리스도가 여러분 안에 오시게 하십시오. 그러면 하늘은 여러분이 사랑하는 이들과 함께 보낼 수 있는 장소가 되는 것입니다. 하늘나라에는 외로움이란 것이 없습니다. 성경은 말하기를, 천국에는 밤도 없다고 합니다(계 22:5). 예수 그리스도를 우리의 구세주로 아는 사람들이 가지는 희망이란 얼마나 위대한 것인지요!

이 고통의 잔이 주는 세 번째 의미는 정신적 고뇌입니다. 예수님은 선지자 이사야의 글을 인용하십니다. 주님은 자신이 고난받아야 한다는 사실을 아셨습니다. 다음 날 다가올 고난을 아셨지요. 무슨 일이 일어날지 아셨고, 다음 날의 고난을 생각하면서 엄청난 고뇌에 휩싸이셨습니다.

오늘날 미국에는 정신적 고통을 받는 사람이 수없이 많습니다. 심리적인 문제를 안고 있는 사람도 헤아릴 수 없습니다. 정신병원에 입원한 사람도 수천입니다. 만일 여러분이 예수님을 받아들이기만 한다면 예수님은 여러분의 마음을 만지실 수 있는 분입니다. 정신적인 문제의 근본은 하나님과의 영적인 분리와 우상 숭배입니다. 하나님 이외에 다른 신을 두기 때문입니다. 이것이 정신적인 조화를 파괴하는 것입니다.

여러분에게 말씀드립니다. 예수 그리스도가 해답입니다. 예수님께로 오십시오. 십자가 앞에 나와 주님이 여러분의 마음과 영혼을 만지시도록 하십시오. 그러면 우리는 이웃을 사랑하게 될 것입니다. 사랑에는 한계가 없으며 우리는 이웃을 나의 몸처럼 사랑하게 될 것입니다(마 19:19).

예수님이 마셔야 할 고난의 잔이 주는 네 번째 의미는 영적인 고통입니다. 육체적인 고통이나 수치감에서 오는 외로움 혹은 정신적 고뇌는 예수 그리스도가 십자가에서 겪으셔야 할 영적인 고통에 비하면 아무것도 아닙니다. 그날 밤 예수님은 하나님에 관하여 생각하셨습니다. 그분의 고난은 한 단어에 집중되었습니다. '죄'라는 단어지요. 다음 날 예수님은 여러분의 죄와 저의 죄 때문에 죄인이 되시기 때문입니다. 예수님과 하나님 사이에 구름이 지나갈 것이며, 처음으로 주님의 순결하고 의로운 영혼은 죄악으로 가득하게 될 것입니다. 여러분의 죄가 주님 위에 드리워질 것입니다. 성경은 말합니다. "여호와께서는 우리 모두의 죄악을 그에게 담당시키셨도다"(사 53:6). 죄라는 것을 전혀 모르는 분이셨지만 죄인 되신 우리 예수님.

주님의 영혼은 떨렸습니다. 그분의 영혼은 틀림없이 흔들렸습니다. 예수님은 이 고통을 어떻게 보셨습니까? "오, 하나님. 아버지의 뜻이거든 이 잔을 내게서 옮기시옵소서. 오, 하나님. 이 잔을 마시고 싶지 않습니다. 인류를 구원할 다른 길이 있다면, 세상을 구원할 다른 길이 있다면 그 방법을 택해 주십시오."

그러나 성경은 구원은 그 어떤 것으로도 얻을 수 없다고 말합니다. 성경이 무엇이라 말합니까? "너희는 그 은혜에 의하여 믿음으로 말미암아 구원을 받았으니 이것은 너희에게서 난 것이 아니요 하나님의 선물이라 행위에서 난 것이 아니니 이는 누구든지 자랑하지 못하게 함이라"(엡 2:8-9).

뼈가 부서지도록 선한 일을 위해 달려간다 해도 그것이 여러분의

193

영혼을 구원하지 못합니다. 구원이란 무엇을 하는 것으로 얻는 것이 아닙니다. 누군가가 구원을 돈을 주고 살 수 있다고 생각해 보십시오. 여러분이 세상에서 가장 부유한 사람이며 모든 재산을 자선 사업을 위해 바쳤다고 생각해 보십시오. 그것이 여러분을 하늘나라로 데려갈 것 같습니까? 십자가로 나오지 않는 한 불가능합니다.

여러분이 구원을 살 수 있다면, 노력으로 구원을 얻을 수 있다면, 어떤 방법이라도 고안해 낼 수 있다면 예수님은 결코 십자가로 가실 필요가 없었습니다. 그날 밤 하나님이 이렇게 말씀하셨을 것입니다. "예수, 십자가에 달리지 않아도 돼." 그러나 하나님은 당신의 아들에게 이렇게 말씀하시지 않았습니다. 다른 길은 없었습니다.

제가 오늘 밤 여러분에게 다른 길을 말씀드리라면 오히려 쉽겠습니다. 저는 수십 년 동안 성경을 연구한 후 예수 그리스도 이외에 천하 사람 중에 구원을 받을 만한 다른 이름이 없다는 것을 확신하게 되었습니다(행 4:12). 십자가 앞에 나오는 것 이외에 다른 방법이 없습니다.

오늘 밤 십자가를 보면서 세 가지를 발견해야 합니다.

첫째, 죄의 끔찍한 모습입니다. 저는 죄인이라는 것을 압니다. 나를 대신하여 십자가에서 돌아가신 주님을 바라보며 내가 행한 모든 것을 돌아보면 주님을 그곳에 못 박은 것이 바로 나의 죄라는 것을 발견합니다. 저는 하나님께 부르짖을 수밖에 없습니다. "오, 하나님. 저는 죄인입니다."

둘째, 하나님의 놀라운 사랑입니다. "우리가 아직 죄인 되었을 때에 그리스도께서 우리를 위하여 죽으심으로 하나님께서 우리에 대한 자기의 사랑을 확증하셨느니라"(롬 5:8). 여러분은 하나님을 대항하였습니다. 하나님께 범죄하였습니다. 하지 말아야 할 일을 한 것입니다. 예수님을 십자가에 못 박는 것을 도와주었습니다. 그럼에도 불구하고 하나님은 여러분을 사랑하십니다. 십자가 위에는 거대한 글이 환하게 빛납니다. "하나님이 세상을 이처럼 사랑하사 독생자를 주셨으니 이는 그를 믿는 자마다 멸망하지 않고 영생을 얻게 하려 하심이라"(요 3:16). 하나님은 사랑이십니다. 여러분이 만일 하나님의 사랑에 대해 조금이라도 의심이 든다면 십자가를 바라보십시오. 주님이 우리를 위해 돌아가신 십자가를 보십시오.

셋째, 십자가에서 일어난 완전한 속죄입니다. 그리스도는 돌아가시기 전 말씀하셨습니다. "다 이루었다"(요 19:30). 무슨 다른 말이 더 필요합니까. 여러분이 하늘나라로 가기 원한다면 십자가로 가야만 합니다. 나의 모든 죄를 용서받기 원한다면 십자가로 가야 합니다.

오늘 밤 여러분에게 묻습니다. 십자가로 나온 적이 있습니까? 하나님과 십자가에서 만난 적이 있습니까? 여러분은 교회에 소속되어 있을 수도 있습니다. 도덕적인 삶을 살고 있을지도 모릅니다. 괜찮은 사람일 수도 있고요. 여러분이 누구인지, 어떤 사람인지 저는 모릅니다. 여러분이 어느 나라 사람이며, 어디에서 왔으며, 어떤 삶을 사는지 그것이 문제가 아닙니다. 부자든 가난하든, 배웠든 혹은 배우지 못했든 간에 여러분은 십자가로 나와야 합니다. 예수님은 그 길에 들어서는 문이 좁은 문이라 하셨습니다. 그 문은 바로 십자가입니다.

여러분 가운데 이 십자가를 확신하지 못하는 분이 있다면 죄를 버리고 오늘 밤 예수님을 영접하십시오. 하나님의 사랑을 거절할 수는 없습니다. 많은 사람이 물어봅니다. 하나님이 용서하지 못하시는 죄가 있냐고 말입니다. 하나님이 용서하지 못하시는 죄는 이것밖에 없습니다. 누구라도 하나님의 아들 예수 그리스도를 거절할 수 있습니다. 그러나 이것만은 용서받지 못할 죄입니다. 다른 길은 없습니다. 용서받을 다른 길, 구원받을 다른 길은 없습니다. 오직 그리스도의 십자가밖에 없습니다.

오늘 밤 십자가로 나오기를 바랍니다. 믿음으로 이렇게 말하면서 나오기 바랍니다. "오, 하나님. 저는 죄인입니다. 저의 죄를 회개합니다. 당신의 아들 예수 그리스도를 믿음으로 영접하고자 나옵니다." 여러분, 하나님의 음성을 무시하지 마십시오. 다른 날로 미루지 마십시오. 오늘 밤과 같은 기회는 두 번 다시 오지 못할 수도 있습니다. 하나님은 말씀하십니다. "내가 너를 만나기 원한다. 너를 도와주기 원한다. 내가 너를 만나 도와줄 수 있는 곳은 오직 십자가밖에 없다."

제가 이렇게 말하는 것이 바보처럼 들릴지 모릅니다. 여러분의 자리에서 일어나 앞으로 나오십시오. 어떻게 해야 할지 저에게 묻지 마십시오. 그러나 제가 확실히 아는 것은 이것입니다. 누구라도 그리스도 앞에 나오면 그는 달라질 수 있습니다. 십자가 앞에 나오면 그의 삶은 달라집니다. 지금 바로 주님 앞에 나오십시오.

빌리 그레이엄의 삶과 설교 세계

필자는 1994년 열린 선교한국 집회에서 당시 OMF(Overseas Missionary Fellowship) 총재였던 데이비드 피카드의 통역관으로 섬기게 되었다. 세계 선교의 일선에서 가장 영향력을 크게 미쳤던 선교단체의 수장인 그는 젊은 시절 빌리 그레이엄(Billy Graham, 1918-2018) 전도집회에서 복음을 듣고 회심하여 자신의 삶을 헌신하게 되었다고 고백했다. 피카드 총재뿐 아니라 수많은 기독교 지도자와 셀 수 없이 많은 사람이 그레이엄이 전한 말씀을 통해 하나님을 만났고 그리스도의 제자가 되었다.

언제나 복음의 긴급성을 외치며 청중에게 주님을 향한 결단을 촉구했던 이 시대 최고의 복음 전도자인 그레이엄. 영국 방송 BBC는 그레이엄의 설교 가운데 가장 기억에 남을 만한 어록을 다음과 같이 소개했다. "저는 참으로 긴급한 심정으로 가장 쉽게 복음을 전하기 위해 이 자리에 섰습니다. 우리가 하나님께로 돌이키지 않는다면 세상은 재난을 향해 치닫고 있기 때문입니다." 자신의 고백처럼 세계 어느 곳에서든 누구나 알아들을 수 있는 언어로 잃어버린 영혼을 향한 주님의 절박한 심정으로 구원의 복음을 쏟아 낸 사람, 그가 바로 빌리 그레이엄이다.

그레이엄은 1918년 미국 노스캐롤라이나주 샬럿에서 농부의 아들로 태어나 21세에 목사가 된 후 70년간 전 세계 2억 1,500만 명에게 복음을 전했다. 1952년 아직 전쟁의 포화가 그치지 않은 한국에서 복음을 전했고, 1973년 한국 전도집회는 마지막 날 110만 명이 참석하여 빌리 그레이엄 전도집회 중 최다수가 모인 집회가 되었다. 1992년과 1994년에는 김일성 전 주석의 초청으로 북한을 방문하기도 했다.

그레이엄이 인도하는 "결단의 시간"(Hour of Decision)은 천 개가 넘는 방송국을 통해 방송되었으며 수천 명이 이 방송을 경청했다. 〈타임〉지 올해의 인물에 뽑히기도 했으며, 여론 조사에서 전 세계 가장 위대한 10인 가운데 한 사람으로 선정되기도 했다. 그가 이끄는 전도단은 여섯 대륙을 다니며 거의 모든 국가에서 복음 전도 집회를 가졌고, 셀 수 없이 많은 사람이 그로 말미암아 예수님을 구주로 영접했다.

그레이엄은 기도의 사람으로 알려져 있으며 성경에 대한 철저한 확신을 지닌 것으로 유명하다. 끝없는 찬사에도 불구하고 그는 모든 것이 하나님의 은혜로 된 것이라며 언제나 겸손함을 잃지 않는 전도자였다. 그의 설교는 초기보다 후기로 가면서 점점 더 사회 문제에 대해 구체적으로 언급하며 성경에 근거한 개혁을 촉구하기도 했다.

그레이엄의 설교를 연구하는 사람들은 공통적으로 '단순함'을 먼저 꼽는다. 그는 누구나 알아듣기 쉬운 언어로 청중의 관심을 사로잡는 설교자다. 자신이 설교하는 것처럼 살고자 힘쓰는 설교자로 존경과 인정을 받기도 했다. 초기의 설교에서는 하나님의 진노 혹은 지옥을 강조했으나, 점차 하나님의 사랑에 관하여 강조했다. 강단에 섰을 때 확신에 찬 모습과 선명한 복음으로 영혼을 울렸던 그레이엄은 2018년 2월 21일 맡겨진 사명을 충성되게 감당하다가 하나님의 품에 안겼다.

그레이엄은 미국의 수많은 대통령의 멘토로 섬겼지만 자신은 언제나 오직 예수 그리스도만이 나의 주인이시라고 고백하며 일생 하나님의 영광을 위해 걸어왔다. 언젠가 하나님의 품 안에 안길 날을 바라보면서 그가 남긴 말은 우리에게 예수 안에서의 소망이 무엇인지를 보여 준다. "언젠가 빌리 그레이엄이 죽었다는 소식을 듣게 될 것입니다. 그 말을 조금도 믿지 마세요. 지금보다 더 잘 살아 있을 것입니다. 내 주소지가 변경됐을 뿐입니다. 하나님의 임재 속으로 들어갔을 뿐입니다."

그레이엄의 시신을 담은 관은 루이지애나 주립 교도소의 수감자들이 만든 것이었으며, 대통령을 포함한 수많은 사람의 추모 속에 고향 노스캐롤라이나주 샬럿에 안장되었다. 언젠가 노스캐롤라이나에 있는 빌리 그레이엄 센터에 방문했을 때 그의 무덤에 쓰인 비문을 보면서 나의 한 번의 인생도 그처럼 불태우기를 간절히 기도한 적이 있다. "Billy Graham, Preacher of the Gospel of the Lord Jesus Christ"(빌리 그레이엄, 주 예수 그리스도의 복음 설교자).

빌리 그레이엄의 설교 분석

1. 오직 예수 그리스도를 선포하는 설교

빌리 그레이엄의 설교 중심에는 언제나 예수 그리스도가 자리한다. 어떤 본문을 택하더라도 그의 메시지 중심에는 인류와 나를 구원하기 위해 십자가에 피 흘려 돌아가신 예수 그리스도가 있다. "세상에서 가장 어두운 시간"은 마태복음 26장 36-39절을 본문으로 한 그레이엄의 설교로, 본문은 예수 그리스도가 겟세마네 동산에서 땀이 피가 되도록 기도하신 사건이다. 그레이엄은 본문에서 예수님이 받으시는 고난에 대해 집중적으로 다루면서 인류의 죄를 위한 주님의 대속의 죽음과 나를 향한 그리스도의 십자가 보혈을 강조한다.

　사람들은 흔히 그레이엄의 설교를 두고, 어떤 설교를 해도 요한복음 3장 16절을 중심으로 설교한다고 말한다. 그만큼 어떤 본문을 택하더라도 예수 그리스도를 설교한다는 의미다. 그의 설교에는 그리스도를 중심으로 대속의 은혜라든가 보혈의 의미, 그리고 천국과 지옥이라는 기독교의 가장 중요한 메시지가 등장한다. 인류는 죄악에 빠져 있으며, 그 죄로 말미암아 고통과 죽음이 오고, 이 문제를 해결할 수 있는 유일한 이름은 예수 그리스도라는 메시지가 그의 모든 설교에서 발견된다. 그의 메시지의 강렬함은 자신의 생각을 펼쳐 나가는 데 있는 것이 아니라 "성경은 말하기를"이라는 말로 시작하는 성경의 권위에 대한 강조에 있다.

　그레이엄의 그리스도 중심의 설교와 복음의 핵심을 강조하는 설교는 오늘날 강단에 던지는 의미가 크다. 현대 강단에서 예수 그리스도의 보혈을 강조하는 설교는 점점 약화되고, 신자의 도덕적인 삶이나 행복한 삶을 위한 강연 같은 설교가 강단을 지배한다. 청중의 심기를 불편하게 만드는 심판과 지옥에 관한 설교는 기피해야 할 주제로 여겨진다. "성경은 말하기를"이라는 말로 시작하는 설교는 왠지 시대적 감각에 뒤떨어진 느낌을 준다.

　이런 시대에 그레이엄의 설교는 복음의 진수가 무엇이며, 기독교 설교자는 무엇을 기초로 설교해야 하는지를 잘 보여 준다. 기독교 설교의 핵심에는 두 가지가 있어야 한다. 첫째는 죄로 말미암아 하나님의 진노 아래 있는 인류를 구원하신 예수의 구속의 메시지이고, 둘째는 구원받은 인류를 온전한 자로 새롭게 하시는 그리스도의 성화의 메시지다. 구원과 성화를 향한 그리스도 중심의 메시지, 이것이 다른 종교와 확실한 차별을 보여 주는 기독교 메시지의 핵심이다.

2. 분명한 진행으로 쉽게 들리는 설교

대가의 강의와 설교에는 한 가지 공통점이 있다. 깊이가 있으나 쉽다는 점이다. 빌리 그레이엄의 설교는 누가 들어도 쉽게 이해할 수 있다. 단어와 문장이 쉽고 내용 전개가 단순하다. 복잡한 개념을 해설하는 주석이 아니라 이야기처럼 들리게 함으로써 청중이 귀 기울이게 한다.

쉬운 문장을 구사하는 것은 설교자가 특히 염두에 두어야 할 사항이다. 신학적인 용어나 전문 용어는 사용하지 않는 것이 유익하다. '구속사'라든지 '종말론'이란 말은 대부분의 청중에게 익숙한 단어가 아니다. 예를 들어, "본문은 우리에게 구속사적 관점에서 종말을 향해 나아가는 하나님의 구속경륜을 계시하는 말씀입니다"라는 식의 설교는 교인들을 잠재운다. 설교자는 가장 쉽고도 명확하게 내용을 전달할 단어를 찾기 위해 땀 흘려야 한다.

그레이엄의 설교 전개에는 하나의 분명한 형식이 나타난다. 주제를 먼저 설명하고, 그에 대한 성경적인 해설, 그리고 어김없이 삶에 대한 적용이 따라온다. 본문에서 그레이엄은 예수님이 마셔야 할 잔의 의미를 네 가지로 나누어 설명한다. 먼저 예수님의 네 가지 고난을 설명하고 오늘날 청중이 처한 동일한 현상을 설교한다.

그레이엄의 설교를 단순하고 쉽게 만드는 비결 가운데 단문 사용도 빼놓을 수 없다. 그는 단문을 사용함으로써 설교의 흐름에 긴장감과 강렬함을 부여한다. 설교에서 중문이나 장문은 가능하면 피하는 것이 좋다. 문장이 길수록 긴장감이 약화된다. 설교자의 사명은 가장 깊은 진리를 가장 쉽게 설명하는 것이다. 마르틴 루터는 자신의 하녀에게 먼저 설교한 후 이해되는 것만 설교했다고 한다. 설교란 본문을 풀어서 설명하는 것이다. 설교의 어떤 부분이 또다시 설명되도록 해서는 안 된다.

3. 강렬한 촉구로 청중의 결단을 끌어내는 설교

빌리 그레이엄의 설교에는 본문에 대한 설명 이후에 반드시 삶에 대한 적용이 따라 나온다. 적용의 범위는 국가적 문제, 사회적 문제, 그리고 개인이 처한 문제 등 다양한 실제적인 삶을 다룬다. 그는 설교의 서두에서 "그리스도의 생애에서 마지막 시간에 일어난 사건을 살펴보면서 오늘 밤 우리가 살아가는 삶 속에 어떻게 구체적으로 적용할 수 있을지 알아봅시다"라고 설교의 목적을 밝힌다. 본문을 설명한 후 따라 나오는 적용은 그의 모든 설교에 공통적으로 나타나는 기본 흐름이다.

설교자에게 적용이란 설교의 목적에 해당하는 것으로서 설교에서 가장 중요한 요소라 할 수 있다. 많은 강해설교자는 적용이 없는 설교를 진정한 의미에서 설교라고 말하지 않는다. 설교란 본문의 뜻을 풀이하는 주석이 아니다. 주해는 설교에서 반드시 필요한 기본 단계이지만, 설교와 주해는 전혀 다르다. 설교란 진리의 말씀을 통해 오늘날 하나님이 우리에게 들려주시는 말씀이다. 성경이 기록된 목적이 인류의 구원과 구원받은 백성의 거룩한 삶이듯이, 설교의 목적도 마찬가지다. 어떤 설교라도 예수 그리스도의 구원의 복음과 구원받은 신자의 거룩한 삶과 연결되어 있어야 한다.

그레이엄은 모든 설교를 통해 하나님의 부르심에 구원받는 백성들을 초청한다. "오늘 밤 여러분에게 묻습니다. 십자가로 나온 적이 있습니까? 하나님과 십자가에서 만난 적이 있습니까?" "여러분은 십자가로 나와야 합니다." "여러분 가운데 이 십자가를 확신하지 못하는 분이 있다면 죄를 버리고 오늘 밤 예수님을 영접하십시오." "오늘 밤 십자가로 나오기를 바랍니다." "여러분, 하나님의 음성을 무시하지 마십시오. 다른 날로 미루지 마십시오. 오늘 밤과 같은 기회는 두 번 다시 오지 못할 수도 있습니다."

집요하게 청중의 반응을 촉구하는 그는 마침내 마지막 결단을 촉구한다. "여러분의 자리에서 일어나 앞으로 나오십시오." "지금 바로 주님 앞에 나오십시오." 결단을 촉구하는 그의 외침에 수천 명이 자리에서 일어나 하나님의 부르심에 응답한다. 무엇이든 요구받기를 거부하는 시대에 어디에서 이런 담대한 촉구가 나오는가? 복음에 대한 확신이 있기 때문이다. 성령이 찾으시는 사람이 있다는 것을 믿기 때문이다. 결단을 촉구하는 사람은 그레이엄이지만, 결단을 하게 하는 존재는 성령 하나님이시라는 확신이 있기 때문이다.

결단을 재촉하고 구원으로 초청하는 설교는 최근의 설교학 흐름에서는 다소 부정적 혹은 미온적으로 여겨지는 부분이다. 결단을 촉구하고 구원으로 초청하는 설교가 인위적인 것이라고 비판하기도 한다. 최근의 설교학자들은 설교자의 사명은 본문을 소개할 뿐 적용이나 결단하는 것은 청중의 몫으로 남겨 두라고 강조하기도 한다.

성경을 그대로 믿는 설교자라면 강단에 설 때마다 이번 설교가 마지막일 수 있다는 비장한 마음을 품어야 한다. 하나님이 영혼을 변화시키시는 통로가 살아 있는 말씀이라는 확신을 가져야 한다. 잃어버린 영혼을 향한 안타까운 목자의 심정을 가져야 한다. 성령은 말씀과 더불어 역사하신다는 사실도 믿어야 한다. 2천 년 전 베드로의 설교에 3천 명이 거룩한 변화를 경험했다면, 오늘날 똑같은 진리의 말씀을 통해 얼마든지 같은 성령의 역사가 일어날 수 있다는 확신을 가져야 한다.

4. 대중 전도를 위한 주제설교

빌리 그레이엄의 설교에서 한 가지 아쉬운 점을 꼽는다면 본문에 대한 설명 부분이다. 그의 설교는 저자의 의도를 따라 충분한 주해를 기초로 하기보다 전도집회의 목적에 맞추어 본문을 설교한다. 예를 들어, 어떤 본문이 주어져도 하나님 앞에 범죄한 인류의 모습과 인류의 죄악 문제를 해결하신 예수 그리스도의 은혜, 그리고 우리를 구원하시는 하나님의 사랑에 관하여 설교한다. 본문에 밀착하기보다 설교의 목적을 위해 본문을 사용하기 때문에 때로는 본문의 의도에서 벗어난다. 본문을 충실하게 다루지 않는 설교는 그가 받는 가장 큰 비판이기도 하다.

그레이엄의 설교에서 몇 가지 고려할 설교학적 질문이 있다. 첫째, 설교자가 반드시 본문의 내용을 고집해야만 하는가? 둘째, 설교가 성경 전체의 내용을 대변한다면 기독교적인 설교가 되지 않을까? 셋째, 잘못된 본문 해석을 통해서도 하나님의 은혜는 임하고 청중은 변화될 수 있는가?

첫째 질문은 '설교란 무엇인가?'라는 정의에 해당한다. 설교란 하나님이 주어진 본문을 통해 오늘날 우리에게 들려주시는 말씀이다. 설교자는 예수님이 지금 이 땅에 오신다면 주어진 본문으로 전하실 그 말씀을 대신 전하는 사람이다. 본문에서 하나님이 드러내고자 하시는 것을 정확하게 파악하고 담대하게 전해야 한다. 이런 점에서 그레이엄의 설교는 전도설교라는 독특한 상황 속에서 이해해야 한다. 교회를 섬기는 일반 목회자들은 본문에 충실한 설교가 바람직하다.

둘째 질문은 주제설교와 관련된 질문이다. 일반적으로 주제설교는 본문에서 하나의 주제를 택한 후 성경 전체에서 그 주제와 연관된 본문을 가져와서 설교하는 것을 말한다. 이와 비교해서 강해설교는 본문에서 그 주제와 대지, 그리고 소지를 모두 가져오는 설교다.

그레이엄의 설교는 일반적으로 강해설교라고 부르지는 않는다. 전도를 목적으로 본문을 해설해 가는 주제설교 형식이라 볼 수 있다. 주제설교는 한 주제를 성경 전체에서 풍성하게 드러내고 한 가지 주제를 명확하게 드러낸다는 점에서 잘못된 설교라고 할 수는 없다. 성경 전체를 배경으로 중요한 교리를 설교할 때는 일반 강해설교보다 유용하다.

셋째 질문처럼 잘못된 해석을 통해서도 하나님의 은혜는 임하고 청중은 변화를 체험하는가? 말씀을 통해 은혜를 주시는 분은 하나님이시고, 이는 전적인 하나님의 주권에 해당한다. 주해자나 설교자의 부족함에도 하나님의 은혜는 얼마든지 주어질 수 있다. 부족한 설교를 통해서도 하나님의 은혜를 발견할 수 있다는 사실은 두 가지 점에서 중요하다. 우리가 부족한 설교자라도 하나님이 주실 은혜를 신뢰할 수 있다는 사실과, 어떤 은혜라 해도 오직 하나님의 역사라는 것을 기억해야 한다는 점이다.

5. 빌리 그레이엄의 설교가 한국 교회 강단에 주는 메시지

기독교 역사에 대중 집회를 통한 복음 전파의 사명을 위해 특별한 부르심을 받은 사람이 빌리 그레이엄이다. 2023년 6월 3일 그레이엄이 1973년 서울을 방문하여 집회한 지 50주년을 기념하여 그의 아들 프랭클린 그레이엄이 한국을 방문했다. 아버지가 전한 복음을 이어받아 원색적인 예수 그리스도의 복음을 심플하고도 선명하게 설교했다. 7천 명 가까운 사람들이 예수님을 믿기로 결단하기 위해 자리에서 일어섰다. 하나님은 당신이 택한 백성을 여전히 찾고 계신다는 것을 확실하게 보여 준 집회였다.

한국 교회는 오랫동안 전도집회를 정기적으로 가져 왔다. 시대가 지나갈수록 전도집회 형식이 약화되고 있는 실정이다. 목회자가 선명한 복음을 힘 있게 선포하는 대신 대중적으로 알려진 사람이 그 자리를 채우기도 한다. 목회자들이 복음 자체보다 강력한 능력은 없다는 것을 믿어야 한다. 설교자들이 사람들의 죄와 회개에 대해 설교하는 것을 꺼려하는 시대다. 성도들이 듣기에 부담스러워한다고 생각하기 때문이다. 이 생각은 엄청난 오해일 수 있다. 성도들은 십자가의 설교를 목마르게 사모하며, 그 앞에 나 자신의 죄가 처절하게 드러나서 하나님 앞에 돌아오기를 열망한다.

그레이엄을 통해 복음은 2천 년 전이나 오늘이나 똑같은 능력이라는 것, 하나님이 세상을 변화시키시는 유일한 방법은 예수 그리스도의 십자가와 부활의 복음이라는 것을 다시금 새겨야 할 것이다.

4부
개 혁

개혁신학의 불꽃으로
강단을 태우다

11장

마르틴 루터,
종교개혁의 불꽃

마르틴 루터의 설교

설교 제목: **현현절 후 넷째 주일에 한 설교**

본문: **마태복음 8:23-27**

본문에서 '바다'는 고난과 불확실성으로 가득한 세상을 상징합니다. '폭풍'과 '바람'은 "이 어둠의 세상 주관자들과 하늘에 있는 악의 영들"(엡 6:12)입니다. '배'는 교회입니다. 우리 중 많은 사람은 참된 믿음을 가지고 있으며, 믿음 자체는 그리스도가 타고 계신 배입니다.

믿음은 끊임없이 위험 때문에 흔들립니다. 우리는 끊임없이 위험 속에서 흔들릴 수밖에 없기 때문에 자신의 위험을 볼 줄 아는 사람은 복이 있는 사람입니다. 반면에 위험을 보지 못하는 사람은 불행합니다. 그들은 마치 위험이 없는 것처럼 살아갑니다. 사실 많은 위험과 거대한 위험에서 벗어날 수 있는 사람은 없습니다. 오히려 자신이 위험에 처해 있다는 사실을 모르기 때문에 위험이 없는 것처럼 살아갑니다. 그러나 실제로 그는 이미 위험에 처해 있고 이미 죽은 상황입니다.

가장 큰 위험은 위험을 모르고 살아가는 것입니다. 가장 큰 안전이 오히려 가장 큰 시험입니다. 가장 큰 부가 가장 큰 빈곤이고, 가장 큰 정의가 가장 큰 불의이며, 가장 큰 지혜가 가장 큰 미련함입니다. 모든 지나침은 사람을 극단으로 치닫게 합니다. 그리고 이러한 극단이 가장 큰 위험이 됩니다.

많은 시험을 만나는 것은 결코 시험이 아닙니다. 가장 큰 동요(動搖)가 가장 큰 평화입니다. 가장 큰 죄가 가장 큰 의입니다. 가장 큰 어리석음이 가장 큰 지혜입니다. 왜냐하면 어리석은 사람은 평화, 의, 지혜에 안주하면서 하나님을 망각하나, 지혜로운 사람은 동요, 죄, 어리석음 속에서 자기 자신을 버리고 하나님 안에서 피난처를 찾기 때문입니다. 자기 자신을 신뢰하고 하나님을 망각하는 것은 악의 시궁창입니다. 반면에 하나님을 찾는 것은 모든 선의 총체입니다.

야고보는 그의 편지 첫 장에서 "내 형제들아 너희가 여러 가지 시험을 당하거든 온전히 기쁘게 여기라"(약 1:2)라고 말합니다. 그러나 다른 한편에서 다음과 같이 말합니다. "들으라 부한 자들아 너희에게 임할 고생으로 말미암아 울고 통곡하라"(약 5:1). 그리고 이사야 47장 8-9절은 다음과 같이 말하고 있습니다. "그러므로 사치하고 평안히 지내며 마음에 이르기를 나뿐이라 나 외에 다른 이가 없도다 나는 과부로 지내지도 아니하며 자녀를 잃어버리는 일도 모르리라 하는 자여 너는 이제

들을지어다 한 날에 갑자기 자녀를 잃으며 과부가 되는 이 두 가지 일이 네게 임할 것이라." 또한 이어서 다음과 같이 말합니다. "재앙이 네게 임하리라 그러나 네가 그 근원을 알지 못할 것이며"(사 47:11).

그들이 탄 배에 물이 들어오는 것을 발견한 사람은 다행입니다. 왜냐하면 이 고난으로 인하여 하나님께 도움을 구할 것이기 때문입니다. 그러므로 그리스도가 모든 일에 어떻게 우리의 유익을 구하고 계시는지와 그분이 주무시는 동안에도 우리를 도와주고 계시다는 것을 주목해 보기 바랍니다. 그분이 우리를 버려 두신 그 순간에도 그분은 우리를 붙들고 계십니다. 무서운 폭풍이 우리를 지나도록 허용하시지만, 그분은 우리가 앞으로 나갈 수 있도록 도와주고 계십니다. 우리를 멸망하도록 내버려 두시는 분이 아니라 우리로 하여금 그분께 돌아오게 하십니다. 그러므로 우리는 지속적으로 구원을 받고 있습니다.

그분은 우리 안에 주님을 사모하는 열망을 일으키기를 원하십니다. 그분은 우리가 계속해서 그분의 도움을 구하기 위해 부르짖기를 원하십니다. 우리가 외치는 간구를 듣고 응답해 주기 위하여 우리가 그분께 부르짖기를 원하십니다. 우리가 자신을 의지하지 않고 그분을 신뢰하고 그분께 구원을 요청하는 외침을 듣기를 원하십니다. 그분의 말씀은 진실로 참된 것입니다. "나는 죽이기도 하며 살리기도 하며"(신 32:39).

본문에서 '그분을 깨운다'라는 말은 우리의 구원을 의미합니다. 그분이 주무시고 계실 때 우리는 멸망을 당한다는 것을 깨닫게 됩니다. 주님이 누군가를 위하여 잠들지 않고 깨어 계신다는 것은 그 사람이 멸망하지 않을 것을 의미합니다. 자신이 멸망당하고 있다는 사실을 알지 못하는 사람은 살려 달라고 구하지도 않을 것입니다. 살려 달라고 소리치지 않는다면 주님께는 아무것도 들리지 않을 것입니다. 주님께 간청하지 않는 사람은 아무것도 받지 못합니다. 아무것도 받지 못한 사람은 아무것도 가질 수 없습니다. 그리고 아무것도 가진 것이 없는 사람은 결국 멸망할 것입니다.

자신은 결코 멸망당하지 않을 것이라 확신하는 사람은 참으로 멸망하게 됩니다. 그러나 그를 위하여 주님이 주무시지 않는 사람은 결코 주님을 깨울 수 없습니다. "주 예수님이시여, 당신이 깨어날 수 있도록 계속 잠들어 계십시오. 우리는 당신이 구원하실 수 있도록 멸망을 당하겠습니다."

온 세상이 우리에게 평화를 누리도록 펼쳐진다 해도 우리 각자는 크고 작은 동물들과 파충류로 가득한 광활한 바다와 같습니다. 우리 안에는 거대한 용이란 놈이 들어와 있습니다. 우리가 눈으로만 일으키는 폭풍이 얼마나 많은가를 생각해 보십시오. 귀와 혀로 일으키는 폭풍우는 또 얼마나 많습니까. 우리의 교활한 영혼은 또 얼마나 많은 치명적이고 비열한 생각으로 가득 차 있습니까. 크고 작은 괴물들은 또 얼마나 많은지요. 얼마나 많은 헛된 욕망, 근심, 걱정, 증오, 공포, 소망, 고통, 그리고 헛된 쾌락이 우리 안에 도사리고 있는지요.

이러한 것을 느끼지 않는 사람은 죽은 것입니다. 육신의 폭군인 용과 정욕, 그리고 우리 "지체 속에 있는 죄의 법"(롬 7:23)이 들어오는 문이 바로 이곳입니다. 이 괴물이 분노하고 폭풍을 일으킬 때 누가 안전하고 평안할 수 있겠습니까. 그때 우리가 처한 비참함은 이루 표현할 수 없습니다. 이때 터져 나오는 고백입니다. "내 눈으로 보니 내 심령이 상하는도다"(애 3:51). "무릇 사망이 우리 창문을 통하여 넘어 들어오며"(렘 9:21). 이런 것을 느끼지 못하는 사람은 이미 죽은 사람입니다. 그리고 제가 이미 말씀드린 것처럼 이런 것을 느끼는 사람은 "주여, 구원하소서. 우리가 죽겠나이다"라고 부르짖으면서 예수님을 깨우는 제자들 가운데 하나입니다.

하지만 참으로 슬픈 일입니다! 수많은 사람이, 심지어 대부분의 그리스도인까지도 물에 빠져 죽어 가면서도 살려 달라고 주님께 부르짖는 사람은 너무나 적습니다. 우리도 마찬가지로 자신의 의를 따라 행동하고 있습니다. 우리 주님의 도움이 아니라 우리 자신의 행위의 힘으로 구원받고자 합니다. 우리는 자신의 힘으로 시련을 피하려고 합니다. 우리는 도움을 요청하는 위험을 감수하고 싶어하지 않습니다. 우리는 평화를 위해 선을 행하기를 선호합니다. 그러나 이렇게 하는 것은 우리를 수천 번 멸망으로 빠져들게 합니다. 이와 같은 일을 하는 사람들에게 화가 있을지어다!

마르틴 루터의 삶과 설교 세계

1517년 비텐베르크성 교회 문 앞에 95개의 반박문을 내걸고 종교개혁의 첫 총성을 울린 마르틴 루터(Martin Luther, 1483-1546)는 오직 예수 그리스도의 복음으로 한 시대 세상을 움직인 설교자였다. 루터는 1483년 11월 10일 독일 아이슬레벤에서 광부의 가정에 태어났다. 학창 시절 중세의 수도원적인 공동 생활 분위기에서 공부하고 에르푸르트 대학교 시절 하나님의 말씀을 통해 극적인 변화를 체험했다. 1505년 7월 2일 길을 걷는 중에 친구가 벼락을 맞았을 때 루터는 하나님이 생명을 살려 주시면 자신의 삶을 드리겠노라고 약속했다. 그리고 두 주 후에 약속한 대로 아우구스티누스 수도회에 들어갔다. 루터를 평생 따라다닌 고민은 "거룩하신 하나님 앞에 나 같은 죄인이 어떻게 설 수 있을까?"라는 질문이었고, 마침내 의인은 오직 믿음으로 살리라는 말씀 앞에 복음의 정수를 만나게 된다.

루터는 당시에 잘못된 가톨릭의 교리에 반대하며 1517년 10월 31일 비텐베르크성 교회 문 앞에 95개의 반박문을 걸었고, 이것이 결국 종교개혁의 시발점이 되었다. 마침내 루터는 1521년 보름스 회의에 소집되고 독일 황제와 심문관 앞에 서게 되었다. 그의 사상을 철회하면 살려 주겠다는 요청 앞에 루터가 남긴 유명한 말이 있다. "나의 양심이 하나님의 말씀에 사로잡혀 있는 한 어떠한 것도 취소할 수도 없고, 취소하지도 않겠습니다. 양심에 반해 행동하는 것은 구원을 위협하는 일입니다. 나는 여기에 서 있습니다. 하나님, 나를 도우소서."

보름스 회의가 끝나자 루터는 목숨의 위협을 받게 되었다. 당시작센의 제후였던 프리드리히가 루터를 납치하는 작전을 펼쳐 바르트부르크성에 숨겼다. 이곳에서 루터는 수염을 기른 모습으로 변장하고 10개월을 머물면서 신약 성경을 독일어로 번역했다. 필자는 루터가 머물렀던 그 성에 올라가 그의 방을 둘러본 적이 있다. 수염을 기른 루터의 모습이 담긴 액자가 벽에 걸려 있었고, 세월이 흘러도 변함없이 그 자리를 지킨 루터가 사용했던 책상이 놓여 있었다. 목숨의 위협을 지척에 두고 인생의 마지막 과업처럼 성경을 번역했을 그를 생각하면서, 하나님을 향한 거룩한 열망은 한 사람을 위대한 전사로 만든다는 것을 깨달았다.

루터의 신학은 종교개혁의 가장 기초가 된 것으로 '오직 성경'과 '오직 믿음'으로 귀결된다. 이런 그의 신학은 설교에도 그대로 드러났으며, 그의 설교는 종교개혁을 말씀 위에 세우는 기초가 된다. 그의 설교는 남아 있는 것만 해도 2,300편이 넘는다. 루터의 매일의 사역은 하나님의 말씀을 연구하고 그 말씀을 선포하는 설교자의 삶이었다. 루터는 병약해졌을 때도 고향으로 돌아가는 길에 여러 곳에서 설교했다. 세상을 떠나기 나흘 전까지 그가 한 일은 강단에서 예수의 복음을 외친 일이다.

루터가 1514년에서 1522년까지 비텐베르크 교회에서 섬길 때 그의 설교 횟수를 보면 놀랍다. 지칠 줄 모르고 설교했던 루터는 건강 상태가 너무 좋지 않아 강단에 설 수 없게 되었을 때는 자기 집에서 설교하기도 했다. 루터는 주일에 세 번씩 설교했다. 아침과 오후 5시 또는 6시에 성경 각 권을 시리즈로 설교했고, 밤 8시나 9시에 다시 설교했다. 주중에는 월요일과 화요일에 교리문답을 설교했는데, 이것이 그의 대·소요리문답의 기초가 되었다. 수요일에서 토요일에는 신약의 여러 책을 가르치는 데 전념했다. 그의 삶을 보면 오직 설교로써 하나님의 말씀을 백성에게 가르치고, 설교로써 하나님의 진리를 삶 속에 심고자 생명을 바친 사람이었다. 종교개혁이란 하나의 운동이나 정신이 아니라 하나님의 말씀이 신실하게 선포되었을 때 말씀으로 인한 개혁이라는 것을 루터의 삶이 증명해 준다.

루터의 설교에는 거의 예외 없이 예수 그리스도가 나타난다. 그는 성경만이 절대적인 권위를 지닌 하나님의 말씀이며, 하나님은 설교를 통해서 말씀하신다고 믿었다. 루터는 하나님의 말씀의 통로인 설교의 가치를 가장 높인 사람으로서 설교가 하나님의 말씀이라고 믿었기 때문이다. 루터는 일반 대중이 말씀을 쉽게 이해하고 말씀을 따라 살아가기를 원했기 때문에 그의 설교는 늘 간결하면서도 명료했다. 특별하게 보여 주는 형식이 없는 루터의 설교는 이신칭의의 신앙과 철저하게 예수 그리스도를 전하는 복음이 핵심을 이룬다.

종교개혁자 루터는 설교를 통해 개혁을 이루었고, 설교를 통해 진리를 설파했으며, 매일 마지막 설교라는 비장한 마음으로 설교한 사람이었다. 하나님의 부르심을 받기 직전까지 설교한 그의 삶과 설교는 500년의 시간이 흘러도 변함없이 우리의 가슴에 거대한 울림으로 다가온다. 하나님을 향한 거룩한 열망과 예수 그리스도에 대한 갈망이 들어 있기 때문이다. 오늘날 기독교 강단은 제2의 루터를 기다린다. 설교를 통해 하나님이 말씀하신다는 철저한 확신을 가지고 진리를 선포하는 설교자, 가장 깊은 진리를 가장 평이한 언어로 표현해 영혼을 울리는 설교자가 나타날 때 오늘 시대에 맞는 종교개혁이 지속적으로 강단을 통해 이루어질 것이다.

마르틴 루터의 설교 분석

1. 예수 그리스도를 중심으로 나아가는 설교

마르틴 루터의 설교에 나타난 가장 두드러진 특징은 예수 그리스도 중심의 설교라고 할 수 있다. 그의 성경 해석의 원리가 그리스도이듯, 설교에서는 우리를 구원하시는 그리스도의 은혜를 강조한다. 동일한 하나님의 절대적인 은혜를 강조하지만, 존 칼빈과 차이를 보인다. 칼빈의 설교가 삼위일체 가운데 하나님을 강조한다면, 루터는 예수 그리스도를 강조한다. 설교학적으로 칼빈의 설교를 '하나님 중심의 설교'(Theocentric preaching)라고 부른다면, 루터의 설교를 '그리스도 중심의 설교'(Christocentric preaching)라고 부를 수 있다.

예수 그리스도를 강조하는 루터의 주장은 성경 자체의 가르침인 동시에 루터 자신의 경험에도 기인한다. 그는 오랫동안 가톨릭적 배경에서 사람을 구원하는 근거가 예수 그리스도에 대한 믿음이 아니라 사람의 노력이라고 믿고 철저하게 규칙과 고행을 실천한 사람이다. "오직 의인은 믿음으로 말미암아 살리라"(롬 1:17)라는 바울의 고백을 통해 복음의 빛을 깨달았을 때 그의 성경은 예수님이었으며, 그의 신학은 예수님으로 나아가는 노래였으며, 그의 설교는 예수님을 드러내는 소리였고, 그의 삶은 예수님을 향한 향기로 피어올랐다.

마태복음 8장 23-27절을 본문으로 현현절 후 넷째 주일에 한 설교에서 루터는 예수님이 풍랑 이는 바다를 꾸짖으시자 잠잠해진 사건을 통하여 폭풍과 같이 갈등과 고통이 밀려오는 세상 속에서 끊임없이 예수 그리스도께 부르짖을 것을 강조한다. 풍랑은 신앙인들에게 시시각각 다가오는 시험거리들로 이해한다. 본문에서 주무시는 예수님이 곁에 계신 것도 우리를 향한 하나님의 은혜이며, 배에 물이 스며들어 와 가라앉는 사실도 하나님이 역사하시는 은혜의 통로로 이해한다. 우리에게 다가오는 위협은 그리스도께로 나아갈 수 있는 통로가 되기 때문이다.

예수님만이 구세주시라는 사실은 설교 처음부터 곳곳에 드러나지만, 마지막에 집약적으로 나타난다. 죄악 속에 죽어 가면서도 예수님을 부르짖지 않는 모습을 안타깝게 외친다. "하지만 참으로 슬픈 일입니다! 수많은 사람이, 심지어 대부분의 그리스도인까지도 물에 빠져 죽어 가면서도 살려 달라고 주님께 부르짖는 사람은 너무나 적습니다. 우리도 마찬가지로 자신의 의를 따라 행동하고 있습니다. 우리 주님의 도움이 아니라 우리 자신의 행위의 힘으로 구원받고자 합니다." 풍랑 이는 세상에서 죽어 가면서도 여전히 자신의 힘으로 빠져나오려 바둥거리는 사람들의 모습을 보여 준다. 루터의 신앙의 핵심이라 할 수 있는 이신칭의 사상이 이 짧은 설교에서도 여실히 드러난다.

오늘날 예수 중심의 설교, 구속사적 설교 등은 잘 알려져 있는 설교철학이다. 그러나 모든 성경에서 예수 그리스도를 중심으로 해석하고 설교하는 것은 루터로부터 확산되었다고 해도 과언이 아니다. "모든 성경을 통해 예수 그리스도를 전해야 하는가?" 이 질문에 대한 답변은 성경 자체가 보여 준다. 예수 중심의 성경 해석은 구약 성경을 바라보는 예수님의 시각이며 제자들의 시각이기도 하다. 사도 바울도 예수 그리스도의 십자가 외에 결코 자랑할 것이 없다고 고백했다^(갈 6:14).

이런 점에서 예수 그리스도를 설교하는 것은 하나의 방법이 아니라 성경을 대하는 시각에 해당한다.

예수 그리스도를 전하는 방법에는 다양한 접근이 있다. 본 설교처럼 본문 자체가 예수님의 말씀이나 행적이나 인격을 나타내면 본문에 나타난 그리스도를 자연스럽게 설명하면 된다. 예수님이 예표되거나 예언되거나 암시된 본문을 대할 때는 성경 전체의 계시 발전 속에 예수님을 향해 본문이 어떻게 발전되어 가는지를 보이면서 예수님을 드러낼 수 있다. 만일 예수님이 전면이나 이면에도 드러나지 않을 경우에는 그 본문이 장차 나타나실 예수님의 모습과 어떻게 연결되는지 전후 문맥과 성경 전체의 문맥을 살펴야 한다. 이런 과정을 거친다 해도 예수 그리스도의 메시지로 연결하기 어려울 때가 많다. 그럴 경우에는 본문에 근거하여 신자의 삶으로 적용할 때 예수님을 먼저 예로 들면서 촉구할 수 있다.

루터의 모든 설교에 나타난 예수 그리스도의 메시지는 예수 그리스도를 발견하는 것이 어렵다는 이유로 예수님을 전하는 것을 포기해서는 안 된다는 점을 분명히 보여 준다.

2. 서론, 본론, 결론 없이 내용이 간결한 설교

마르틴 루터의 설교 서론은 다음과 같이 시작한다. "본문에서 '바다'는 고난과 불확실성으로 가득한 세상을 상징합니다." 루터의 결론은 다음과 같다. "우리는 평화를 위해 선을 행하는 것을 선호합니다. 그러나 이렇게 하는 것은 우리를 수천 번 멸망으로 빠져들게 합니다.

이와 같은 일을 하는 사람들에게 화가 있을지어다!"

그의 서론과 결론에는 몇 가지 특징이 드러난다.

첫째, 그의 서론은 본문으로 곧바로 들어간다. 교인들을 한마디로 본문의 세계로 안내하면서 본문을 해설한다. 오늘날 설교처럼 서론에 청중의 흥미나 관심을 끌 만한 예화나 이야기를 가져오지 않는다. 오직 말씀과 씨름하는 정신이 보인다.

둘째, 그의 서론과 결론은 간결하다. 서론에 특별한 치장을 거부하고, 결론에서도 청중의 마음에 호소하기 위해 어떠한 묘사나 기교에도 의지하지 않는다. 간결하게 말씀으로 시작해서 예수님께 절대적으로 의존하지 않는 세대를 간결한 언어로 경계하며 설교를 맺는다.

셋째, 그의 서론과 결론, 그리고 본문도 마찬가지로 명쾌하고 쉽게 이해된다. 그는 설교를 하나님이 백성에게 말씀하시는 통로로 보았기 때문에 누구나 쉽게 알아들을 수 있도록 평이하게 설교했다. 루터는 설교하기 전에 반드시 하녀에게 먼저 말한 후 이해할 수 있는 것만 설교했다는 일화도 있다. 하나님의 말씀을 고상한 교리나 알아듣기 어려운 언어로 표현하여 일반 민중의 귀와 눈을 막아 버린 당시의 가톨릭교회에 비하면 그의 설교철학은 혁명적이었다.

루터의 설교는 대부분 특별한 설교학적인 형식을 보여 주지 않는다. 신학적인 용어나 깊은 교리를 설명하는 것도 없다. 특별한 형식 없이 설교하는 것은 어쩌면 일체의 형식을 거부하는 그의 성향에도 기인하지만, 청중을 본문으로 집중시키고자 하는 그의 노력이다. 동시에 설교를 단순하게 만들어 청중으로 쉽게 이해시키고자 하는 데 더 중요한 목적이 있다. 사람들은 본문을 깊이 다룰수록 설교가 어렵다는 선입견을 가지지만, 실제는 전혀 반대다. 설교의 대가는 가장 깊은 내용을 가장 쉬운 언어로 표현하는 사람이다.

3. 본문에서 벗어난 알레고리적 설교

마르틴 루터의 그리스도 중심의 설교는 기독교 설교의 정수를 보여 주지만, 한편 지나치게 예수 그리스도와 연결하고자 하는 시도가 때로 알레고리적 해석으로 나타나는 경우가 있다. 본 설교의 시작부터 루터는 "본문에서 '바다'는 고난과 불확실성으로 가득한 세상을 상징한다"고 단정한다. '폭풍'과 '바람'은 어둠의 세상 주관자들과 하늘에 있는 악의 영들이며, 그 가운데 '배'는 교회로 해석한다.

본문의 문자적 의미를 벗어나 영해(靈解)하는 모습은 계속해서 나온다. 제자들이 예수님을 깨우는 장면을 두고 그는 이렇게 해석한다. "본문에서 '그분을 깨운다'라는 말은 우리의 구원을 의미합니다. 그분이 주무시고 계실 때 우리는 멸망을 당한다는 것을 깨닫게 됩니다. 주님이 누군가를 위하여 잠들지 않고 깨어 계신다는 것은 그 사람이 멸망하지 않을 것을 의미합니다." 예수님을 깨우는 것을 구원으로 해석하고, 예수님이 잠드신 것을 신자의 멸망으로 보고 있다. 루터가 이렇게 해석한 근거를 찾기란 쉽지는 않지만, 한 가지 확실한 것은 모든 본문을 오늘날 청중이 이해할 수 있도록 매우 실제적으로 해석하고 설교한다는 점이다. 비록 문자적 의미를 넘어 알레고리적 해석을 띠고 있지만, 그의 해석은 매우 논리적이다.

알레고리적 해석을 무조건 잘못된 것으로 볼 필요는 없지만, 본문의 문자적 의미를 심하게 벗어난 알레고리적 해석은 조심해야 한다. 예를 들어, 바다 위를 걸어오시는 예수님을 해설하면서 바다는 고난받는 초대교회의 모습을 의미하고, 물 위를 걸어오시는 예수님은 그 고난을 정복하시는 것이라는 해석은 본문의 문자적 의미를 벗어난 해석이다.

예수님의 모든 기적에는 어느 정도 공통적인 메시지가 있다. 예수님이 누구신지를 보여 주는 자기 계시와 관계된다. 바다를 정복하신 예수님이 바다를 창조한 하나님이시듯, 바람과 바다도 잔잔하게 하시는 주님을 통해 성경 저자는 자연 만물을 다스리시는 이분이 바로 창조주 하나님이시라는 사실을 부각시킨다.

예수님을 중심으로 해석한다는 것이 무조건 예수님을 부각시킨다고 가능한 것은 아니다. 본문이 계시하는 예수님을 정당하게 드러내야 한다. 바람직한 구속사적 설교는 본문을 일차적 문맥에서 충실하게 해석한 후에 본문에 근거하여 예수 그리스도로 발전해 나오는 설교를 가리킨다.

알레고리적 해석은 본문의 문자적 의미보다 설교자가 자의적으로 묵상하여 의미를 주입할 때 생기는 현상이다. 알레고리적 해석은 모형론적 해석과 구분된다. 모세가 광야에서 높이 단 놋 뱀이 그리스도의 십자가를 상징하는 것은 모형론적 해석이다. 라합이 정탐꾼들을 구하기 위해 달아 내린 붉은 줄을 예수님의 십자가로 해석하는 것은 알레고리적 해석이다. 모형론적 해석은 두 가지 비교 대상에서 역사적인 연결과 신학적인 발전이 나타난다. 알레고리적 해석은 이런 연결고리 없이 영적인 의미를 부여하는 것을 가리킨다.

4. 마르틴 루터의 설교가 한국 교회 강단에 주는 메시지

마르틴 루터는 종교개혁의 횃불을 들어 올린 사람으로 인류의 역사를 다시 쓰게 했다. 종교개혁은 성경에 근거한 그의 신학적 발견에 근거하지만, 루터는 평생 교회를 섬기는 설교자로서 복음을 통해 종교개혁이 삶으로 연결되기를 원했다. 종교개혁이란 엄청난 기치는 진리를 위한 절규로 시작되었으나 진리를 위해 살아간 사람에 의해 완성된 것이다. 루터는 자신이 믿은 성경 진리를 위해 젊음과 생명을 드렸다. 그로 인하여 종교개혁의 거룩한 바람은 당연 유럽과 세상을 바꾸어 놓았다. 한국 교회가 필요로 하는 것은 진리에 대한 외침뿐 아니라 진리를 살아 내는 사람들이다. 강단에서 외친 복음이 삶으로 나타날 때 진리는 세상 속에서 빛을 발할 것이다.

루터는 모든 설교에서 본문 해석과 설교의 중심이신 예수 그리스도를 의식적으로 드러내려 했다. 때로 알레고리적 해석으로 본문에서 벗어나는 경우가 있지만, 예수 그리스도만을 전하고자 하는 그의 정신은 모든 설교자가 간직해야 할 자세다. 본문의 문자를 풀어내는 데 집중하지만 예수를 발견하지 못하거나, 감동적인 은혜를 끼친다 해도 예수가 없는 설교는 영혼의 변화를 가져올 수는 없다. 예수 없는 뛰어난 본문 해석보다 부족하다 해도 예수가 있는 설교가 기독교 정신에 부합한 설교다. 예수 그리스도가 드러나는 것이 모든 성경의 기록 목적이기 때문이다.

오늘날도 한국 교회는 루터와 같은 신학자요 설교자요 목자인 사람을 필요로 한다. 강단의 변화는 진리의 말씀을 바르게 해석하는 지혜와 조금의 주저함도 없이 진리를 외치는 담대함과 말씀대로 살아가고자 하는 경건함이 어우러질 때 일어날 것이며, 그때 비로소 강단에 부흥의 바람이 불어올 것이다.

《탁상 담화》 400장에서 루터가 말하는 설교자의 자질은 오늘날 한국 교회 설교자들에게 인상 깊게 다가온다. "좋은 설교자가 되려면 다음과 같은 능력과 덕목을 갖추어야 합니다. 첫째, 하나님의 말씀을 체계적으로 가르쳐야 합니다. 둘째, 항상 위트가 있어야 합니다. 셋째, 언변이 뛰어나야 합니다. 넷째, 목소리가 좋아야 합니다. 다섯째, 기억력이 좋아야 합니다. 여섯째, 언제 끝을 맺어야 할지 잘 알아야 합니다. 일곱째, 자신의 교리에 대해 확신을 가지고 있어야 합니다. 여덟째, 몸과 피와 돈과 명예를 말씀에 내던지고 몰두해야 합니다. 아홉째, 모든 사람으로부터 조롱과 멸시를 당할 각오가 있어야 합니다."

12장

울리히 츠빙글리,
개혁신학 설교의 출발

울리히 츠빙글리의 설교

설교 제목: **선한 일을 하는 데 필요한 견고함과 인내에 관하여**(Concerning Steadfastness and Perseverance in Goodness)

본문: **마태복음 10:22**

모든 화상(image)과 제단들, 그리고 다른 우상적인 것들을 제거하는 가운데 여러분은 승리를 가져오는 진리를 발견하는 데 관심이 있을 것입니다. 우리가 이 일을 시작하기 전에, 선한 일을 하는 데 필요한 견고함과 인내에 관하여 말씀드리는 것이 유익할 것으로 생각합니다.

견고함과 인내에 관하여 먼저 알아야 할 것은, 견고함이란 하나의 덕과 같은 것이어서 이것이 없다면 아무것도 얻을 수 없다는 사실입니다. 견고함이 사라진다면 우리는 경건하지도, 신실하지도 않은 사람들처럼 취급될 것입니다. 사실 견고함 없이 거룩하거나 신실하다는 것은 불가능합니다. 어떤 조국도, 가정도 견고함 없이 유지될 수는 없습니다. 이런 덕이 없다면 수치와 조롱거리를 면하지 못할 것입니다. 모든 덕이라는 것이 하나님을 경외하는 믿음이 없이는 위선에 불과한 것이기에, 우리는 이 덕목이 우리가 아니라 하나님에게서 비롯된다고 말할 수 있어야 합니다.

우리 주 예수 그리스도는 흔들리지 말 것을 말씀뿐 아니라 행동을 통해서도 보여 주셨습니다. 비록 인성으로 말미암아 주님이 죽음을 피하려 약간 연약한 모습을 보이기도 하셨지만, 그분은 심지어 십자가에 죽기까지 흔들리지 않으셨습니다. 때로 주님의 시간이 오기 전이었기에 자제하기도 하셨지만, 주님은 자신의 대적자들의 완고함에 대하여 침묵하거나 유하게 말씀하지 않으셨습니다.

주님은 이렇게 가르치십니다. "끝까지 견디는 자는 구원을 얻으리라"(마 10:22). 주님이 이렇게 말씀하신 것은 누구라도 주님의 뜻을 따라 말씀대로 살고자 하면 반드시 핍박을 받고, 고통을 당하고, 슬픔에 이른다는 것을 의미합니다. 그러나 이런 것들은 결코 낙심하지 않는 인내심으로 극복할 수 있다는 말씀입니다. 하나님은 선지자 에스겔을 통해 의인이 넘어지면 그의 공의가 기억되지 않을 것이라고 말씀하십니다(겔 3:20). 하나님의 일을 경박하게 포기하는 것은 시작하지 않는 것보다 더 수치스런 일입니다. 집을 올리기 전에 먼저 앉아 얼마나 소요될지 그 값을 계산해 보는 사람은 결코 어리석은 사람이 아닙니다. 일이 끝날 때에 "저 좀 보게나. 일을 시작만 하고 마치지도 못하는 사람 같으니"라는 비난을 듣지는 않을 것입니다. 또한 전쟁을 앞두고 적군에 대항할 군사가 얼마나 필요한지 생각하지 않는 왕은 아무도 없을 것입니다(눅 14:28-32). 손에 쟁기를 잡고 뒤를 돌아보는 사람은 하나님의 나라, 즉 말씀을 전하는 일에는 합당한 사람이 아닙니다(눅 9:62). 하나님은 우리가 앞으로 나아가기를 원하십니다.

이스라엘 백성이 그렇게도 자주 비난하고 공격하려 했던 모세보다 더 견고한 사람이 어디에 있겠습니까. 아무도 백성들을 위해 선을 행하고자 하는 그의 굳은 의지를 막을 수 없었습니다. 마침내 하나님 자신이 백성을 대항하고자 하실 때 모세는 백성을 대신하여 먼저 자신을 죽여 달라고 기도했습니다(민 11:15). 그로 인하여 히브리서 3장 5절에서는 모세가 하나님의 온 집에서 신실한 종이었다고 정당하게 말하고 있습니다.

다윗은 사무엘에게 기름 부음을 받은 이후에도 헤브론을 통치한 몇 년을 제외하고는 약 15년을 떠돌며 살아야 했습니다. 그러나 어떤 가난도, 불행도 그로 하여금 하나님을 불신하거나 나라를 경멸하도록 만들지는 못했습니다. 심지어 조금의 위험에 처하지 않고 사울을 해할 수도 있었지만, 다윗은 그렇게 하지 않았습니다. 오히려 우리를 위한 견고함의 위대한 본이 될 정도로 경건과 신실함을 가지고 선과 평화의 목적을 끝까지 고집했습니다.

지난 40세까지 자신이 깨어지지도 않고 부드러움을 소유하지도 않았던 완고한 사람이 어떻게 하나님을 대적하고 하나님이 베푸시는 은혜를 망각하는 백성을 위해 목숨까지도 바치겠노라고 고백할 수가 있습니까? 이 사람은 도대체 누구입니까?

이제 여러분의 지혜와 사랑으로 미사를 주관하는 우상적인 장식물들을 공격할 때 여러분은 어떤 조언이나 견고함 이상의 아무것도 필요하지 않습니다. 무엇보다 우리 가운데 "먼저 마음의 우상을 없애고 다음에 눈으로부터 우상을 제거해야 한다"고 말하면서 대단하게 행동한다고 생각하는 어리석은 사람들이 있습니다. 이 말은 반쪽만 진리입니다. 가슴으로부터 제거하지 않는 한 겉으로 제거하는 것은 불가능합니다. 조그만 우상이라도 사랑하는 자들은 결단코 자신의 우상에 손을 대는 것을 좋아하지 않을 것입니다. 그들의 우상을 쪼개어 장작불에 태우는 것을 슬퍼하지 않는다면, 이것은 그들이 우상에 대하여 그렇게 유감스럽게 생각하지 않는다는 증거입니다.

사람들이 기분 상할 수 있으니 모든 사람의 마음에서 우러나올 때까지 우상들을 제거하지는 말아야 한다고 주장하는 것은 마치 채찍을 들고 상을 엎으시고 돈 바꾸는 사람들의 돈을 쏟으시는 예수님이 잘못하신 것이라 주장하는 것과 마찬가지입니다(요 2:14-16). 왜냐하면 그들의 심령에 자신들이 잘못하는 것이라는 사실을 진실로 깨닫지 못했기 때문입니다. 그들은 예수님께 이렇게 말합니다. "네가 이런 일을 행하니 무슨 표적을 우리에게 보이겠느냐"(요 2:18).

한편 하나님의 말씀을 듣기도, 받아들이기도 원하지 않는 수많은 적대자가 있습니다. 이런 두 부류의 사람들을 대하는 것은 쉽지 않은 일입니다. 왜냐하면 그들은 일반적으로 교활한 사람들이며 매일 새로운 걱정거리와 위협을 가해 오는 사람들이기 때문입니다. 그러나 예수 그리스도의 말씀을 따라 우리는 그들을 두려워해서는 안 됩니다. 왜냐하면 그분은 이미 세상을 이기셨기 때문입니다(요 16:33). 주님이 우리를 영원한 승리자로 만들어 주셨기 때문에, 그들은 주님의 손안에 있다는 것을 알아야 합니다. 그러나 그들을 방치해 둬도 된다고 생각해서는 안 됩니다. 오히려 예수 그리스도는 늘 경계하라고 말씀하십니다.

그러나 저는 여러분에게 즐거이 예언하고 싶습니다. 그런 위험이 여러분을 엄습할 때에 하나님이 여러분을 지키시고 보호해 주신다는 것을 조금도 의심하지 않는다는 것입니다. 따라서 위험이 다가올 때 두려워하지 마십시오! 하나님이 여러분으로 하여금 시련과 환란을 겪도록 허용하시는 것은 여러분이 그분의 확실한 도우심을 더욱 인정하게 되어 하나님께 절대적인 영광을 고백하게 할 것이기 때문입니다. 왜냐하면 하나님은 여러분이 도움의 길이 없다고 느끼도록 인도하지 않으실 것이기 때문입니다. 하나님이 여러분을 도우십니다. 여러분은 모든 도움이 하나님 한 분으로 말미암아 온다는 사실과 하나님이 의심할 여지 없이 우리를 도우신다는 것을 확실하게 알게 될 것입니다.

어떤 사람은 여러분이 실수하지 않도록 조각상들을 가지고 있기에 견고하게 서는 것이 쉬운 일이라고 말하기도 합니다. 저는 하나님의 일 가운데, 하나님이 결국에 은혜와 능력으로 끝을 내지 못하신 경우를 본 적이 없습니다. 지금 성전에는 화상과 우상들이 놓여 있습니다. 비록 양심은 아니지만 아직 공포심을 가지고 있는 사람이 있다면 우상들이 조금이라도 중요한 역할을 해 왔는지 생각해 보아야 합니다. 불결하고 더러운 것들을 세우기 위해 얼마나 많은 돈을 쏟아부었습니까. 우상적이고 어리석은 물건들에게 낭비한 것을 이제부터 살아 계신 하나님의 형상에 부어야 합니다.

우상들은 성자에 관하여 아무것도 보여 주는 것 없이 나무 조각이나 돌멩이에 불과한 것인데도 불구하고, 아직도 우상을 제거하는 일에 대하여 약한 태도를 보이고 불평하는 사람들이 있습니다. 여기에 머리가 잘려 나간 우상도 있고 팔이 떨어져 나간 우상도 있습니다. 만일 제가 하나님과 함께 있는 성인들의 머리를 자르거나 상해를 가하여 우상들처럼 해를 입게 한다면, 그리고 그들이 우리가 여기는 것처럼 능력을 가지고 있다면, 그들은 한 사람도 살아서 그 자리를 떠나게 하지 않을 것입니다.

이 문제에 대하여 여러분에게 가르쳐야 할 것이 또 하나 있습니다. 불평하는 사람들이나 연약한 사람들을 위해 논란하는 것은 아무런 유익도 없습니다. 논란으로 다투는 것은 한쪽이 일방적으로 잘못되었다는 것을 가르치는 것과 다를 바가 없습니다. 이런 사람들이 진리를 가진 사람들처럼 용기를 내면 더욱 논란을 부추길 것이며 약한 사람들을 더욱 연약하게 만들어 버릴 것입니다. 그러나 기초가 제대로 된 견고한 정신을 지닌 사람이라면 진리가 어디에서 오든지 그대로 붙잡을 것입니다. 이런 사람은 진리가 어떤 색채는 지니고, 어떤 색깔은 지니고 있지 않은지를 때로 살펴볼 것이며 즐거이 진리를 따라 행동할 것입니다. 마찬가지로 그는 진리 안에서 기뻐하고 즐거워할 것입니다.

따라서 어떤 사람이라도 이런 일에 해를 입게 된다면 분노할 일은 아닙니다. 논란을 즐기는 자들은 비록 낙담할 정도는 아니지만 진리에 대항하여 말할 용기를 상실할 것이요, 기독교 공동체는 실수도 없고 조금의 두려움도 없이 거룩하고 정직하게 행동하게 될 것입니다. 여러분에게는 하나님을 경외하고 거룩하고 제대로 배운 신학자들과 설교자들이 있습니다. 그들이 하나님의 약속과 경고를 설교할 때 귀담아 열정적으로 들으십시오. 그러면 하나님의 말씀을 따라 행하는 여러분의 모든 행동은 지속적으로 안전함을 누릴 것입니다. 어떠한 실수도 여러분 앞에 나타나지는 않을 것입니다.

예수님이 여러분에게 주신 자유를 생각해 보십시오! 갈라디아서 5장 1절에서 바울이 한 말을 들으며 견고하게 서십시오. 결단코 여러분을 구속이나 노예의 사슬로 묶지 마십시오. 지금까지 여러분은 거짓된 위안을 받으며 이 성상에서 저 성상으로 끌려다니면서 얼마나 고통을 받았는지 잘 압니다. 그들은 결코 위안을 주거나 자유롭게 만들지 못합니다. 여러분은 하나님의 독생자이신 예수 그리스도 안에서 우리가 갖는 인식과 확신으로부터 어떤 자유와 위안을 누리는지 알고 있습니다. 여러분의 마음으로부터 누리는 자유와 해방을 결코 빼앗기지 마십시오.

우리가 이 일을 감행하는 데는 다른 무엇보다 용기가 더 필요합니다. 감사하게도 우리의 조상들은 육체적인 자유를 수호하기 위해 얼마나 용감하고도 견고하게 맞서 왔습니까. 참으로 하나님께 영광을 돌려야 할 일입니다. 따라서 우리로 하여금 양심에서 자유롭게 하고 영원한 기쁨을 주는 모든 일에 더욱더 견고하게 서기를 바랍니다. 여러분의 눈을 밝히시어 오늘까지 인도해 오신 하나님이 우리의 사랑하는 이웃과 모든 백성을 이끌어 주셔서 당신의 적당한 때에 그 어느 때보다 우리를 더 밝혀 주실 것을 믿습니다. "우리를 창조하시고 구속하신 하나님, 우리와 그들에게 이 놀라운 일들을 허락하소서! 아멘."

울리히 츠빙글리의 삶과 설교 세계

종교개혁을 생각하면 먼저 떠오르는 사람들이 있다. 마르틴 루터와 존 칼빈 혹은 존 낙스 등이다. 울리히 츠빙글리(Ulrich Zwingli, 1484-1531)를 떠올리는 사람은 많지 않을 것이다. 아치발드 맥클라인은 주목받지 못하는 츠빙글리를 가리켜 그의 가르침이나 용기나 실천 면에서 어느 위대한 개혁가들보다 뛰어난 사람이라고 평가한다. 츠빙글리는 스위스에서 칼빈이 종교개혁을 감행하기 전에 먼저 종교개혁의 불씨를 일으키고 그 기초를 닦은 사람, 진리를 사수하기 위해 온몸을 드려 싸우다가 전장에서 짧은 생을 마감한 사람이다.

츠빙글리는 1484년 1월 1일 스위스의 빌트하우스에서 10남매 가운데 셋째로 태어났다. 1494년에 바젤의 성 테오도르 학교에서 공부했으며 후에는 베른 대학교와 비엔나 대학교에서 인문주의를 공부했다. 1502년에는 바젤 대학교에 들어갔고, 1504년 문학사, 1506년에 문학석사학위를 취득하고 목사로서 사역을 시작했다. 10년 동안 목회하면서 그는 히브리어, 헬라어, 그리고 성경과 교부들을 연구하기 시작했다. 1515년에는 인문주의자 에라스무스와 교제하면서 그에게 영향을 받았다.

1517년 루터가 유럽을 뒤흔든 95개의 반박문을 비텐베르크성 교회 문 앞에 내걸었을 때만 해도 아직 츠빙글리는 종교개혁가로 나설 상황이 아니었다. 1529년이 되어서야 비로소 츠빙글리는 루터와의 만남을 가지게 된다. 1519년 취리히에 흑사병이라는 전염병이 퍼졌을 때 7천 명의 시민 중 2천 명이 죽었다. 츠빙글리는 죽어 가는 사람들을 돌보다가 자신도 그해 9월 흑사병에 걸렸다. 거의 죽을 뻔한 고난의 시간을 겪으면서 츠빙글리는 예수 그리스도께 전적으로 의지하는 것을 배우게 된다.

취리히에서 급격한 개혁가로서 그의 인생의 시작은 1522년에 행한 설교에서 비롯된다. 사순절에도 고기를 먹어도 된다고 주장한 그는 유명한 "음식의 선택과 자유에 관하여"(On the Choice and Free Use of Foods)라는 설교에서 그리스도인들은 양심에 따라 금식을 하지 않아도 상관없다고 가르쳤다. 그는 성경에서 발견할 수 없는 교회의 모든 행사에 대하여 비판했으며, 사제는 결혼하지 말 것을 가르치는 내용을 성경의 어느 곳에서도 발견할 수 없다는 것을 깨닫고 1522년에 안나 라인하르트와 비밀리에 결혼했다.

1523년에 츠빙글리는 취리히의 시민들과 지도자들을 개혁하기 위해 자신의 교리를 집대성한 67개의 조항을 발표했다. 계속해서 그는 성찬이 그리스도의 몸이 된다는 화체설과 교황의 권위를 부인하고 성인 숭배와 의무적인 순례, 그리고 금식과 성상 등을 거부했다. 취리히의 지도자들은 츠빙글리를 환호했지만, 그의 개혁은 거대한 반대파에 부딪히게 된다. 심지어 죽음의 위협 속에 놓인 그를 위해 시에서 그를 보호하도록 경호원을 보내기도 했다. 츠빙글리는 취리히에서 시작된 개혁을 베른과 다른 곳으로 파급하기를 원했다.

츠빙글리와 루터의 만남은 그 유명한 1529년 마르부르크 회담에서였다. 루터와 필리프 멜란히톤을 만난 츠빙글리는 개혁을 위한 거대한 기대를 품었지만, 그의 계획은 성찬설에 대한 이견으로 물거품이 되고 말았다. "이것이 나의 몸이다"라는 주님의 말씀을 문자 그대로 이해하여 공재설을 주장하는 루터와 달리, 츠빙글리는 문자가 아닌 예수 그리스도의 죽음을 기념하는 상징설로 이해했다. 결국 두 개혁가의 개혁을 위한 연대는 결렬되고, 츠빙글리는 취리히로 돌아와 더욱 고립된 인생을 맞이하게 된다. 그는 전쟁을 피할 길이 없다는 것을 깨닫고 취리히에서 군사를 모으지만 결국 공격자들에게 패하고 1531년 전쟁터에서 사망했다.

츠빙글리는 그의 생애에 수천 번의 설교를 했지만, 현존하는 설교는 아쉽게도 너무 적다. 수천 편이 남아 있는 칼빈이나 루터와 대조적이다. 그에게는 칼빈처럼 설교를 남긴 속기사가 없었기 때문이며 원고 설교를 하지 않았기 때문이다. 칼빈처럼 원고 없는 설교를 했지만, 그것은 준비가 부족해서가 아니라 청중과의 공감을 위해 택한 그의 자세였다.

츠빙글리의 설교는 기본적으로 성경 본문을 강해하는 설교였으며, 주로 한 가지의 책을 선택하여 차례대로 설교하는 시리즈 설교를 선호했다. 때로는 주제에 맞는 설교를 하기도 했으며, 다른 곳에 초청을 받았을 때에는 그곳에서 요청하는 본문을 선택하기도 했다. 그는 설교에서 특별한 수사적인 것을 가져오기를 거부했으며 화려한 몸짓을 사용하는 것을 자제했다. 몇 편의 설교가 남아 있지 않지만, 츠빙글리는 설교할 때면 주로 모든 사람이 오직 하나님의 아들 예수 그리스도를 신뢰할 것과 불신과 미신과 우상을 타파할 것을 강조했다.

츠빙글리는 1519년 1월 1일부터 취리히에 있는 그로스뮌스터 교회에 부임한 이후 바로 다음 날부터 마태복음을 차례대로 강해하기 시작했다. 이 설교는 지금까지 설교 방식과는 전혀 다른 혁명적인 방식

235

이었다. 당시 가톨릭교회는 주어진 본문을 읽은 후에 설교가 없는 경우도 허다했다. 마태복음을 차례대로 강해했다는 것은 하나님의 말씀을 강단에 제대로 올려놓았다는 것이고, 청중에게는 하나님의 말씀을 생생하게 들을 수 있는 기회가 열렸다는 것이다. 이런 점에서 그가 마태복음을 강해한 1519년을 진정한 종교개혁의 시발점으로 보아야 한다는 주장이 있을 정도다.

한 책을 순서대로 설교하는 츠빙글리를 비난하는 사람들도 있었지만, 츠빙글리가 이런 방법을 택한 것은 하나님의 권위 있는 말씀을 있는 그대로 전하고자 하는 그의 자세를 보여준다. 이러한 정신은 다음과 같은 그의 설교철학에 잘 담겨 있다. "나는 그리스도가 아버지의 명령에 따라 심으신 씨앗 이외에는 그 어떤 것도 심으려 하지 않았습니다. 나는 마태복음을 따라 전 복음을 설교했습니다." 그는 마태복음을 전하고 난 다음 사도행전, 디모데전서, 갈라디아서, 그리고 베드로전후서와 히브리서를 설교했고, 이후에 구약 성경도 설교했다. 성경 본문을 강조하면서 하나님이 말씀하고자 하시는 의도를 찾아 전하려는 그의 설교는 실로 전통을 넘어 본문으로 회귀하는 위대한 개혁이었다.

츠빙글리는 사회적 이슈에 대하여 원론적인 수준에서 다루었던 루터와 칼빈과 달리, 사회적 이슈를 더 깊이 직접 다루기도 했다. 그만큼 설교는 성경적이면서도 청중의 삶 속에 파고들어 가야 한다는 것을 강조한 것이다. 이런 점에서 츠빙글리를 개혁신학에 근거한 설교의 첫 출발점으로 볼 수 있다.

울리히 츠빙글리의 설교 분석

1. 목적이 이끄는 설교

"선한 일을 하는 데 필요한 견고함과 인내에 관하여"라는 울리히 츠빙글리의 설교는 당시에 성행했던 화상(images)을 제거하고 제단을 파괴하기 전에 진리를 살아가고 실천하는 자들이 조금도 두려워하지 말고 담대하게 행할 것을 강조한 설교다. 마태복음 10장 22절 "끝까지 견디는 자는 구원을 얻으리라"라는 말씀에 근거하여 성상과 화상과 제단을 없애는 일에 나서면서 진리 위에 굳건하게 서서 흔들리지 말 것을 강조한다.

츠빙글리는 당시에 가톨릭교회에서 성행했던 수많은 상(像)과 성인 숭배 사상, 그리고 면죄부 판매가 성경적이지 않다는 것을 강조하며, 심지어 사제들이 결혼하지 않는 전통이 성경에 근거가 없다는 것을 주장했다. 이런 상황 속에서 전통적인 것을 과감하게 파괴하는 사람들을 위해 그는 본 설교를 통해 견고하여 흔들리지 말 것을 촉구한다.

본 설교는 본문의 상황과 문맥을 살피는 동시에 명확한 목적을 위해 본문을 적용하는 설교다. 종교개혁가들의 가장 뛰어난 공적이라면, 성경 본문에 충실하면서 삶으로 연결해서 나오는 강해와 적용이 어우러진 설교라는 점이다. 본문의 주해와 설교의 주제는 일치해야 하지만, 설교에서 목적이 두드러지게 나타날 때 좋은 설교가 된다. 본문의 주해에 그치고 어느 방향으로 나아갈지 명확하지 않은 설교는 목적 없이 달리는 선수와 다름이 없다. 한편 목적은 분명하지만 본문에 근거하지 않은 설교는 방향만 있을 뿐 이유를 모르고 달려가는 선수와 같다.

본문에 근거하여 설교의 목적을 확실하게 드러낼 때 설교가 지향하는 변화가 일어난다. 설교자가 제대로 설교했는지 보려면 예배당 문을 나서는 사람들의 모습을 보아야 한다. '오늘 말씀을 통해 거룩한 변화의 체험을 하고 돌아가는가? 오늘 설교의 목적을 이해하고 결단한 마음으로 돌아가는가?'

츠빙글리의 설교는 훗날 칼빈의 설교에도 많은 영향을 미쳤을 것이다. 또한 가톨릭 시대에 하나님의 말씀에 근거하여 담대한 변화를 촉구하는 그의 설교는 많은 회중에게 행동하는 용기를 심어 주었을 것이다.

2. 동시대의 문제를 품고 진리를 부르짖는 설교

설교자는 변하지 않는 진리의 말씀에 근거하여 오늘의 시대에 적실하게 적용하는 사람이다. 하나님의 말씀에 비추어 어그러진 것을 바로잡고 부정한 것을 깨우쳐서 사람들의 마음속에 진리를 배우고 믿을 뿐 아니라 진리를 살아 내야 할 것을 가르치는 사람이다. 기독교의 가르침이 현 시대의 삶을 무시하고 본문의 의미만 쏟아 놓는 것은 진정한 의미에서 성경적 설교라고 말할 수 없다.

울리히 츠빙글리는 본 설교에서 당시에 하나님 앞에 불결하다고 확신했던 가톨릭의 거대한 전통에 도전장을 던진다. "지금 성전에는 화상과 우상들이 놓여 있습니다. 비록 양심은 아니지만 아직 공포심을 가지고 있는 사람이 있다면 우상들이 조금이라도 중요한 역할을 해 왔는지 생각해 보아야 합니다. 불결하고 더러운 것들을 세우기 위해 얼마나 많은 돈을 쏟아부었습니까." 잘못된 신앙 전통을 보면서 성경에 근거하여 척결해야 할 것을 주장하는 그의 음성에서 우리는 선지자적 외침을 발견한다. 이것은 쉬운 일도 아니며, 모든 사람의 동의를 얻을 수 있는 일도 아니다. 그러나 하나님이 원하신다는 확신 속에 설교자는 생명을 걸고 개혁을 부르짖는다.

오늘날 기독교회는 말씀에 근거하여 시대를 진단하고 정직을 부르짖는 츠빙글리의 개혁적 자세를 필요로 한다. 츠빙글리의 설교는 오늘날 우리 교회의 실상을 돌아보게 한다. 전통은 사람이 만든 것이고, 말씀은 주님이 주신 영원한 진리다. 오늘날 사람들은 개혁신학을 강조할수록 시대적 상황을 외면한다는 인상을 가진다. 칼빈도, 츠빙글리도 철저한 성경 강해자인 동시에 시대를 향해 그 진리를 쏟아 냈다. 시대적 사명을 감당하는 설교자의 외침에는 때로 생명을 거는 용기가 요구된다. 츠빙글리 시대나 지금이나 진정한 진리를 실천하는 사람들에게는 동일한 희생이 따르기도 한다.

츠빙글리는 하나님을 향한 거룩한 자세가 이 두려움을 이기고 새로운 힘을 얻게 하는 원동력임을 강조한다. "우리가 이 일을 감행하는 데는 다른 무엇보다 용기가 더 필요합니다. 감사하게도 우리의 조상들은 육체적인 자유를 수호하기 위해 얼마나 용감하고도 견고하게 맞서 왔습니까. … 따라서 우리로 하여금 양심에서 자유롭게 하고 영원한 기쁨을 주는 모든 일에 더욱더 견고하게 서기를 바랍니다."

3. 성경 인물을 예화로 드는 설교

본 설교에서 울리히 츠빙글리는 성경 구절을 많이 인용하는 동시에 성경의 인물을 곳곳에 예로 든다. 구약과 신약을 골고루 인용하면서 자신의 설교가 성경 진리에 근거한 것임을 밝힌다. 성경 구절을 많이 인용하는 것은 주로 변증적 설교나 주제설교 또는 교리설교에 나타난다. 설교 역사를 보면, 청교도 설교자들이 여러 성경 구절을 인용하면서 본문을 증명하려 한 것을 볼 수 있다.

특히 본 설교에서 두드러지는 부분은 성경의 인물을 예화로 사용한다는 점이다. 츠빙글리는 성경 인물을 예로 들면서 오늘날 우리가 따라가야 할 모델을 통해 견고한 신앙을 끝까지 유지할 것을 강조한다. 십자가 죽음을 두고 당당하게 이겨 나가신 예수님을 인용하고, 구약의 인물들 가운데 모든 사람보다 온유했던 모세의 견고함을 소개한다. 또한 왕으로 기름 부음을 받았으면서도 고통스런 삶 가운데 마지막까지 견디며 인내했던 다윗왕을 통하여 설교를 듣는 청중이 담대하게 일어설 것을 강조한다.

"설교에서 구약의 사건이나 인물을 예화로 드는 것이 가능하며 적절한가?"라는 질문은 설교학에서 논란이 되는 이슈다. 일반적으로 구약학자들은 구약의 사건이나 인물을 설교의 예화로 사용하는 것은 구약의 가치를 떨어뜨리는 일 가운데 하나라고 비판하기도 한다. 한편 사람의 이야기를 예화로 드는 것을 거부하는 사람들은 예화를 들려면 성경 인물들 내에서 찾아서 들어야 한다고 주장하기도 한다.

이 질문에 대하여 필자는 가능하다고 생각한다. 첫째 근거로 예수님이 구약의 사건이나 인물들을 인용하면서 사람들에게 진리를 가르치신 예가 많이 있으며, 무엇이든지 이전에 기록된 것은 오늘날 우리를 위한 것이라는 바울의 가르침(롬 15:4)을 생각하면 얼마든지 가능하다고 볼 수 있다. 둘째 근거는 설교의 정의에도 부합하기 때문이다. 설교란 진리의 말씀을 바르게 해석해 청중의 삶으로 적용하여 변화를 일으키는 것이다. 이런 설교의 목적에 합당하다면 성경을 해석할 때 다른 성경 구절을 가져와서 증명하고 설명하고 보완할 수 있듯이, 구약 성경 본문을 가지고 주어진 본문을 설명하는 예로 사용할 수 있다.

설교의 효과 면에서는, 가능하다면 성경의 예보다 오늘날 삶에서 예화를 찾는 것이 더 좋겠다. 성경 자체가 이미 수천 년의 간격을 지닌 것이기에 동시대에 일어난 사건이나 사람을 다루는 것이 듣는 사람들의 가슴속에 더욱 적실하게 들릴 수 있다.

4. 울리히 츠빙글리의 설교가 한국 교회 강단에 주는 메시지

울리히 츠빙글리의 설교가 몇 편 남아 있지 않다는 것은 오늘날 설교자들에게는 참으로 애석한 일이다. 성경 본문에 충실하면서도 치열한 삶의 현장으로 연결하는 그의 설교를 읽는 것은 오늘날 설교가 회복해야 할 본질의 모습을 잘 보여 주기 때문이다. 설교란 근본적으로 하나님의 말씀을 전하는 것이다. 설교자는 '이것이 하나님의 말씀이다'라는 확신 속에 담대하게 복음을 전해야 한다. "성경으로 돌아가자"라는 종교개혁의 표어가 오늘보다 더 절실하게 요구되는 시기도 드물다. 강단이 하나님의 말씀이 흘러나오는 통로라야 교인이 살고 교회가 산다. 츠빙글리의 성경에 근거한 설교는 모든 세대의 설교자가 추구해야 할 영원한 지침이 될 것이다.

잘못된 전통에서 벗어나야 한다는 그의 거대한 부르짖음을 통해 우리는 진리를 살아가는 츠빙글리의 고독한 투쟁을 보는 듯하다. 당시 가톨릭의 전통이 교회마다 깊이 스며든 상황에서 오직 성경의 가르침을 주장하면서 개혁을 부르짖은 츠빙글리를 통해 이 시대 한국 교회 설교자들이 나아가야 할 방향을 발견한다. 오늘날 교회는 자정 능력을 상실한 수준이라는 비판을 듣고 있다. 사람들이 더 이상 교회에 기대를 하지 않는 시대가 되었다. 시대 앞에서 그리스도인들이 처한 문제를 바라보며 정직하게 복음을 외치는 목회자들이 필요한 때다.

목회자는 진리를 배우고 따르고 전하며 살아가는 사람이다. 진리를 전하는 데 찾아오는 장애물과 고통을 두려워하지 않는 사람이 설교자다. 진리를 외치다가 결국 죽음의 길로 나아가야 했던 츠빙글리는 오늘날 설교자가 지녀야 할 개혁 정신이 무엇인지를 생생하게 중언하고 있다.

13장

존 칼빈,
강단에서 종교개혁을 꽃피운 설교자

존 칼빈의 설교

설교 제목: 에베소서 첫 장 두 번째 설교(The Second Sermon on the First Chapter - Ephesians)

본문: 에베소서 1:3-4

이제 바울은 하나님이 우리를 당신의 은혜로 인도하시게 된 그 원천과 근거 혹은 가장 중요한 이유가 무엇인지를 알려 줍니다. 하나님이 복음을 통하여 우리를 천국의 소망으로 인도하시기 위해 당신의 선하심과 자비라는 보화를 드러내셨다고 말하는 것만으로는 충분하지가 않기 때문입니다. 사실 이것만으로도 대단한 것이긴 하지만 말입니다.

만약 바울이 우리가 방금 읽은 본문을 덧붙이지 않았다면, 하나님은 모든 사람에게 예외 없이 공통된 은혜를 베푸시는 분이 되어 결과적으로 그 은혜는 자신의 자유의지에 따라서 받아들이는 각 사람의 개인적인 능력에 달려 있다는 억측이 나올 수도 있을 것입니다. 결국에는 우리 안에 공적이 있는 셈이 될 것입니다.

그러나 바울은 인간 편의 모든 공적을 배제하고 모든 것은 하나님의 순전하신 선하심과 은혜로부터 온다는 것을 보여 주기 위해, 하나님이 우리를 미리 선택하심으로 우리에게 복을 주셨다고 말합니다. 바울의 이 말은 우리가 하나님을 온전히 찬양하기 위해서는 사람들 사이에 다양성이 발견된다는 것에 주의를 기울여 볼 것을 알려 줍니다. 왜냐하면 어떤 사람에게는 복음이 선포되지만, 다른 사람은 복음이 무엇인지 모른 채 복음으로부터 철저하게 닫혀 있기 때문입니다. 이는 마치 하나님이 어떤 지역에는 비를 내리시고, 다른 지역은 바짝 말라 있게 하시는 것과 마찬가지입니다.

예정하시는 하나님

만일 누군가 "왜 하나님은 어떤 사람에게는 동정을 베푸시고, 다른 어떤 사람은 포기하고 내버리시는가?"라고 질문한다면, 거기에는 그분이 그렇게 하기를 기뻐하신다는 말 외에는 다른 대답이 있을 수 없습니다. 복음이 선포될 때 어떤 사람들은 생생한 믿음으로 마음 깊이 감화를 받지만, 어떤 이들은 아무런 유익도 받지 못한 채 왔던 길로 되돌아가고, 또 어떤 이들은 하나님께 대항하여 마음이 굳어져서 이전부터 그들 안에 숨겨져 있던 완고함을 드러내 보이기도 합니다. 이런 다양한 차이의 원인이 무엇이겠습니까? 그것은 바로 하나님이 어떤 이들은 성령으로 인도하시고, 또 어떤 이들은 그들의 본래적인 부패 속에 그대로 내버려 두시기 때문입니다.

바울이 이 말씀을 통하여 하나님의 선택을 따라 하나님께 복을 받는다고 말하는 것에는 그럴 만한 충분한 이유가 있는 것입니다. 왜냐하면 우리가 그분께로 나아간 것이 아니라 그분이 우리를 찾아오시기 때문입니다. 선지자 이사야의 말(사 65:1)은 모든 면에서 성취되어야 합니다. 하나님은 당신을 찾지 아니한 자들에게 자신을 드러내셨고, 멀리 떨어져 있는 자들이 그분을 가까이서 뵈었던 것입니다. 또한 그분은 그들에게 다음과 같이 말씀하셨습니다. "내가 여기 있노라. 내가 여기 있노라. 비록 너희들이 나를 경멸할지라도 나는 너희의 구원에 깊은 관심이 있기에 너희에게로 가노라." 바로 이것이 바울이 이 말씀을 통해 말하고자 하는 내용입니다.

만일 우리가 철학자들에게 묻는다면, 그들은 언제나 하나님은 그럴 만한 가치가 있는 사람들을 사랑하시고 덕이 있는 사람들을 구별하셔서 당신의 백성으로 삼으신다고 대답할 것입니다. 우리는 자신의 상상력에 의존하여, 하나님이 어떤 사람은 사랑하시고 어떤 사람은 미워하실 때 그분은 각 사람의 가치나 인품에 따라 그들을 구별하신다고 생각할 것입니다.

그러나 우리는 우리의 지식 안에 오직 허영만이 들어 있음을 알아야 합니다. 하나님은 우리의 잣대로 재어질 수 있는 분이 아니십니다. 그러므로 이 문제는 우리에게 이해되지 않는 하나님의 비밀에 대한 존경과 관계되어 있습니다. 만일 우리가 그 비밀을 존경하지 않는다면 우리는 믿음의 원리들을 이해하지 못하게 될 것입니다. 왜냐하면 우리의 지혜는 언제나 겸손으로부터 시작되어야 하며, 우리의 이런 겸손은 곧 하나님의 판단을 우리의 저울로 재단해서는 안 된다는 것과 우리 스스로 하나님의 판단에 대한 심판자나 중재자가 되어서는 안 된다는 것을 의미하기 때문입니다.

여러분은 사람들이 이 예정교리를 어렵고 귀찮은 것으로 생각하는 이유가 그들이 자신들의 의견에 너무 집착하고, 자신들을 하나님의 지혜에 굴복시키지 못하며, 그분의 말씀을 침착하고 겸손하게 받아들이지 못하기 때문임을 알고 있습니다. 참으로 우리는 "육에 속한 사람은 하나님의 성령의 일들을 받지 아니하나니 이는 그것들이 그에게는 어리석게 보임이요"(고전 2:14)라는 바울의 말로부터 교훈을 얻어야 합니다. 왜 그렇습니까? 우리는 그분의 지도 교사가 아니라 오히려 성령에 의해 우리에게 계시된 것들을 받아야 할 사람들에 불과하고, 그런 방법이 아니고서는 결코 그 비밀을 알 수 없기 때문입니다. 또한 우리는 그분이 우리에게 허락하시는 방법에 따라 그 비밀의 해답을 얻어야 하기 때문입니다.

사실 우리는 바울이 우리에게 그와 같은 생각에 도달하도록 권면하고 있다는 것을 알고 있습니다. 바울은 이렇게 말합니다. "이 사람아 네가 누구이기에 감히 하나님께 반문하느냐"(롬 9:20). 그는 우리가 으레 하는 여러 가지 답변을 한 후에 '사람아'라는 말을 쓰고 있습니다. 바울은 이 '사람'이라는 단어를 가지고 우리의 연약함을 깨닫도록 일깨워 줍니다. 왜냐하면 우리는 먼지에 불과하기 때문입니다(시 103:14). 그렇다면 우리가 하나님께 대항하여 입을 벌려 말하는 것은 얼마나 무모한 것입니까. 그것은 자연의 질서를 뒤집는 일이 아니겠습니까.

우리 중에는 감히 성령을 거스르는 것을 원하지 않기 때문에 바울이 여기서 말하는 예정교리를 인정하기는 하지만 그 교리가 이야기되는 것을 막기 위해 그것을 묻어 두려는 사람들이 있습니다. 하지만 그들은 선지자들과 사도들, 그리고 심지어 하나님의 아들의 입을 통하여 그 교리를 가르쳐 주신 성령을 통제하려 함으로써 자기들이 바보라는 사실을 보여 줄 뿐입니다. 우리 주님은 자신이 우리에게 구원에 대한 확신을 주고자 하실 때나 혹 우리 믿음의 은사를 칭찬하려 하실 때면 언제나 우리를 이 '영원한 선택'으로 이끌어 가셨습니다.

우리는 다시금 바울이 하나님의 선하심을 찬양하는 데 있어 예정교리 이상으로 더 좋은 증거를 갖고 있지 않다는 점에서 이 교리에 반대하는 자들의 어리석음을 똑똑히 볼 수 있습니다. 그러므로 다른 이유가 없다면 이 교리를 침묵케 하기보다는 차라리 온 세상을 혼란에 빠지게 하는 편이 나을 것입니다. 하나님은 우리 눈앞에 무한한 자비의 보화를 펼쳐 놓으셨는데 사람들이 그것에 대해 말하지 않고 오히려 그 보화를 발밑으로 던져 버린다면 그것이 과연 제정신이 있는 행동이겠습니까.

하나님의 선하심은 어떻게 칭송을 받아야 할까요? 그것은 바로 그분이 우리의 인품이나 업적 어느 곳에서도 우리를 사랑할 만한 어떤 것도 발견하실 수 없음에도 불구하고 그분의 순전하신 관대함으로 우리 앞에 보여 주시는 은혜를 통해서입니다. 만약 그렇다면 거기에는 필연적으로 하나님의 선택이 먼저 있어야 합니다. 하나님은 자신이 그렇게 하기를 좋게 여기시기 때문에 어떤 사람을 선택하시고 다른 사람은 버리십니다.

더 나아가 우리는 믿음이라는 것이 우리에게서 오는 것이 아니라는 사실을 알아야 합니다. 만일 그렇다고 한다면 우리의 행위 안에 어떤 공로가 있는 셈이 되기 때문입니다. 물론 우리 안에는 사악함만이 존재한다고, 또 우리는 저주를 받았으며, 우리는 우리의 죄를 인정하는 것밖에 다른 할 일이 없다고 고백하는 것은 바로 믿음을 통해서 그렇게 하는 것입니다. 그러나 그렇다 할지라도 만일 우리가 자신의 주도 아래 믿음을 가진다면 그 믿음은 일종의 공로와 같은 성격을 지니게 될 것입니다. 그러므로 위로부터 주어지지 않는다면 사람이 스스로 믿는다는 것은 불가능하다는 결론을 내려야 합니다.

확실히 바울은 하나님을 "찬송하리로다"(엡 1:3)라고 말하면서 우리의 주목을 받을 만한 가치가 있는 무엇인가를 선언하고 있습니다. 왜 그렇습니까? 그것은 곧 그가 하나님은 예수 그리스도 안에서 우리를 풍성하게 하심으로써 우리의 삶을 즐겁고 복된 것이 되도록 하셨다고 말하고 있기 때문입니다. 이어서 그는 "우리를 택하사"(엡 1:4)라는 말을 덧붙이고 있습니다.

바울이 언급하고 있는 신령한 복들 가운데 믿음이 발견됩니까? 물론입니다. 그것은 모든 신령한 복들 가운데 으뜸입니다. 왜냐하면 우리는 바로 그 믿음을 통해서 성령을 받기 때문입니다. 우리는 믿음으로 역경을 인내합니다. 또한 믿음으로 하나님께 복종하고, 믿음으로 그분을 섬기는 일을 허락받습니다. 즉 언제나 믿음은 하나님이 우리에게 허락하시는 모든 신령한 은혜 중 으뜸인 것입니다.

구원에 대한 확신을 주시는 하나님

다음의 요점은 구원에 대한 확신입니다. 우리 주 예수님은 우리에게 그 모든 유혹에 대항해서 스스로를 견고케 하는 치유책을 보여 주셨습니다. 그분은 이렇게 말씀하십니다. "너희는 스스로 내게 오는 것이 아니라 하늘의 아버지께서 너희를 내게로 이끄시는 것이다. 내가 너희를 내 보호 안에 두었나니 더 이상 두려워 말라. 나는 너희를 나의 아버지 하나님의 유업으로 인정한다. 너희를 내게 맡기시고 내 손에 두신 분은 만유보다 크시니라." 그러므로 우리는 우리의 구원이 하나님의 영원하신 예정에 의해 확증된다는 것을 알 수 있습니다.

하나님은 모든 사람에 대하여 관대하십니다. 그분은 선인과 악인 모두에게 햇빛을 비추시기 때문입니다(마 5:45). 그런 그분이 이제 사람들 중에서 어떤 이들을 뽑아서 당신의 자녀가 되는 특권을 허락해 주신다고 해서, 우리가 그분께 대항해 중얼거린다고 무엇을 얻을 수 있겠습니까. 누군가가 하나님은 사람을 편파적으로 대하신다고 말할지라도, 그러나 그렇지 않습니다(골 3:25). 왜냐하면 그분은 부자를 선택하시고 가난한 자를 무시하시는 분이 아니기 때문입니다. 그분은 아무 지위도 없는 낮은 사람들보다 고귀한 사람과 신사들을 택하는 그런 분이 아니십니다(고전 1:26). 그러므로 하나님은 어떤 편파적인 성향도 없으십니다. 왜냐하면 그분은 가치 없는 사람들을 선택하심에 있어 오직 자신의 순전하신 선에만 의존하시기 때문입니다. 그분은 누가 다른 사람보다 더 가치 있는지를 생각하지 않으십니다. 그분은 당신이 기뻐하는 대로 선택하실 뿐입니다. 그 이상의 무엇을 더 바랄 수 있겠습니까. 그러므로 우리에게는 하나님의 뜻에 만족하고 스스로를 제어하여, 그분으로 하여금 당신이 기뻐하는 대로 선택하시게 해야 할 충분한 이유가 있습니다. 그분의 뜻이야말로 모든 평등과 권리에 대한 지배적인 기준이기 때문입니다.

이제 우리는 바울이 여기에서 무엇을 말하고 있는지 알 수 있습니다. 그가 하나님이 우리에게 복을 주셨다고 말할 때, 그것은 모호한 교리가 아닙니다. 참으로 하나님이 성령을 통하여 우리를 복음에 대한 믿음으로 인도해 주시고, 또 우리 주 예수 그리스도의 은혜의 참여자가 되게 해 주실 때, 그것은 바로 하나님이 그것을 통하여 당신이 우리를 창세전부터 선택했다는 사실을 보여 주고 계시는 것입니다. 그러므로 우리가 하나님의 은혜를 바르게 찬양하려면 이런 근본적이고 본래적인 원인인 '하나님의 선택'에까지 나아가야 한다는 것을 깨달아야 합니다.

창세전에 그리스도 안에서 선택하신 하나님

이제 우리는 이보다 더 나아가야 합니다. 왜냐하면 바울은 본문에서 사람들이 자기 스스로 취할 수 있는 모든 존경과 가치를 보다 잘 제거하기 위하여 "창세전에"(엡 1:4)라는 말을 쓰고 있기 때문입니다. 하나님은 우리를 창세전에 선택하셨습니다. 그러니 우리가 그분께 무엇을 내세울 수 있겠습니까. 따라서 우리는 바울이 하나님이 창세전에 우리를 선택하셨다고 말할 때, 그가 다음과 같은 올바른 전제를 세우고 있음에 주목해야 합니다. 즉 하나님은 우리 안에서 악 외에는 어떤 것도 보실 수 없었다는 것입니다. 우리 안에는 하나님이 발견하실 수 있는 어떤 선도 존재하지 않습니다. 그러므로 그분이 우리를 선택하셨다는 사실을 아는 우리는 그러한 선택은 하나님의 값없는 은혜에 대한 매우 분명한 증거라고 간주해야 합니다.

바울은 이와 같은 일이 "그리스도 안에서"(엡 1:4) 이루어졌다고 말함으로써 이 문제를 보다 더 훌륭한 방식으로 확증하고 있습니다. 만약 우리가 '우리 안에서' 선택을 받았다고 한다면 하나님은 우리 안에서 다른 사람들에게는 알려지지 아니한 어떤 비밀스러운 공로를 발견하셨다고 말할 수도 있을 것입니다. 그러나 그분이 우리를 우리의 어떤 것과도 상관없이 선택하셨음을 볼 때, 즉 우리의 밖으로부터 우리를 사랑하셨음을 알 때 우리가 그 사실에 대해 무엇이라고 말하겠습니까. 만약 내가 어떤 사람에게 선을 행한다면, 그것은 바로 내가 그를 사랑하기 때문입니다. 만약 나의 사랑의 원인이 무엇이냐고 묻는다면, 거기에는 우리가 성격 면에서 서로 닮았다거나 아니면 그와 유사한 어떤 다른 이유가 있을 것입니다.

거룩하고 흠 없는 자로 부르신 하나님

다음으로 나오는 말씀은 "사랑 안에서 그 앞에 거룩하고 흠이 없게 하시려고"(엡 1:4)입니다. 이 '사랑'이란 단어는 마땅히 하나님께 돌려야 합니다. 이것은 마치 우리가 하나님의 값없는 사랑 이외에는 하나님이 우리를 당신의 자녀로 삼아 주시도록 할 만한 그 어떤 다른 이유도 발견할 수 없다고 말하는 것과도 같습니다. 바울은 여기에서 비록 하나님의 선택은 자유로운 것이며 인간의 모든 가치와 업적과 덕행을 무시하고 없애 버리는 것이기는 하지만, 그렇다고 해서 그와 같은 선택이 우리에게 악을 행하게 하고 무질서한 삶을 살게 하며 또는 미친

251

듯이 날뛸 수 있도록 허가증을 제공해 주는 것은 아니며, 오히려 그런 선택은 우리를 우리가 빠질 수 있는 모든 악으로부터 건져 내기 위함이었다는 것을 보여 줍니다.

이 시간 우리는 이 교훈으로부터 어떤 유익을 얻어 내야 합니다. 지금 우리는 우리의 선택에 대한 증거이시며 우리 구원과 하나님의 무한하신 사랑의 근원으로부터 흘러나오는 모든 신령한 은혜의 소망 되시는 우리 주 예수 그리스도의 만찬을 받을 준비를 하고 있습니다. 그러므로 우리는 그분이 우리에게 자신의 부요함을 보여 주시는 것은 우리로 하여금 그것들을 남용하도록 하시려는 것이 아님을 알아야 합니다. 그것들로 인하여 우리의 입술로뿐만 아니라 삶 전체를 통하여 영광 받으실 목적으로 그렇게 하시기 때문입니다. 또한 우리는 모든 것을 그분께 받고 있으므로, 그분이 우리를 마음껏 기뻐하시도록 하기 위해 그분의 자녀가 되고 그분께 복종하는 것을 배워야 합니다.

이제 우리는 우리의 좋으신 하나님의 위엄 앞에 엎드려 우리의 죄를 자복합시다. 그리고 그분이 우리로 하여금 그런 죄과들을 더욱 깊이 느끼게 하시어 하나님에 대한 두려움 안에서 유익을 얻을 수 있게 해 주시고 그 안에서 더욱 강건하게 하시기를 기도합시다. 우리로 하여금 우리의 모든 약점을 견딜 수 있게 해 주시기를 또한 기도합시다. 그리고 하나님이 예수 그리스도로 인하여 우리 죄를 씻어 주시고 깨끗하게 해 주실 때까지, 즉 그분이 모든 것을 우리에게 소유로 허락해 주시는 날까지 우리가 하나님의 은혜를 맛보며 살아가게 해 주시기를 기도합시다. 이제 우리 모두는 이렇게 기도합시다. "하늘에 계신 우리 아버지, 아버지의 이름을 거룩하게 하시며…."

존 칼빈의 삶과 설교 세계

기독교 역사에서 진리의 말씀으로 영혼과 세상을 바꾼 설교자요, 성경의 가르침에 근거하여 개혁신학을 정립한 신학자요, 또한 성경에 근거하여 종교와 삶의 변화를 일으킨 개혁가라는 평가를 동시에 받는 사람, 그가 존 칼빈(John Calvin, 1509-1564)이다. 다양한 역할을 감당했지만, 칼빈은 자신을 하나님의 말씀을 해석하고 전하는 설교자요 성도들을 사랑으로 목양한 목자라고 생각했다. 칼빈은 강단을 자신이 하나님으로부터 받은 제1의 사명터로 여겼으며 성경의 올바른 해석과 설교를 통해 진정한 종교개혁을 추구했다.

칼빈은 1509년 프랑스 북부 누아용에서 여섯 명의 아들 중 둘째 아들로 출생했다. 모친인 잔느 르 프랑은 칼빈이 어렸을 때 사망했고, 부친 제라르 칼빈은 그가 22세 되던 해 세상을 떠났다. 아버지의 소원대로 칼빈은 어린 시절 가톨릭 사제가 되기를 희망했으나 훗날 진로를 바꾸어 법률을 공부했다. 1530년 초기 즈음에 회심하고 가톨릭을 떠나 일생 복음의 사자로 진리를 외쳤다.

칼빈은 1536년 《기독교 강요》 초판을 출판했고, 그것이 계기가 되어 제네바에서 개혁운동을 벌이고 있던 기욤 파렐의 부탁으로 생 피에르 교회에서 목회를 시작했다. 그는 섬기던 교회에서 쫓겨난 후 프랑스 스트라스부르의 성 니콜라 교회에서 3년 동안 목회한 후 다시 제네바로 돌아와 1564년 2월 6일까지 설교하고 3개월 후 5월 27일 하나님의 부르심을 받았다.

칼빈은 하나님의 뜻을 이루는 가장 중요한 도구가 설교라고 여겼으며 인간 사회의 개혁과 성도의 삶에 가장 중요한 것이 설교라고 강조했다. 성경이 청중을 만나는 자리는 주석이 아니라 설교라고 생각했기 때문에 주석은 라틴어로 썼지만 설교는 누구나 알아들을 수 있는 프랑스어로 전했다. 그의 제자 테오도르 베자의 정리에 의하면, 칼빈은 1년에 약 186회 신학 강의를 했고, 268회 설교했다.

칼빈의 설교와 신학은 철저한 종교개혁의 다섯 가지 모토에 근거한다. 오직 은혜로 말미암는 구원, 오직 믿음을 통한 구원, 오직 그리스도로 인한 구원, 오직 하나님의 영광을 위한 구원, 그리고 오직 성경에 의한 구원의 교리는 그의 모든 사역의 기반을 차지한다. 칼빈의 설교관은 무엇보다 성경의 절대적 권위를 인정하는 데서 시작되고, 설교란 하나님의 말씀을 대언하는 것이라고 여겼다. 그에게 강단은 진리의 말씀이 흘러나오는 현장이었으며, 성경이 바르게 해석될 때 구원의 역사와 삶의 변화를 이룰 수 있다고 확신했다.

칼빈의 설교에 나타난 몇 가지 특징을 보면, 설교란 하나님의 말씀을 명확하게 풀어 주는 것이기 때문에 문자적인 해석을 중시했고 성경을 차례로 설명하는 연속 설교를 선호했다. 철저하게 저자 중심의 해석학을 추구했기 때문에 당시 인문주의적, 철학적, 풍유적인 중세 해석학과는 결정적인 차별을 보인다. 모든 설교에서 하나님의 절대적인 주권과 은혜를 강조함으로써 개혁신학에 근거한 설교의 정수를 보여 준다. 칼빈은 설교 원고를 작성하지는 않았다. 오늘날 2,023편이나 남아 있는 그의 설교는 당시 프랑스에서 피난 온 드니 레그니에라는 필사자가 받아쓴 것이다.

필자는 2009년에 칼빈 탄생 500주년을 맞이하여 그가 태어나고

자라났던 누아용과 목회했던 스트라스부르와 제네바에 있는 교회를 방문한 적이 있다. 칼빈이 섰던 강단은 그 긴 세월 동안 그대로 남아 있으며 지금도 활발하게 예배가 진행되고 있다. 칼빈이 그 강단을 오르면서 늘 읊조린 말이 있다. "설교자가 먼저 하나님의 말씀을 힘써 따르지 않는다면 강단에 오르면서 목이 부러지는 것이 낫다." 위대한 종교개혁은 글로써 이루어진 것이 아니라 진리를 믿고 진리를 살아 낸 한 사람의 삶이 만들어 낸 결과라는 것을 다시금 확인했다.

칼빈의 무덤은 그가 섬겼던 교회에서 멀지 않은 마을 공원묘지에 있다. 초라한 묘지 앞에 'J.C.'라고 적힌 작은 묘비만이 그의 흔적을 알려 줄 뿐이었다. 칼빈의 무덤은 비어 있는 무덤이라고 알려져 있다. 오직 하나님의 영광만 추구하다가 자신의 마지막 흔적까지 없애 버린 칼빈. 그 빈 무덤에서 하나님의 은혜와 예수 그리스도의 보혈이 터져 나오고 있었다.

에베소서 1장 3-4절을 본문으로 하는 칼빈의 설교는 그의 에베소서 연속 설교 가운데 두 번째에 해당되는 설교다. 칼빈은 이 설교에서 기독교의 가장 정수라고 할 수 있는 은혜로 말미암는 구원을 창세전에 선택하신 하나님의 예정을 통해 변증한다. 지면상 모두 소개하지 못했지만, 본래 칼빈의 설교에서는 당시 가톨릭을 염두에 두고 그들의 잘못된 신학을 공격하면서 하나님이 행하신 구원이라는 위대한 은총을 에베소서 본문을 통해 증명해 간다. 칼빈의 설교에는 본문에 대한 해설과 신자들의 삶을 다루는 두 가지가 모두 균형 있게 나타난다.

존 칼빈의 설교 분석

1. 본문의 문자적 의미에 근거한 설교

종교개혁이 강조하는 "근본으로 돌아가자"(Ad Fontes)라는 모토가 보여 주듯이 존 칼빈은 절대무오한 하나님의 말씀으로 돌아가 말씀을 바르게 해석하고 전하는 것을 최대 사명으로 삼았다. 칼빈의 본 설교는 본문을 설명하고 본문에 근거하여 적용하는 설교가 무엇인지를 잘 보여 준다. '창세전에' 우리를 선택하신 하나님과 '그리스도 안에서' 선택하신 하나님을 하나씩 풀어 가면서 설명한다. 그리고 '사랑 안에서 하나님 앞에 거룩하고 흠이 없게 하시려고' 우리를 선택하신 것을 통해 신자들을 부르신 하나님의 목적을 보여 준다.

칼빈은 본문을 해석하면서 알레고리적 해석을 배격하고 철저하게 문자적인 해석을 추구한다. 칼빈의 해석이 그의 시대뿐 아니라 오늘날도 읽는 사람에게 동일한 은혜로 다가오는 것은 말씀을 변함없는 본문에 근거하여 바르게 해석했기 때문이다.

칼빈의 본문에 근거한 설교는 기독교 설교가 무엇을 기반으로 해야 하는지를 잘 보여 준다. 기독교란 말씀에 근거한 진리의 종교이며, 이 말씀은 사변이나 철학적인 논리가 아닌 성경의 계시를 풀어 주는 것에 근거한다. 설교란 일차적으로 본문을 바르게 해석하는 것에서 출발하여 청중의 삶으로 나아가는 적용을 목적으로 삼아야 한다. 칼빈의 설교를 보면서 오늘날 본문의 비중이 점점 약화되어 가는 강단이 다시 돌아가야 할 곳이 본문 자체라는 것을 깨닫게 된다.

2. 본문과 교리의 균형 잡힌 설교

존 칼빈의 설교는 본문에 대한 정확한 해설도 돋보이지만 본문에 스며 있는 교리를 종합해서 잘 소개한다는 점도 뛰어나다. 본 설교에서 칼빈은 하나님의 예정교리가 하나님의 절대적인 사랑에 의한 창세 전의 선택이라는 것을 잘 보여 준다. 하나님의 선택은 사람의 공로가 전혀 배제된 것으로서 오직 그리스도 안에서 죄악 된 우리를 선택하셨다는 것을 강조한다. 본 설교는 교리가 목적이 아니라 본문을 그대로 풀어 주는 설교이지만, 기독교의 가장 중요한 교리들을 논리적으로 소개한다. 교리들을 딱딱한 논리로 증명하는 것이 아니라 본문에 근거하여 드러내고 성경을 근거로 소개하는 것이 칼빈 설교의 특징이다.

교리에 대한 강조는 종교개혁가들과 청교도 설교자들에게서 공통적으로 찾아볼 수 있다. 그들은 성경 본문에 대한 기본적인 해설과 그 본문에 근거하여 두드러지는 교리를 설교화하는 방법을 추구한다. 이는 본문을 무시하고 교리만 가르치는 교리설교와는 다르다. 오늘날 설교는 본문을 충분히 다루지 않은 채 신속하게 삶으로 나아가는 경향을 보인다. 삶에 대한 적용과 거룩한 변화에 대한 촉구는 아무리 강조해도 지나치지 않지만, 본문을 무시한 채 강조되는 교리나 주제는 본문의 지지를 받지 못할 때가 있다. 본문에 대한 주석적 고찰과 성경 전체의 시각에서 드러내는 교리에 대한 균형을 칼빈의 설교는 잘 보여 준다.

3. 성경으로 성경을 해석하는 설교

존 칼빈의 설교는 다른 성경을 많이 인용함으로써 본문의 내용을 증명해 나간다. 주어진 본문의 의미를 드러내기 위해 다른 성경 본문을 가져오는 것은 개혁가들이 추구한 설교 형식으로, 소위 '성경이 성경을 해석한다'는 원리를 잘 보여 준다. 이것은 성경 전체가 하나님의 구원에 대한 한 주제를 담고 있다는 성경관에 근거한다. 본 설교에서도 신약과 구약에서 다양한 본문을 끌어와 자신이 설명하고자 하는 내용을 뒷받침한다. 칼빈이 다른 성경을 인용할 때는 직접 본문을 인용하기도 하고 본문의 의미를 간략하게 소개하는 경우도 있다. 칼빈의 설교는 그가 얼마나 성경에 대해 해박하고 성경을 자유롭게 사용할 수 있는지를 잘 보여 준다.

성경이 성경을 해석하는 것은 칼빈의 논증과 설득에서 중요한 역할을 한다. 칼빈은 성경 본문을 떠난 이론이나 추론을 배제하고 본문에서 벗어난 이성적 논증 역시 배제한다. 오직 성경 자체의 계시에 근거하여 신구약을 넘나들면서 성경을 해석한다. 이런 점에서 청교도들의 설교와는 약간 다른 양상을 보인다. 청교도들은 성경 해석뿐 아니라 가능한 한 모든 이성적 추론까지 이용해서 듣는 사람들로 하여금 성경 진리에 설복하게 한다.

4. 짧은 본문 선택과 긴 문장의 설교

존 칼빈의 설교를 보면 대부분 본문 선택이 짧다. 이는 대부분의 종교개혁가들과 청교도 설교에서 발견되는 공통점이다. 본 설교에서도 에베소서 1장 3-4절을 통해 이 본문에 들어 있는 중요한 이슈인 하나님의 예정과 선택, 그리고 신자의 거룩한 삶을 설교한다.

본문 선택에 있어서 길이에 정해진 규칙이 있는 것은 아니다. 잠언 같은 경우는 한 절로도 설교가 가능하다. 구약의 내러티브 본문 형식은 하나의 사건 전체를 본문으로 다루어야 할 때도 있다. 본문 선택에 있어서는 한 가지 원칙을 기억해야 한다. 한 본문에는 하나의 사상의 단위, 즉 하나의 주제가 있어야 한다. 설교학적으로 이를 '강해 단위'라고 부른다. 한 본문에는 설교할 수 있는 하나의 중심 주제가 있어야 한다는 말이다.

설교란 한 본문에 나타난 하나의 중심 교리를 다루거나 단어 하나를 떼어 내어 그 단어와 관계된 주제를 설교하는 것이 아니다. 하나님이 한 본문을 통해 말씀을 주실 때는 그 본문에서 드러내고자 하시는 의도가 있다. 그 의도는 최소한 하나의 단락을 통해 나타난다. 이런 점에서 칼빈의 본문 선택은 성경적 설교의 모델로 따르기는 어렵다. 설교자는 하나의 중심 사상이 나타나는 단위 전체를 하나의 본문으로 삼는 것이 바람직하기 때문이다.

칼빈의 설교를 읽으면서 오늘날 설교자들이 발전시켜야 할 다른 과제는 설교 문장의 길이에 관한 것이다. 칼빈의 설교는 한 문장이 엄청난 길이로 구성되어 있다. 칼빈의 설교를 들은 당시의 사람들에게는 그의 설교가 힘겹게 여겨지지 않았을 수는 있다. 그러나 오늘날 청중은 전혀 다른 상황에 놓여 있다. 설교 문장은 짧을수록 효과적이다. 단문일수록 내용이 분명하고, 수식어가 적어지고, 전달력이 강렬하다. 단문으로 설교하려면 많은 연습이 필요하다. 설교 작성부터 짧은 문장을 구사하기 위해 노력해야 한다. 철저한 준비가 부족할 때 나타나는 현상 가운데 하나가 문장이 길어지는 것이다.

5. 존 칼빈의 설교가 한국 교회 강단에 주는 메시지

존 칼빈의 설교가 기독교 역사에 특별한 의미를 갖는 것은 성경 본문을 강단에서 살려 냈다는 점이다. 하나님의 말씀을 바르게 해석하는 것이 설교이기에 당연한 말이겠지만, 칼빈 시대 이전에 가톨릭 강단을 지배한 것은 성경 진리 그 자체의 선포가 아니었다. 칼빈은 하나님의 말씀을 진리 그대로 믿었으며 말씀을 선포할 때 하나님의 구원의 역사와 성도의 거룩한 삶을 향한 변화가 일어난다는 것을 믿었다. 오늘날 기독교 강단은 진리의 말씀에 대한 이러한 절대적인 확신이 필요하다.

오늘날은 모두가 제2의 종교개혁이 필요한 시기라고 말한다. 칼빈의 설교 신학은 오늘 교회의 위기를 극복하고 영적 비상을 이루는 중요한 출발점이 될 것이다. 한국 교회의 다양한 위기를 불러오는 중요한 이유는 강단에서 하나님의 말씀이 신실하게 선포되지 못한다는 점과 말씀대로 살아 내지 못하기 때문이다. 칼빈은 하나님 말씀의 능력을 믿은 설교자였으며, 그 말씀에 근거하여 성도의 삶뿐 아니라 사회 체제 자체도 변화될 수 있다고 믿었던 사람이다. 무엇보다도 칼빈 자신이 그 말씀 앞에 힘써 살려고 몸부림쳤던 목회자다.

사람들은 칼빈을 위대한 종교개혁가요 주석가요 신학자라고 부르겠지만 칼빈 자신은 손사레를 치면서 말할 것이다. "나는 하나님이 부르신 한 교회의 목회자로서 성경을 신실하게 해석했으며 그것을 성도들에게 바르게 전하기 위해 최선을 다했습니다." 진리의 복음을 바르게 해석하고 담대하게 선포하는 것, 그리고 진리에 근거하여 삶과 사회의 변화를 향해 나아가는 것, 이것이 이 시대 교회를 다시 세우는 길이요, 종교개혁의 후예들이 간직해야 할 자세다.

5부
경 종

영혼을 울리는 설교로
시대를 깨우다

14장

존 웨슬리,
온 세계가 나의 교구다

존 웨슬리의 설교

설교 제목: **타락한 인간을 향한 하나님의 사랑**(God's Love to Fallen Man)

본문: **로마서 5:15**

아담은 인류 첫 번째 사람으로서 하나님의 명령을 어기고 죄를 지었습니다. 그의 범죄는 그 자신뿐만 아니라 모든 후손에게까지 영향을 미치며 큰 비난과 아픔을 초래했습니다. 이는 하나님에 대한 반역으로 인해 '죄가 세상에 들어오게 된 것'입니다. 사도 바울의 말처럼, 한 사람의 불순종으로 인해 사람들은 이미 태어나기 전부터 죄인이 되었습니다.

이로써 우리는 하나님의 은혜와 모든 미덕, 의로움, 참된 거룩함을 잃었으며 악의 형상을 입게 되었습니다. 교만, 원한, 그리고 악마적인 성향에 사로잡히고 육체적 욕망과 정욕의 지배를 받게 되었습니다. 그 결과로 사람은 죽음, 고통, 질병 및 부정한 성품과 같은 여러 가지 어려움과 함께 이 세상에 태어나게 되었습니다.

그리스도인이라고 불리는 사람들 중에도 수천 명이 이 사실에 대해 하나님의 공의는 아니더라도 그분의 자비에 의문을 제기하지 않았겠습니까? 실제로 어떤 사람들은 보다 겸손하게 완곡한 표현으로 물었지만, 어떤 사람은 단도직입적으로 질문하기도 했습니다. "하나님은 아담이 자기 마음대로 행동할 것을 정말 예상하지 못하셨습니까? 그분은 이것이 그의 모든 후손에게 당연히 가져올 끔찍한 결과를 정녕 알지 못하신 것입니까? 그렇다면 왜 그분은 그 불순종을 허락하신 것일까요? 세상을 창조하신 전지전능하신 분께는 그것을 막는 것이 쉽지 않았을까요?"

하나님은 분명히 모든 것을 알고 계셨을 것입니다. 이것은 부정할 수 없는 사실입니다. "창세로부터 그의 보이지 아니하는 것들 곧 그의 영원하신 능력과 신성이 그가 만드신 만물에 분명히 보여 알려졌나니"(롬 1:20). 하나님은 하늘과 땅의 모든 권세를 가지신 분으로 의심할 여지없이 그것을 막을 수 있는 능력이 있으셨습니다. 그러나 동시에 그분은 그것을 막지 않는 것이 모든 상황 가운데 최선이라는 것을 알고 계셨습니다. 그분은 그것을 알고 계셨습니다.

모든 인류는 아담의 타락으로 말미암아 이 땅에서 보다 더 큰 거룩함과 행복을 얻을 수 있게 되었습니다. 아담이 타락하지 않았다면 예수 그리스도도 죽지 않으셨을 것입니다. 세상 모든 사람이 아담에게

265

서 그 이해하기 어려운 원죄를 받지 않았다면, 하나님의 아들이 우리의 본성을 취하실 필요는 없었을 것입니다. 이것이 그분이 세상에 오신 근거라는 것을 아직 이해하지 못하겠습니까?

"한 사람으로 말미암아 죄가 세상에 들어오고 죄로 말미암아 사망이 들어왔나니 이와 같이 모든 사람이 죄를 지었으므로"(롬 5:12). 아담을 통해 사망이 모든 사람에게 이르렀습니다. "말씀이 육신이 되어"(요 1:14), "아담 안에서 모든 사람이 죽은 것같이 그리스도 안에서 모든 사람이 삶을 얻으리라"(고전 15:22)라고 성경이 말하는 것은 바로 이 문제를 해결하기 위함이 아니었을까요?

한 사람의 불순종으로 인해 많은 사람이 죄인이 되었고, 한 사람의 순종으로 말미암아 많은 사람이 의인이 되지 못했을 것입니다(롬 5:18). 따라서 인류를 향한 하나님 아들의 놀라운 사랑을 보여 줄 기회도 없었을 것입니다. 예수 그리스도의 "죽기까지 복종하셨으니, 곧 십자가에 죽으심"(빌 2:8)을 위한 기회도 없었을 것입니다.

그러면 하늘의 모든 천군 천사가 놀랍게도 "하나님이 세상을 이처럼 사랑하셨다"고 말할 수도 없었을 것입니다. 그리고 세상은 그에게 돌아올 생각이나 소망이 없었지만 하나님은 "그를 믿는 자마다 멸망하지 않고 영생을 얻게 하려"(요 3:16)고 끝까지 독생자 아들을 품에서 내어 주셨다고 할 수도 없었을 것입니다. 그러면 우리는 하나님이 그리스도 안에 계셔서 세상을 자기와 화목하게 하셨다고 말할 수도 없었고, "하나님이 죄를 알지도 못하신 이를 우리를 대신하여 죄로 삼으신 것은 우리로 하여금 그 안에서 하나님의 의가 되게 하려 하심"(고후 5:21)이라고 말할 수도 없었을 것입니다. '아버지와 함께하는 동역자'가 되는 그러한 기회는 결코 없었을 것입니다.

　이로 인해 우리는 무엇을 알 수 있습니까? 그것은 바로 하나님을 믿는 믿음, 즉 세상을 사랑하셔서 우리 인간과 우리의 구원을 위해 그분의 하나뿐인 아들을 내어 주신 하나님에 대한 믿음과 같은 것은 존재할 수 없었다는 것입니다. '우리를 사랑하사 우리를 위하여 자신을 내어 주신' 하나님의 아들에 대한 믿음 같은 것은 존재하지 않았을 것입니다.

　우리 마음속에 하나님의 형상을 새롭게 하시고 우리를 죄의 사망에서 의의 생명으로 일으키시는 하나님의 영에 대한 믿음도 없었을 것입니다. 실제로 믿음으로 의롭게 되는 모든 특권은 존재할 수 없었을 것이며, 그리스도의 보혈로 인한 구원도 없었을 것이며, 그리스도도 '우리에게 하나님이 되실 수 없었을 것'입니다.

　마찬가지로 우리의 믿음에 일어난 거대한 공백이 틀림없이 우리의 사랑에도 나타났을 것입니다. 우리는 우리를 지으신 창조주이시며 모든 만물의 아버지이신 그분을 창조주요 전능자로서 사랑할 수는 있었을 것입니다. 또한 "여호와 우리 주여 주의 이름이 온 땅에 어찌 그리 아름다운지요"^(시8:1)라고 찬양할 수는 있었을 것입니다. 그러나 우리는 '우리 모두를 위해 그의 아들을 내어 주신' 가장 친밀하고 소중한 관계 아래서 그분을 사랑할 수는 없었을 것입니다. 우리는 '아버지의 영광의 광채가 되시며 아버지의 성품을 나타내시는 형상으로서' 하나님의 아들을 사랑할 수 있었을지는 모르겠습니다. 그러나 그분을 '나무에 달려 자신의 몸에 우리 죄'를 담당하신 주님으로서 사랑할 수는 결코 없었을 것입니다. 또 그분의 죽음과 연합할 수 없었을 뿐만 아니라 그분의 부활의 능력도 알지 못했을 것입니다.

그리고 우리는 그분을 '십자가에 달려 인간의 몸으로 우리 죄를 지시고, 그분의 크신 희생으로 온 세상의 죄를 위해 온전한 헌신과 희생과 만족을 이루신' 분으로 사랑할 수는 없었을 것입니다. 우리는 '그분의 죽으심을 본받을 수 있는 자'가 될 수도 없었고, '그분의 위대한 부활의 능력을 알 수도 없었을 것'입니다.

하나님이 당신을 우리에게 아버지와 아들로 보여 주시고, 깨닫게 하시고, 우리에게 사랑의 눈을 열어 주시고, 우리를 어두움 가운데 놀라운 빛으로 인도해 주시고, 우리 영혼을 하나님의 형상으로 새롭게 하시고, 성령으로 구원의 날까지 우리를 인도해 주시는 분이라는 것을 알 수 없었을 것입니다. 그렇게 되면 진실로, "속량으로 말미암아 하나님의 은혜로 값없이 의롭다 하심을 얻"(롬 3:24)는다는 말씀과 "예수는 하나님으로부터 나와서 우리에게 지혜와 의로움과 거룩함과 구원함이 되셨"(고전 1:30)다는 말씀에 전적으로 의존하고 있는 "하나님 아버지 앞에서 정결하고 더러움이 없는 경건"(약 1:27)도 더 이상 존재하지 않을 것입니다.

그러므로 우리는 그 믿음에 관하여 아담의 타락으로 인해 우리가 얻을 수 있는 말할 수 없는 유익, 즉 하나님의 독생자 아들을 아끼지 않으시고 "그가 찔림은 우리의 허물 때문이요 그가 상함은 우리의 죄악 때문이라"(사 53:5) 하신 아버지 하나님과 범죄한 우리를 위해 자신의 영혼을 버리시고 자신의 피로 우리를 씻으신 아들 예수님에 대한 믿음을 볼 수 있습니다. 우리는 아버지 하나님과 아들 예수님의 사랑에 관해 우리가 어떤 유익을 얻을 수 있는지 알 수 있게 됩니다. 우리가 하나님의 구원 안에 있는 한, 이 사랑의 근원은 사도 요한을 통해 분명하게 알 수 있습니다. "내가 너희를 사랑한 것같이 너희도 서로 사랑하라"(요 13:34). 하나님이 우리를 사랑하셨다는 이 주장의 핵심은 '우리를 사랑하사 독생자를 내어 주셔서 우리를 저주받은 죽음에서 생명으로 옮기셨다'는 것입니다.

우리는 이 땅에서 더 거룩할수록 더 행복해야 하며(거룩함과 행복 사이에는 불가분의 관계가 있음을 볼 때), 우리가 이웃에게 선을 행하면 행할수록 더 큰 보상이 우리의 품으로 되돌아오며, 고통 중에서일지라도 하나님은 우리를 당신 안에서 기뻐할 수 있도록 인도해 주시고 말할 수 없는 기쁨과 충만한 영광으로 함께해 주십니다.

그러므로 아담의 타락은 다른 방법으로는 주어질 수 없었던 세 가지를 우리에게 준 것입니다. 첫째, 아담의 타락으로 인해 우리는 보다 더 거룩해질 수 있는 기회를 얻게 되었습니다. 둘째, 헤아릴 수 없이 많은 선을 행할 기회를 얻게 되었습니다. 셋째, 성령을 우리 위에 머물게 하셔서 우리로 하여금 하나님을 위하여 견딜 수 있는 힘을 가지도록 해 주셨습니다. 인간에게 주어진 이러한 유익들은 영생을 얻기까지는 완전히 이해할 수 없는 것들입니다.

이제 우리는 인류 조상의 타락으로 인해 현재 우리에게 주어지는 유익뿐만 아니라 영원히 그것으로부터 얻을 수 있는 무한한 하나님의 크신 사랑을 온전히 이해할 수 있게 될 것입니다. 이 개념을 이해하기 위해서 우리는 사도 바울의 고백을 바라보아야 합니다. "해의 영광이 다르고 달의 영광이 다르며 별의 영광도 다른데 별과 별의 영광이 다르도다 죽은 자의 부활도 그와 같으니…"(고전 15:41-42). 가장 영광스러운 별은 의심할 여지 없이 거룩하게 창조된 하나님의 형상을 가장 많이 지니고 있는 별이 될 것입니다. 이들에 이어 영광스러운 별은 선한 일을 가장 많이 한 사람들이고, 그다음에는 고난을 가장 많이 받은 사람들이 될 것입니다.

그러면 죄의 결과로 하나님이 이 땅에 고통이 들어오는 것을 허락하신 그 일로 말미암아 하나님의 자녀들이 하늘에서 받게 되는 유익은 어떤 것들입니까? 고통이 주어진 것으로 말미암아 그들은 하나님에 대한 믿음과 고난에 대한 인내, 온유, 모든 것을 받아들이는 수용의 미덕 등을 가지게 된 것입니다. 그렇지 않았다면 존재할 수 없었을 많은 거룩한 성품을 얻게 되었습니다. 이 특별한 거룩함으로 인해 우리는 영원한 행복을 누리게 될 것입니다.

다시 말하지만, 모든 사람이 자신의 노력에 따라 결과를 받게 될 것입니다. 누구나 자기가 뿌리고 애쓴 대로 거두게 될 것입니다. 아담의 타락은 다른 방법으로는 결코 얻을 수 없었던 수많은 선한 역사를 불러왔습니다. 예를 들면, 성도들이 가난한 자들을 돌보고 모든 종류의 걱정 근심에서 그들을 풀어 주는 사역이 그것인데, 그러한 성도들의 영원한 면류관은 수많은 별로 아름답게 빛날 것입니다.

하늘에는 하나님의 뜻을 행하는 것뿐만 아니라 고난을 받은 것에 대한 풍성한 상급이 있을 것입니다. "현재의 고난은 장차 우리에게 나타날 영광과 비교할 수 없"(롬 8:18)는 것입니다. 그러므로 고난이 세상에 들어오는 계기가 된 그 사건은 모든 하나님의 자녀들에게 영광이 영원토록 자리 잡게 하는 중요한 사건이 되는 것입니다. 왜냐하면 고통은 끝날지라도 기쁨은 결코 끝나지 않을 것이며 영원토록 하나님의 오른

편에서 흘러나올 것이기 때문입니다.

하나님이 만일 아담의 타락을 막으셨다면 말씀은 결코 육신이 되지 않으셨을 것이며, 우리는 아버지의 독생자의 영광도 볼 수 없었을 것입니다. 천사들도 보기를 간절히 원했던 그 신비스러운 역사도 아담의 타락이 없었다면 결코 있을 수 없었을 것입니다. 제 생각으로는 이러한 생각이야말로 여타의 모든 생각을 잠식시키고 이러쿵저러쿵 말하지 못하도록 한다고 봅니다. 만일 '한 사람의 범죄로 말미암아 모든 사람이 정죄를' 받지 않았다면, 천사들과 인간들은 "측량할 수 없는 그리스도의 풍성함"(엡 3:8)을 결코 알 수 없었을 것입니다.

그러므로 전체적으로 볼 때, 우리가 인류 조상의 타락을 후회할 이유가 얼마나 적은지 보십시오. 이로 인해 우리는 현재와 영원 모두에서 말할 수 없는 유익을 얻을 수 있기 때문입니다. 그 사건이 일어나도록 허용하신 하나님의 놀라운 사랑에 의문을 제기하는 것이 얼마나 부끄러운 일인지 보십시오!

아담의 범죄를 막지 않으셨다고 하나님을 비난하는 사람이 누구입니까? 우리는 오히려 인간의 구속을 위한 위대한 계획을 세우시고 당신의 지혜, 거룩함, 공의, 그리고 자비를 영광스럽게 나타낼 길을 마련하신 하나님을 찬양해야만 하지 않겠습니까?

만일 하나님이 이 세상이 시작될 당시에 심판을 선언하셨다면, 수없이 많은 사람이 영원한 불 가운데 거했어야 할 것입니다. 그것은 그들이 이 세상에 존재하기 수천 년 전에 이미 아담이 범죄했기 때문입니다. 그랬다면 사탄과 그의 사자들을 제외하고는 아무도 하나님께 감사를 드리지 않았을 것입니다. 만약 그랬다면 수많은 불쌍한 영혼이 어떠한 도움을 받지도 못한 채 아담의 범죄로 인하여 지옥 불에 던짐을 당했을 것입니다.

그러나 그렇게 되지 않았음에 하나님께 감사드립니다. 그러한 심판은 결코 없었습니다. 오히려 그와는 반대로 여자에게서 난 모든 자는 그로 인해 승리자가 될 수 있게 되었습니다. 아무도 실패자가 될 수 없습니다. 하지만 승리자가 되느냐, 실패자가 되느냐 하는 것은 전적으로 자신들의 선택에 달려 있습니다.

"깊도다 하나님의 지혜와 지식의 풍성함이여"(롬 11:33). 우리가 비록 그분의 판단과 그분의 지혜를 다 알 수도 없고 찾을 수도 없지만, 우리는 말씀에 나타난 하나님의 구원 계획을 알 수 있습니다. '자신의 말씀에 따라', 즉 창세전에 세우신 계획에 따라 그분은 모든 인류의 조상인 아담과 하와를 자신의 형상대로 창조하셨습니다. 그분은 아담 한 사람의 불순종으로 모든 사람이 죄인이 되는 것을 허용하셨습니다. 그것은 예수 그리스도 한 분의 순종하심으로 구원의 선물을 받는 모든 사람이 영원토록 거룩하고 행복하게 살 수 있도록 하신 것입니다.

존 웨슬리의 삶과 설교 세계

목사로 살아가면서 영적 도전이 필요하다고 여겨질 때면 떠올리는 사람이 있다. 존 웨슬리(John Wesley, 1703-1791)다. 그의 흔적을 보고자 오래전에 그가 목회했던 영국 브리스톨을 방문했다. 교회 뜰에 들어서서 말을 타고 있는 그의 동상을 보자 벌써 전율이 일어났다. 새벽 5시가 되면 설교를 시작했던 웨슬리는 50년 동안 말을 타고 지구를 13바퀴 도는 거리를 다니며 1년에 평균 800회 이상을 설교했다. 시간이 없어 말을 타고 다니면서 책을 읽고 글을 썼으며, 그렇게 쓴 일기가 26권, 책은 200권이 넘는다. 동생 찰스 웨슬리와 함께 지은 찬송가 중에 좋은 곡만 뽑아 책으로 만든 것이 525곡이며, 죽기 5일 전까지 32km나 떨어진 곳까지 가서 복음을 전한 사람, 그가 존 웨슬리다.

기독교 역사에 한 시대를 바꾸어 놓은 가장 위대한 설교자이며 감리교의 창시자인 웨슬리는 1703년 6월 28일 영국 링컨셔에서 태어났다. 19명의 남매 중에 열다섯 번째로 태어난 웨슬리는 어머니의 특별한 가르침 속에서 자라났다. 그의 어머니 수잔나는 엄격한 규율을 따라 자녀들을 양육하는 것에 익숙한 사람이었다.

어릴 때부터 영적 훈련과 학문을 동시에 배웠던 웨슬리는 10세가 되자 런던으로 정식 교육을 받으러 가서 라틴어와 희랍어, 그리고 신학을 공부했다. 1724년에 옥스퍼드 대학을 졸업하고 1727년에 석사학위를 마쳤다. 그의 동생 찰스는 옥스퍼드 대학에서 '감리교도'(Methodists)라는 모임을 창시해서 기도와 학문 연구, 그리고 다양한 사회 활동에 적극적으로 뛰어들고 있었다. 웨슬리는 아버지의 목회를 돕기 위해 고향에 다녀온 후 이 모임의 지도자가 되었는데, 이것이 우리에게 잘 알려진 '신성회'(Holy Club)다.

1735년 10월 14일 웨슬리는 옥스퍼드 링컨 칼리지에서 연구교수의 직을 내려놓고 동생 찰스와 함께 30대 초반에 미국 조지아주에 선교사로 떠났다. 조지아주 인디언들을 향한 2년 동안의 선교 사역은 특별한 열매를 거두지 못했고, 그는 1738년 2월 1일 다시 영국으로 돌아왔다. 돌아오는 항해에서 파선의 위험에 처하게 되었고 죽음의 공포 속에 떨던 웨슬리는 그 위기 속에서도 평안하게 찬양하는 모라비안 교도들을 보면서 큰 영향을 받게 되었다.

지친 영혼으로 영국에 돌아온 웨슬리의 삶에 거룩한 변화가 일어난 계기가 있었다. 1738년 5월 24일 런던의 한 거리에서 모라비안이 전한 설교에서 일어난 체험으로, 웨슬리는 자신의 일기에 그 경험을 세밀하게 기록했다. "저녁이 되자 나는 내키지 않는 마음으로 올더스게이트 거리의 집회에 참석했다. 한 사람이 루터가 쓴 《로마서 강해》 서문을 읽고 있었고, 9시 15분 즈음에 예수 그리스도를 믿는 믿음을 통해 심령 속에 이루시는 하나님의 변화를 설교했을 때 나는 이상하게도 내 마음이 뜨거워져 오는 것을 느낄 수 있었다. 구원자 되시는 그리스도, 오직 그리스도 그분만을 신뢰하게 되었으며 그분이 죄와 죽음의 법에서 나의 죄를 모두 가져가시고 나를 구원하셨다는 확신을 가지게 되었다." 이 경험 이후로 웨슬리는 흔들리지 않는 신앙과 주님을 향한 사랑, 그리고 영혼을 향한 열정으로 전 생애를 불태우게 된다.

웨슬리는 처음에는 독신으로 사역하기를 원했지만, 나중에 생각을 바꾸고 1751년 결혼했다. 이 결혼은 거의 지옥과 다름이 없었다. 몰리 바제일이라는 아내는 그의 사역을 비방하다가 결국 1776년에 그를 떠나갔고, 그 후로 웨슬리는 홀로 여생을 보냈다. 웨슬리의 감리교는 마침내 영국 국교에서 탈퇴하여 독립 교단으로 성장했으며, 웨슬리의 생전에 영국에서 감리교도들은 적어도 15만 명에 이른 것으로 알려져 있다. 웨슬리는 노년에 하루에 두 번밖에 설교할 수 없는 것을 매우 안타깝게 여기며 살다가 1791년 8월 31일 하나님의 부르심을 받았다.

웨슬리의 전반적인 설교 세계는 당시 영국의 상황 속에서 이해해야 한다. 18세기 당시 영국은 산업혁명으로 진입하는 시기였으며, 그 결과 빈부격차가 심각한 사회 문제를 야기한 상태였다. 웨슬리는 집중되는 부를 비판하고 가난한 자를 향해 특별한 관심을 기울였다. 산업혁명의 진행과 함께 영국 사회는 도덕성이 점점 약화되고, 교회는 영적 열기를 상실하고 차가운 가슴으로 전락하던 시기였다. 이러한 시기 가운데 웨슬리는 사회적인 악의 요소를 강하게 지적하고 비판했으며 차가워져 가는 교회의 신앙을 질타하면서 하나님을 뜨겁게 경험함으로써 신앙의 불꽃을 피우려 노력했다.

웨슬리 당시 또 하나의 심각한 사회 문제는 노예 제도였다. 웨슬리는 윌리엄 윌버포스와 함께 영국에 만연한 노예 제도를 거부하면서 하나님 앞에서의 인간의 존엄성을 강조하며 설교를 통해 노예 해방에 앞장서게 된다. 그의 설교는 당시 사회의 악한 요소에 대한 투쟁적인 메시지로 가득 찼으며 신앙적 경험이 사회 변혁을 가져오리라 기대했다.

웨슬리는 영국에 만연했던 교리 중심의 신학을 벗어나 당시로는 혁명적인 실천을 강조하는 신학과 설교를 중시했다. 진정한 신앙이란 교리 체계를 습득하는 것이 아니라 거룩한 삶, 즉 성령의 은혜로 성화되어 가는 것이라고 가르쳤다. 이런 점에서 그의 설교는 칼빈주의와 구별되는 것으로서 삶에서 강력하게 나타나야 할 성화를 강조함으로 오늘날 감리교의 기초를 세웠다.

존 웨슬리의 설교 분석

1. 성경 전체에 흐르는 복음을 보여 주는 설교

존 웨슬리의 본 설교처럼 한 편의 설교로 성경 전체에 흐르는 복음의 핵심을 보여 주는 설교는 드물 것이다. 웨슬리는 하나님을 대항하여 범죄한 인간을 왜 하나님이 방치하셨냐고 불평하는 사람들의 목소리로 "타락한 인간을 향한 하나님의 사랑"이라는 제목의 설교를 시작한다. 이런 질문은 성경을 모르는 사람에게는 자연스럽게 나오는 질문이고, 교회를 다니는 사람에게도 한 번은 거쳐야 할 질문이다. 하나님이 인간에게 자유의지를 주셨다는 일반적인 답변을 넘어 웨슬리는 그 타락이 주는 혜택에 대해 강조한다. 하나님이 인간의 범죄를 잘 아셨지만 허용하신 것은 그로 인하여 오히려 인간에게 하나님의 크신 사랑이 계시되는 기회가 된 것임을 드러낸다. 타락으로 인하여 성육신하신 예수님이 우리 곁에 오셨고, 사람으로 오신 예수 그리스도 자체가 우리에게는 말할 수 없는 신비의 은혜다.

타락에 대한 아픔과 고통, 그리고 타락으로 인하여 일어나는 인간 내면과 사회에 대한 전반적인 부조리에도 불구하고, 여전히 하나님은 예수 그리스도를 통해 우리에게 당신의 사랑을 보여 주신다. 마침내 인류는 닥치게 될 무서운 심판 앞에서도 하나님의 은혜를 노래할 수 있는 자녀의 평안을 누리게 된다. 웨슬리의 이러한 가르침은 로마서 5장 15절 한 절에 나타난 본문의 의미를 정밀하게 보여 줄 뿐 아니라 성경 전체의 신학을 대변해 준다. 좋은 설교의 시작은 성경 자체의 가르침에 충실한 설교다. 웨슬리의 설교는 철저하게 실천적인 삶을 강조하지만, 경건을 향한 몸부림이 성경에 근거해 있다는 것을 잘 보여 주는 설교다.

2. 본문과 배경에 집중하는 설교

존 웨슬리는 주로 본문에 근거하여 설교했다. 설교자들을 향한 웨슬리의 조언을 들어 보자. "설교 주제를 청중에게 맞추라. 선택할 수 있는 가장 평이한 본문을 택하라. 여러 가지 말로 돌아가지 말고 본문에 집중하여 성경을 설명하라." 성경 자체에 집중할 것을 주문하는 웨슬리는 설교에서 다양한 것을 소개하지 않고 주로 본문과 배경 설명에 집중한다. 때로 그의 설교는 하나의 사고에 대한 예리한 분석으로 논리성을 보여 주는 동시에, 평범한 문체로 모든 사람에게 들리게 한다. 대부분 그의 설교는 삶에서의 예화가 적은 편이고, 성경 자체에서 예를 들거나 시를 가져오는 정도다.

그의 설교에서는 주어진 본문에 대한 통찰력과 깊은 묵상, 그리고 설득력 있는 변증 이외에 특별한 예화나 수사학적 장치를 발견하기 어렵다. 본문 한 편을 깊이 살피고, 청중의 관심사를 이해하고, 그 궁금증을 본문을 풀이함으로써 해결하는 설교를 보인다. 웨슬리의 설교는 오늘날 내러티브 설교나 귀납적 설교가 아니면 마치 청중을 일깨우지 못하는 것처럼 가르치는 설교학 흐름에 새로운 경종을 울린다. 설교에서의 관건은 청중의 관심을 일깨우는 형식에 있는 것이 아니다. 하나님의 말씀을 대변함으로써 청중의 가슴에 하나님을 발견하게 하고 그 앞에서 자신의 모습을 깨닫게 할 때 하나님이 기대하시는 위대한 영적 변화가 일어난다.

3. 타락한 세상에서 거룩한 삶을 향한 설교

존 웨슬리의 설교는 그가 주창한 신학 체계를 잘 반영한다. 칼빈주의가 인간의 전적 타락과 하나님의 주권을 강조한다면, 웨슬리는 적극적인 선행을 강조함으로써 삶 속에서 경건을 실천할 것을 강조한다. 본 설교에서 웨슬리는 아담의 타락은 비난의 대상이 아니라, 오히려 인간이 더욱더 거룩할 수 있는 기회를 제공한 것이라고 해석한다. 이런 거룩한 삶은 그리스도인으로서 다양한 선행의 삶으로 나타날 수 있다. 웨슬리에게는 타락한 인간 사회를 새롭게 할 수 있는 것이 복음이며, 하나님이 주신 선한 의지를 따라 적극적으로 복음의 삶을 살아낼 것을 강조한다.

본 설교의 한 부분은 그의 신학이 설교에 녹아 있다는 것을 한눈에 보게 한다. "우리는 이 땅에서 더 거룩할수록 더 행복해야 하며(거룩함과 행복 사이에는 불가분의 관계가 있음을 볼 때), 우리가 이웃에게 선을 행하면 행할수록 더 큰 보상이 우리의 품으로 돌아오며, 고통 중에서일지라도 하나님은 우리를 당신 안에서 기뻐할 수 있도록 인도해 주시고 말할 수 없는 기쁨과 충만한 영광으로 함께해 주십니다."

구원받은 백성의 거룩한 삶에 대한 강조는 신학 체계나 교파를 막론하고 중요하다. 선행을 통해 구원을 얻는 것은 성경의 지지를 받을 수 없지만, 하나님의 은혜로 구원을 경험했다면 반드시 삶을 통한 열매가 나타나야 한다. 웨슬리의 경건 운동으로 한때 영국은 거룩한 사회 변혁을 경험한 적이 있다. 오늘날 기독교회는 올바른 교리와 삶의 실천에 균형을 필요로 한다. 웨슬리의 가르침이 어느 때보다 절실한 때다.

4. 공포의 하나님보다 사랑의 하나님에 대한 설교

본 설교는 죄인을 향한 하나님의 사랑을 선포하는 것으로서 인류의 타락이 하나님의 방치가 아니라, 인류를 향한 특별한 계획임을 알린다. 한 사람의 범죄가 가져온 결과는 하나님의 아들이 세상에 육신을 입고 오시게 함으로써 우리에게 하나님을 알리는 계기가 될 뿐 아니라 하나님의 영광을 볼 수 있는 기회가 되는 것이기에 그 주님께 오직 감사하고 찬양할 것을 촉구한다.

존 웨슬리 설교의 특징은 당시 사회의 죄악상과 인간의 악함을 고발하면서 하나님께로 돌아올 것을 강조하는 것이다. 당시 영국 사회는 산업혁명이라는 발전에 짓눌려 빈부의 격차가 점점 심해짐에 따라 인간의 존엄성이 말살되고 경제 원리에 따라 사회가 돌아가던 시기였다. 이러한 시대적 배경 속에서 웨슬리는 성경적인 관점에서의 인간의 존엄성을 회복하고 하나님 앞에서 인간이 가지는 고유한 특권을 일깨우려 했다.

　　그러나 그의 설교의 주된 흐름을 차지한 것은 공포의 하나님이 아니라, 인간을 사랑하시는 하나님의 따스한 가슴이다. "그러므로 우리는 그 믿음에 관하여 아담의 타락으로 인해 우리가 얻을 수 있는 말할 수 없는 유익, 즉 하나님의 독생자 아들을 아끼지 않으시고 '그가 찔림은 우리의 허물 때문이요 그가 상함은 우리의 죄악 때문이라'(사 53:5) 하신 아버지 하나님과 범죄한 우리를 위해 자신의 영혼을 버리시고 자신의 피로 우리를 씻으신 아들 예수님에 대한 믿음을 볼 수 있습니다. 우리는 아버지 하나님과 아들 예수님의 사랑에 관해 우리가 어떤 유익을 얻을 수 있는지 알 수 있게 됩니다. 우리가 하나님의 구원 안에 있는 한, 이 사랑의 근원은 사도 요한을 통해 분명하게 알 수 있습니다. '내가 너희를 사랑한 것같이 너희도 서로 사랑하라'(요 13:34)." 타락한 인류를 향한 하나님의 사랑은 본 설교의 전면에 흐르는 대주제로 나타난다.

　　설교자에게는 어두워 가는 사회와 타락한 인류를 보면서 세례 요한과 같은 신랄한 외침도 필요하지만, 이러한 인간을 품으시는 사랑의 하나님을 보여 주는 것은 더욱 중요한 사명이다. 사람을 변화시키는 진정한 능력은 사악한 모습의 지적과 분석에 있지 않고 영혼을 가슴에 품는 사랑에 있다. 강단에 올라가면 지나치게 책망하거나 사나워지는 설교자들이 있다. 때로는 특정한 사람이 듣기를 바라면서 소위 '치는 설교'를 하는 설교자도 있다. 설교자란 주님이 맡기신 양 무리를 섬기는 목자다. 목자는 연약한 아이를 위해 자신을 희생하는 어머니와 같은 사람이다. 설교자에게 주어진 의무와 특권은 어떤 상황에서도 오직 사랑이란 이름으로 강단에 서는 일이다. 누구보다 인간의 죄악 됨을 잘 아신 주님이지만 오직 사랑의 이름으로 우리에게 다가오신 예수님, 설교자는 그 주님의 가슴을 품고 강단에 서는 사람이다.

5. 존 웨슬리의 설교가 한국 교회 강단에 주는 메시지

18세기의 영국과 세계를 일깨운 존 웨슬리의 설교는 오늘날 한국 교회에 특별한 의미를 지닌다. 비록 칼빈주의와 알미니안주의라는 대립 속에 놓인 웨슬리는 설교보다 그의 신학적 이슈로 늘 분석과 비판의 대상이 되어 왔지만, 정작 웨슬리의 삶은 신학자로서보다 오히려 설교자로서의 삶이었다. 필자는 알미니안주의를 거부하고 칼빈주의를 따르는 사람이지만, 웨슬리의 설교와 그의 삶은 오늘날 필자뿐 아니라 칼빈주의를 주장하는 많은 한국 교회에 깊은 성찰을 요구한다.

웨슬리가 살았던 영국 시대뿐 아니라 오늘날 타락해 가는 사회와 점점 악해져 가는 인간의 모습을 바라보면서 어떻게 하나님이 원하시는 세상과 인류를 회복시킬 것인가를 고민하는 것이 설교자의 삶이다. 웨슬리의 설교는 이런 고민에 대한 해답이 성경적 가르침과 그 교훈에 근거한 삶의 변화에 있다는 것을 보여 준다. 어느 때보다 따가운 시선을 받고 있는 오늘날 한국 교회에 웨슬리는 큰 울림으로 다가온다. 웨슬리는 설교와 삶 전체에서 하나님이 기대하시는 진정한 세상과 인간의 변화를 위해 자신의 모든 것을 바쳤다. 그의 가르침을 보면서 교회와 목회자들이 사회에 대한 기독교적 책임을 더욱 충실하게 감당해야 할 때다.

웨슬리의 설교는 인간과 세상의 변화가 인류 스스로의 발전으로는 불가능하다는 것을 정확하게 보여 준다. 아름다운 세상과 성경이 지향하는 인간의 탄생은 개혁에 있는 것이 아니다. 하나님 앞에서 인류의 모습을 발견할 때 비로소 가능한 선물이다. 웨슬리는 하나님의 말씀 앞에 체험적인 신앙을 강조하면서 거룩한 삶을 향한 구체적인 변화를 촉구했다. 죽어 가는 정통의 종교가 아니라, 살아 계신 하나님을 체험함으로써 뜨거운 신앙을 요구했다. 하나님을 향한 뜨거운 신앙과 그것에 근거한 삶의 변화는 자신이 구체적으로 체험했기 때문에 더욱 확신 있게 강조했을 것이다.

웨슬리의 삶과 설교는 설교에 대한 열정을 다시금 불러일으킨다. 매주 15회 이상 1년에 800회의 설교로 일생을 보낸 그는 설교를 향해 인생을 불태운 사람이다. 노년에 이르러서도 하루에 두 번 설교할 수밖에 없는 상황을 안타깝게 여긴 그의 삶은 설교를 위해 살고 진리를 위해 삶을 바치는 사람이 설교자라는 것을 보여 준다. 진리의 말씀으로 사탄의 품에 빼앗긴 영혼을 불러내고 살아 있는 자들을 온전한 사람으로 세우는 사역인 설교를 하나님의 가슴을 품지 않고 하는 사람이 있다면 자격을 상실한 설교자다.

1738년 하나님의 특별한 은혜를 체험한 후로 그다음 해 1739년부터 "온 세계가 나의 교구다"라고 외치며 하나님의 부르심을 받을 때까지 한순간도 흐트러짐 없이 복음을 위해 불태운 존 웨슬리. 89세의 나이로 하나님의 품 안에 안길 때 그가 남긴 것은 두 개의 숟가락, 하나의 찻주전자, 그리고 다 낡은 한 벌의 코트였다. 장례식 때 그의 시신을 보기 위해 수만 명이 모였다. 18세기 영국 부흥의 불씨를 낳은 사람, 그로 말미암아 런던의 술집이 문을 닫을 정도로 쓰임을 받은 사람, 그 비밀이 무덤가 비문에 남아 있다. "이 위대한 빛은 이 나라들을 비추기 위해 떠올랐다. 이 묘비를 읽는 자들이여, 하나님의 도구인 웨슬리에게 찬사를 보내고 싶다면 그 영광을 하나님께 돌리라!"

15장

찰스 스펄전,
강해설교의 황태자

찰스 스펄전의 설교

설교 제목: **우리의 자랑, 십자가**(The Cross Our Glory)

본문: 갈라디아서 6:14

    형제 여러분, 바울은 전심으로 예수 그리스도를 자랑하는 삶을 살았지만, 오늘 말씀에서는 그리스도를 자랑한다고 말하지 않는다는 것에 주목하기 바랍니다. 그는 도리어 세상 사람들에게는 주님의 삶 가운데 가장 비천하고 불명예스러운 부분인 '우리 주 예수 그리스도의 십자가'만을 가장 자랑한다고 선포합니다.

    아마도 바울은 예수님의 성육신 탄생을 자랑할 수 있었을 것입니다. 그리스도의 생애에 대하여 자랑할 수도 있었고, 그리스도의 부활을 자랑할 수도 있었을 것입니다. 그리스도의 부활이야말로 잠자는 자들에게 세상에 존재하는 가장 큰 소망이 아니겠습니까. 그는 주님의 승천에 대해서도 자랑할 수 있었고, 다시 오실 주님의 재림에 대해서도 자랑할 수 있었습니다. 그러나 사도 바울은 기독교 신앙의 중요한 핵심 교리를 뒤로하고 그의 적대자들에게 가장 맹렬한 공격과 세상의 조롱거리가 된 십자가를 자신의 자랑으로 삼았습니다. 모든 자랑거리를 내려놓고 "그러나 내게는 우리 주 예수 그리스도의 십자가 외에 결코 자랑할 것이 없으니"(갈 6:14)라고 선언하고 있습니다.

우리가 간직한 거룩한 신앙의 가장 영광스러운 자랑이 십자가라는 사실을 깨닫기 바랍니다. 은혜의 역사는 과거에서 시작하여 미래로 흘러갑니다. 그 중간 지점에 있는 것이 십자가입니다. 과거의 역사와 미래의 영광, 이 두 영원 가운데 중심을 차지하는 것이 십자가입니다. 오늘 아침에 우리 모두 십자가 앞으로 나아가 성령의 능력 안에서 "그러나 내게는 우리 주 예수 그리스도의 십자가 외에 결코 자랑할 것이 없다"고 각자가 고백할 때까지 십자가에 대하여 묵상해 보기를 원합니다.

먼저 바울이 십자가를 통해서 전달하고자 하는 것을 우리가 깨달을 수 있도록 주님이 도우시길 원합니다. (사실 주님의 도우심이 없다면 십자가를 설명할 수 있는 사람이 누가 있겠습니까.)

바울은 주님이 달리신 십자가가 무엇인지, 십자가의 도가 무엇인지, 그리고 교리로서의 십자가에 대하여 말합니다.

바울은 가장 먼저 주님이 지신 십자가가 무엇인지에 관하여 말합니다. 우리 주 예수 그리스도는 실제로 중죄인의 처형 방법인 십자가에 달려 돌아가셨습니다. 그분은 말 그대로 사람들의 저주를 받아 나무 위에서 죽임을 당하셨습니다.

사도 바울이 '우리 주 예수 그리스도'라고 말하는 것을 유념해 주기 바랍니다. 그의 서신에서 바울은 때로 '그리스도', 때로는 '예수', 또는 '우리의 주'라고 부릅니다. 그러나 여기에서 바울은 '우리 주 예수 그리스도'라고 부르고 있습니다. 마치 수치스러운 십자가와 대조라도 하듯 약간 뽐내는 듯한 어조로 표현하고 있습니다. 이 말에는 불명예스러운 죽음을 당하신 주님의 존엄을 조금이나마 드러내고자 하는 마음이 들어 있습니다. 그분은 기름 부음 받은 그리스도시며 구원자십니다. 그분은 온 세상의 주님이시며 우리 주 예수 그리스도십니다.

저는 이 사실을 말로 선포하지만, 제 표현은 초라하기 짝이 없고 어리석습니다. 이 형용할 수 없는 사실을 타오르는 불꽃처럼 생생하게 표현할 수 있다면 얼마나 좋을까요. 하나님의 아들이 인류를 구원하기 위해 십자가에서 죽으셨다는 소식은 천사의 나팔 소리와 구속받은 모든 성도의 찬양을 받을 만한 일입니다. 이것이 바울이 결코 부끄러워하지 않았던 십자가의 교리입니다.

바울은 십자가의 도를 자랑했습니다. 십자가의 도가 무엇입니까? "멸망하는 자들에게는 미련한 것이요 구원을 받는 우리에게는 하나님의 능력"(고전 1:18)이 되는 것, 그것이 바로 십자가입니다. 한마디로 십자가의 도는 속죄의 교리입니다. 주 예수 그리스도가 우리를 위해 죄인이 되셨고 많은 사람의 죄를 지고 자신을 단번에 드리셨으며 하나님이 그리스도를 화목 제물로 세우셨다는 교리입니다. "우리가 아직 연약할 때에 기약대로 그리스도께서 경건하지 않은 자를 위하여 죽으셨도다"(롬 5:6). 또한 예수님은 "세상 죄를 지고 가는 하나님의 어린양"(요 1:29)이십니다. 주님이 하신 말씀입니다. "하나님이 세상을 이처럼 사랑하사 독생자를 주셨으니 이는 그를 믿는 자마다 멸망하지 않고 영생을 얻게 하려 하심이라"(요 3:16). 우리를 위한 완전한 속죄가 이루어졌으며 죄의 값이 완벽하게 지불되었다는 것, 이것이 바로 십자가의 도입니다.

갈라디아서에서는 "그리스도께서 우리를 위하여 저주를 받은 바 되사 율법의 저주에서 우리를 속량하셨으니 기록된 바 나무에 달린 자마다 저주 아래에 있는 자라 하였음이라"(갈 3:13)라고 말하고 있습니다. 우리는 그리스도 안에서 죄인 된 우리를 하나님께 이끌기 위해 의로운 자가 불의한 자들을 위해서 죽은 것을 봅니다. 이것이 바로 바울이 결코 부끄러워하지 않았던 십자가의 도입니다.

바울은 십자가의 교리를 자랑으로 삼았습니다. 왜냐하면 십자가 위에서 죽으신 예수 그리스도의 죽음은 기독교의 핵심이기 때문입니다. 여기에서 걸림돌이 될 만한 난관을 발견합니다. 유대인들은 십자가에 못 박힌 메시아를 도무지 받아들일 수 없었습니다. 위엄과 능력이 뛰어난 메시아를 기대했기 때문입니다. 철학적인 헬라인들은 십자가의 이야기를 들었을 때 자신들이 모욕당했다고 여기며 십자가의 도를 전하는 설교자를 바보라고 비난했습니다. 그러나 바울은 어린아이라도 이해할 수 있고 그 안에서 하나님의 지혜를 발견할 수 있는 단순한 사실을 가르칩니다. 그에게는 십자가에 달리셔서 인류를 구원하신 예수 그리스도가 모든 지혜 있는 자들의 가르침보다 훨씬 더 뛰어나 보였습니다.

바울은 자신이 로마의 시민이었지만 죽임을 당하신 유대인, 십자가에서 죽으신 그 유대인을 자랑하는 데 조금의 거리낌이 없었습니다. 그의 좌우명은 "우리는 고난받으신 그리스도를 전파한다"는 것이었습니다. 십자가는 자신의 철학이었고, 자신의 복음이자 유일한 자랑이 되었습니다.

그렇다면 바울이 십자가를 자랑한 이유가 무엇일까요? 명예를 위해 십자가를 자랑한 것이 아닙니다. 자신이 원했다면 자랑할 만한 많은 것을 이미 가지고 있었습니다. 바울은 많은 고민과 사고 끝에 십자가를 자랑했습니다. 십자가를 선택했을 때 그 자신이 치러야 할 대가를 정확히 알았습니다. 독수리 같은 눈으로 상황을 살핀 후에 자신이 무엇을 하고 있는지, 왜 그렇게 하는지 정확히 알았습니다.

바울만큼 뛰어난 형이상학자나 논리적인 사고의 소유자도 없었습니다. 초대교회 지도자로서 바울은 거의 독보적인 위치를 차지했던 사람입니다. 다른 사도들은 바울과 달리 좀 더 감성적이고 단순합니다. 바울보다 더 논리적이거나 논증적인 사람은 아무도 없었습니다. 바울은 단호한 결단으로 다른 모든 것을 뒤로한 채 그의 전 생애를 통해 "나는 십자가를 자랑한다"고 선언합니다. "그러나 내게는 우리 주 예수 그리스도의 십자가 외에 결코 자랑할 것이 없다"고 배타적으로 선포합니다. 바울에게 자랑할 것이 왜 없겠습니까. 십자가와 비교할 때 그 모든 것을 배설물로 여겼던 것입니다. 오직 십자가만을 자랑했습니다. 바울의 하늘에서는 이 십자가의 별이 가장 찬란한 빛을 드러냈습니다.

"주님, 어떤 것도 자랑하지 말게 하소서
나의 하나님 그리스도의 죽음 밖에는.
세상에서 나를 유혹하는 모든 헛된 것
주님의 보혈 앞에 제물로 드리나이다."

바울이 왜 십자가를 자랑했을까요? 요즘은 십자가를 자랑하지 않고 버리는 사람들이 너무나 많습니다. 오늘날 대속에 관하여 무지한 목회자들이 얼마나 많은지, 주님의 십자가를 드러내지 않고 십자가에 대하여 말하지도 않습니다.

그러나 바울은 항상 주님의 대속의 죽음을 앞세웠습니다. 바울은 대속의 죽음에 대하여 선포하기를 주저하지 않았습니다. 바울은 십자가를 다양한 이론으로 치장하지 않았습니다. 그는 정교한 말이 아니라 단순한 언어로 십자가를 자랑했습니다. 이것이 사람들의 분노를 증폭시키기도 했습니다. 바울은 오직 그리스도의 십자가만, 오직 그 십자가만 간직하기로 했습니다. 다른 복음을 전하는 자들에게는 저주를 선포했습니다. "그러나 우리나 혹은 하늘로부터 온 천사라도 우리가 너희에게 전한 복음 외에 다른 복음을 전하면 저주를 받을지어다"(갈 1:8).

저는 십자가에 달리신 하나님의 공의에 대하여 묵상하기를 좋아합니다. 이 일에 조금도 지루함이란 것을 모릅니다. 죄악을 경계하시던 그분이 스스로 죄인의 모습을 취하신 것을 생각해 보십시오. 부정한 범죄자가 받아야 할 형벌을 당신이 대신 받으셨다는 사실을 생각해 보십시오. 무한히 거룩하고 영광스러우시며 영원히 경배받기에 합당하신 주님이 자신을 낮추시어 죄인 가운데 한 사람이 되셨고 많은 사람의 죄를 대신 짊어지셨습니다. 그 누가 예수 그리스도가 십자가에 달리시는 사건을 생각이나 해 보았겠습니까. 꿈에도 생각할 수 없었던 일입니다.

바울은 모든 죄를 말끔히 씻기는 그리스도의 십자가를 전하는 것을 기뻐했습니다. 십자가에 달리신 주 예수가 모든 죄악을 그치게 하시고 영원한 의를 가져오셨다고 믿었습니다. 예수님을 믿는 순간 모세의 율법으로는 결코 얻을 수 없었던 의를 얻게 된 것입니다. 예수님이 우리를 위해 죄를 감당하셨기 때문에 예수님을 믿는 죄인에게는 결코 하나님의 공의의 심판이 내리지 않습니다. 주님은 결코 동일한 죄로 두 번 심판하지 않으십니다. 하나님이 우리를 위하여 대속 제물을 받으셨다면, 어떻게 다시 우리의 범죄로 우리를 징계하실 수 있겠습니까. 우리가 믿는 신앙이 "(주께서) 우리의 모든 죄를 깊은 바다에 던지시리이다"(미 7:19)라고 외치지 않습니까?

사랑하는 여러분, 우리가 자랑할 만한 것이 바로 여기에 있습니다. 모든 죄를 없애 버리는 십자가의 능력이 세상이나 음부의 모든 권세자에게도 밝히 드러날 날이 올 것입니다.

바울은 또한 그리스도의 십자가의 놀라운 지혜를 자랑합니다. 바울의 외침을 들어 보십시오. "깊도다 하나님의 지혜와 지식의 풍성함이여"(롬 11:33). 대속물의 고난을 통한 구원은 단순하지만 장엄합니다. 인간이나 천사의 지혜로 생각해 낼 수 있는 것이 아닙니다. 오직 하나님만이 당신의 무한한 지혜 안에서 죄 없는 대속물을 통한 죄인들의 구원이라는 놀라운 계획을 끌어내신 것입니다.

십자가를 완전히 이해할 수 있는 것으로 여기는 사람은 생각이 얕

세상을 움직인 설교자와 설교

은 사람입니다. 사려 깊은 사람이라면 십자가라는 주제가 얼마나 광대한 사색의 창고인지를 깨닫게 될 것입니다. 깊이 있는 사색가라면 찬란하게 빛나는 십자가의 빛 앞에서 자기 자신조차도 잃어버리고 말 것입니다. 우리는 십자가에서 영원한 하나님의 생각과 무한한 하나님의 목적과 관심, 그리고 무한한 지혜를 발견할 것입니다. 그때 하나님과 십자가를 향해 찬양이 터져 나올 것입니다.

> "여기서 나는 주님의 가장 깊은 마음을 보네
> 은혜와 보응이 기묘하게 만나는 그곳
> 당신의 아들을 날카롭게 찌르심으로
> 대속의 기쁨이 나의 것이 되게 하시네."

바울은 십자가가 가장 흉악한 죄인에게까지도 소망의 문이 된 것을 믿었습니다. 바울 시대에는 세상이 매우 음란했습니다. 로마 문명은 가장 잔인하고 타락했으며, 대중은 인간으로서는 도저히 이해할 수 없는 악덕에 빠져 있었습니다. 바울은 십자가에 대해 말할 때 손 위에 빛을 들고 가장 어두운 곳으로 들어가는 것처럼 느꼈습니다. 십자가는 쓰러진 자를 일으켜 세우고 절망하는 자를 구원해 냅니다.

형제들이여, 오늘날 세상을 치유할 수 있는 유일한 방법은 십자가밖에 없습니다. 많은 생각에 사로잡힌 사람들이여, 타락한 자들에게 들어가서 십자가의 복음을 전하십시오. 지혜 있는 자들이여, 매춘부들에게 십자가를 선포하십시오. 빈민굴과 뒷골목에서 그리스도의 십자가 없이 할 수 있는 일이 무엇이 있겠습니까. 구제가 불가능한 사람들에게 깊은 관심을 품고 다가가서 그들을 증오의 늪에서 건져 내어 주십시오. 그러나 갈보리와 하나님의 심장에서 쏟아진 사랑의 보혈에서 비롯되지 않는 한, 아무리 교양 있고 교육받은 사람이라 할지라도 여러분의 모든 노력은 실패하고 말 것입니다. 하나님의 사랑이라는 망치 외에는 바위 같은 마음을 깨뜨릴 수 있는 방법은 그 어디에도 없습니다.

바울이 십자가를 자랑한 중요한 이유 중 하나는 십자가가 자신에게 미친 영향력 때문입니다. 십자가는 반드시 영향을 미칩니다. 살리든지 죽이든지 역사가 일어납니다. 십자가 앞에서 바울이 한 위대한 고백이 무엇입니까? "그리스도로 말미암아 세상이 나를 대하여 십자가에 못 박히고 내가 또한 세상에 대하여 그러하니라"(갈 6:14).

그리스도의 십자가가 나타나고 믿어지는 순간, 자아와 세상은 십자가에 못 박혔습니다. 이것이 바울에게 어떤 의미일까요? 그가 그리스도를 보는 순간 세상에 대하여 아무런 관심도 없어지고, 세상의 조롱 또한 그에게 아무런 영향을 미치지 못했습니다. 그가 세상에 대하여 죽었고 세상도 그에 대하여 죽었기 때문입니다. 십자가로부터 의의 태양이 비칠 때 세상의 빛은 어둠이 되어 버립니다. 가시 면류관을 쓰신 예수님을 바라본다면 세상과 세상의 영광을 위해서 추구할 것이 더 이상 무엇이 있겠습니까.

형제자매들이여! 세상을 이기는 십자가의 깃발 아래 모이지 않겠습니까? 먼지 구덩이에 굴러다닌다 할지라도 그리스도의 피에 적시기만 하면 승리를 주시는 주님의 군대가 될 것입니다. 모든 사명자가 십자가의 참된 복음을 선포하게 되는 날, 모든 그리스도인이 십자가의 능력 아래 살아가게 되는 날, 우리는 오늘날보다 훨씬 더 밝은 내일을 보게 될 것입니다. 십자가에 못 박히신 그분께 세세무궁토록 영광을 돌립니다. 아멘.

찰스 스펄전의 삶과 설교 세계

바울 이후로 기독교 역사에서 가장 위대한 설교자로 꼽히는 찰스 스펄전(Charles Spurgeon, 1834-1892)은 1834년 영국 에섹스의 켈비돈에서 목사의 아들로 태어났다. 평온하고 독실한 목회자 가정에서 태어나고 자라난 스펄전은 사춘기를 구원에 대하여 방황하는 시기로 보냈다. 어릴 때부터 신앙적 분위기 속에서 살아온 그였지만 예수 그리스도를 구주로 고백한 경험이 없었다. 그의 회심은 참으로 하나님의 극적인 은혜였다.

1850년 12월 6일 그가 16세 때 갑자기 내린 눈으로 평소에 가던 교회를 가지 못하고 마을의 작은 한 교회로 들어갔다. 설교하기로 한 목회자도 폭설로 나타나지 않자 회중에 있던 한 성도가 대신 설교를 하게 되었다. 특별한 배움이 없었던 그의 설교는 단순했다. 이사야 45장 22절을 읽고 구원을 위해서 그리스도를 바라보라는 것이었다. 그는 성경도 간신히 읽을 정도였으며 '그리스도'라는 단어 외에는 제대로 말을 이어 가지도 못하는 사람이었다.

이런 설교자를 물끄러미 쳐다보고 있는 스펄전을 향해 그 평신도는 소리쳤다. "청년, 당신은 어찌 그리 가련한 모습을 하고 있는가?" 그리고 계속해서 던진 그의 외침이 스펄전의 가슴에 깊이 파고들었다. "청년이 이 성경 본문에 순종하지 않으면 언제나 가련할 것이고 죽어서도 가련할 것이오. 그러나 이제 이 시간에 이 성경에 순종하면 당신은 구원을 얻을 것이오." 그는 한층 소리를 높였다. "청년이여, 예수를 바라보라! 지금 바라보라!" 스펄전은 천둥 같은 이 소리에 그 자리에서 벌떡 일어났다. 그리고 예수를 바라보았으며 예수님을 자신의 구원자요 주님으로 받아들였다. 세상을 움직인 한 설교자가 탄생한 순간이다.

하나님의 특별한 방법으로 구원을 체험한 이후 스펄전의 가슴은 요동하기 시작했다. 오직 예수 그리스도 십자가의 공로와 하나님의 은혜로만 가능한 구원의 복음을 전하기 위해 스펄전은 전 생애를 던지기로 결단했다. 1852년 18세의 나이에 정식 목사의 직분을 얻었으며, 그가 가는 곳마다 그의 설교를 듣기 위해 사람들이 구름 떼처럼 모여들었다. 그의 설교는 깊은 묵상과 청교도적인 열정이 어우러져 듣는 사람마다 진리의 복음 앞에 반응했다. 기독교 역사에 예수님과 바울 이후로 강단에서 가장 많은 영향을 끼친 그를 두고 '설교의 황태자'라고 부른다.

1854년 20세가 된 스펄전은 뉴 파크 스트리트 교회의 담임목사로 초청을 받았고, 교회는 얼마 가지 않아 놀라운 부흥을 이루었다. 늘어나는 성도들을 수용할 수 없어 거대한 메트로폴리탄 태버내클 교회를 건축하고, 새롭게 지어진 예배당에서 1861년 3월 31일 최초의 주일예배가 열렸을 때였다. 6천 석으로 지어진 예배당도 그의 설교를 듣기 위해 모여든 회중을 모두 수용할 수 없었다. 주일마다 일어서서 듣는 사람까지 1만 명이 넘는 회중이 참석하여 그의 설교를 통해 하나님의 은혜를 체험하고 돌아가곤 했다. 이전의 건물은 1898년 일어난 화재와 2차 세계대전으로 소실되었고, 현재 예배당은 1957년 다시 세운 건물이다.

스펄전은 칼빈주의와 청교도 신학에 뿌리를 두면서 철저한 개혁신학에 근거하여 설교했다. 존 번연의 《천로역정》을 100회 이상 읽었다고 알려진 스펄전은 본문의 뛰어난 해석뿐 아니라 다양한 이미지를 구사함으로 듣는 사람에게 머리의 인식을 넘어 오감(五感)으로 체험하게 했다. 성경 전체에서 예수 그리스도를 통해 구속하시는 하나님의 사랑을 전하면서 생동감 넘치는 전달력으로 사람들의 마음을 사로잡았다.

스펄전 설교의 가장 큰 특징은 본문을 충분히 강해하면서 청중의 삶으로 적용한다는 점이며, 그는 설교 역사에 강해설교의 정신을 가장 대중적으로 알린 사람이라 볼 수 있다. 청교도 설교자들이 교리설교에 치우쳤다면, 그의 설교는 언제나 본문의 문자적 의미에 근거한 해설에 충실하며 삶으로 깊이 파고드는 설교였다. 또한 스펄전은 설교에 앞서 기도한 것으로 유명하다. 설교 시간 전에 설교를 위해 몇 시간을 기도에 쏟곤 했다. 그의 설교가 찬란한 언어의 구사가 아니라 성령의 역사인 것은 그의 기도가 뒷받침되었기 때문이다.

스펄전은 3,500여 편의 설교 가운데 중복해서 설교한 적이 없을 정도로 말씀 준비에 철저한 사람이었다. 바쁜 설교 사역 가운데서도 매주 화요일은 성도들의 구원의 확신을 위한 개별적인 면담 시간을 가졌으며, 토요일은 개별 심방을 정기적으로 가지기 위해 시간을 비워 두었다. 천재적인 설교의 자질과 영혼을 향한 타오르는 가슴을 지닌 그였지만, 하나님 앞에서는 '내가 소유한 것 중에서 받지 않은 것이 하나도 없다'는 사실을 꼭 명심하도록 기도하곤 했다. 스펄전에게 처음에 우호적이지 않았던 사람들까지도 고조되어 가는 명성에도 불구하고 조금도 변함없이 겸손함을 유지하는 그를 보면서 그에게 존경을 보내기도 했다.

1892년 하나님이 부르시는 날까지 오직 예수 그리스도의 복음과 십자가의 능력을 설교하기 위해 전 삶을 바친 그는 참으로 예수 그리스도의 복음의 전사였으며 설교의 황태자였다.

찰스 스펄전의 설교 분석

1. 예수 그리스도 중심의 설교

찰스 스펄전 설교의 정수는 그의 유명한 말에 나타나 있다. "성경의 어느 곳을 찔러도 예수 그리스도의 피가 나온다." 예수 그리스도의 십자가와 부활의 메시지는 그의 모든 설교를 이루는 등뼈와 같다. 스펄전은 죄로 말미암은 인간의 비참한 현실을 정확하게 인식했으며 사람의 능력과 노력으로는 결코 벗어날 수 없는 한계를 강조했다. 오직 십자가만이 인류의 근본 문제를 해결해 주는 유일한 방법이며, 그리스도의 부활만이 유한한 인생의 유일한 소망이라는 것을 강조했다. 그의 신학은 십자가의 신학이었으며, 그의 설교학은 예수 그리스도였으며, 그의 메시지는 예수의 십자가와 부활이었다.

그는 자신의 설교철학을 다루는 다양한 글에서 예수 그리스도를 중심으로 설교할 것을 지속적으로 강조했다. 예수를 전하되 누구나 쉽게 이해하는 평이한 언어로 전하고, 영혼을 구원하는 예수의 십자가를 끊임없이 선포하는 것이 그의 설교의 핵심이다. 예수 중심의 메시지를 본문에서 찾기 어려울 때는 설교 결론에서 적용적으로 예수를 연결하고자 했다.

예수 중심의 설교를 향한 그의 열정은 그가 남긴 말에 잘 나타난다. "젊은이여, 그대는 영국에서는 모든 마을이나 촌락, 그리고 모든 산골 마을에도 런던으로 통하는 길이 있다는 사실을 알고 있는가? 이처럼 모든 성경에는 예수 그리스도라는 거대한 도시로 향하는 길이 있다. 사랑하는 형제들이여, 그대들의 임무는 본문을 대할 때 그리스도께로 향하는 길이 무엇인지 말하는 것이다. 지금까지 그리스도께로 향하지 않는 길을 본 적이 없다. 만일 그런 본문을 발견한다면 나는 산 넘고 물 건너 나의 주인에게로 나아갈 것이다. 그리스도의 맛이 없는 한 설교는 아무런 유익도 끼칠 수 없기 때문이다."

2. 한 주제에 집중하는 설교

"우리의 자랑, 십자가"라는 제목의 설교에서 찰스 스펄전은 예수 그리스도의 십자가에 대하여 집중적으로 증거한다. 주 예수 그리스도의 십자가만을 자랑한다는 사도 바울의 고백에 근거하여 스펄전은 십자가에 대하여 다양한 각도에서 전개한다. 먼저 십자가를 자랑한다는 말의 의미를 설명하고, 왜 십자가를 자랑하는지, 그리고 십자가를 통해 얻는 결과가 무엇인지 설교한다. 본 설교는 본문 자체를 드러내는 동시에 성경 전체에서 십자가에 대한 내용을 풍부하게 살펴봄으로써 십자가에 대한 주제를 강조하는 강해설교의 진면목을 보여 준다.

좋은 설교란 하나의 주제에 집중하는 설교다. 한 주제에 대한 집중은 하나의 주제가 들어 있는 본문 선택에서 시작해야 한다. 내용이 빈약한 설교도 문제이지만 더 큰 문제는 여러 가지 내용이 하나의 집중된 주제로 연결되지 못할 때다. 하나의 주제에 집중할 때 설교자는 전체 흐름을 한눈에 쉽게 그릴 수 있고 청중에게도 하나의 중심 메시지를 쉽게 각인시킬 수 있다.

하나의 주제를 명확하게 드러내는 것은 설교자에게 설교 준비가 충분히 되었는지를 물어보는 하나의 좋은 잣대가 될 수 있다. 필자가 학생들에게 설교를 훈련할 때 자주 물어보는 질문이 있다. "설교의 핵심 메시지를 한 문장으로 만들어 보았는가?"다. 설교자가 한 문장으로 정리하지 못하면 청중에게 설교의 주제를 남기기란 힘들 것이다.

3. 십자가의 복음을 강조하는 설교

예수 그리스도에 대한 강조는 필연적으로 십자가의 메시지와 연결된다. 찰스 스펄전의 설교는 십자가와 주 예수 그리스도에 대한 복음이 그 핵심을 이룬다. 오늘날 강단에서는 원색적인 십자가 설교를 찾기가 점점 어려워지는 실정이다. 성경을 가르치는 목회자 가운데 십자가를 모르는 사람이 없고, 예수를 따르는 교인들 가운데 십자가를 기피하는 사람은 없을 것이다. 그러나 실제 강단에서 십자가의 설교를 들을 수 있는 예는 매우 드물다.

목회자라면 내가 마지막으로 십자가에 대하여 집중적으로 설교한 적이 언제인지 물어보라. 평신도라면 마지막으로 십자가에 대한 설교를 들어 본 적이 언제인지 물어보라. 십자가에 대한 여러 가지 설명은 가능하겠지만 십자가에 대한 설교는 인류를 향한 하나님의 가슴을 품을 때, 그리고 잃어버린 영혼을 향한 절실함이 있어야 가능하다. 죄로 말미암아 죽은 인류를 구원하기 위한 하나님의 눈물을 아는 사람과 십자가 없이 영원한 지옥의 형벌에 서 있는 인류의 처참함을 인식하는 사람, 그리고 십자가로 말미암아 변화되는 영혼의 감격을 아는 사람만이 십자가를 제대로 설교할 수 있다.

오늘날 강단은 훨씬 더 뛰어난 화술과 감동적인 이야기로 장식되지만, 근본적으로 결핍되어 있는 것이 십자가의 복음이다. 기독교는 점점 인간의 삶을 고양시키는 철학이나 삶의 도리를 다루는 윤리로 전락하는 추세다.

십자가를 강조하지 않는 데는 두 가지 이유가 있다. 첫째는 설교자가 십자가에 대한 이해와 감격을 누리지 못하기 때문이다. 매우 이상하게 들리겠지만 이것이 가장 중요한 이유다. 십자가의 감격에 빠져들지 못한 채 예수의 피 묻은 십자가를 설교할 수는 없다. 한때 체험했던 십자가가 아니라 오늘 나에게 찾아오는 십자가의 영광이 매일 새로워지도록 기도해야 할 것이다.

둘째는 교인들이 십자가의 삶에 대하여 부담스러워한다는 생각 때문이다. 원색적인 복음 앞에 급진적인 헌신을 강조하는 것을 어렵게 느끼는 성도들이 있는 것도 사실이다. 그러나 많은 교인은 십자가의 메시지를 그리워하며 자신들의 삶을 십자가에 비추어 보기를 원한다. 십자가를 사모하는 교인이라면 당연히 십자가를 강조해야 할 것이고, 십자가를 회피하는 청중이라면 정말 십자가 설교를 들어야 할 사람이다. 오직 예수 그리스도의 십자가만을 증거하기로 결단한 바울의 고백은 오늘날 설교자들에게도 요청되는 자세다.

4. 찰스 스펄전의 설교가 한국 교회 강단에 주는 메시지

찰스 스펄전을 '설교의 황태자'라 부르는 데는 여러 가지 이유가 있지만, 한 가지 확실한 것은 그의 설교 전달보다는 설교의 내용에 있다는 점이다. 탁월한 표현력과 청중의 감정을 사로잡는 전달력이 곳곳에 발견되지만, 정작 사람을 움직이고 영혼을 변화시키는 능력은 십자가와 그리스도를 외치고 본문의 세계를 풀어 헤치는 그의 설교에 기인한다.

영혼을 움직이는 것은 설교의 기술이 아니라 설교의 내용이라는 사실은 기독교 역사가 변증한다. 바울 역시 사람의 뛰어난 화술이나 철학으로 전하는 자가 아니라 오직 십자가의 능력을 전하는 사도였다. 오늘날 설교자들은 성경 말씀에 대한 진의를 캐내기 위해 흘리는 땀보다 들리는 설교를 위한 전달법에 관심을 보인다. 아무리 귀한 진리라도 들려야 영혼을 움직일 수 있다는 생각 때문이다.

오늘날 한국 교회 강단은 스펄전과 같이 예수 그리스도의 가슴을 품고 주님의 십자가에 온몸을 적신 설교자를 기다린다. 하나님의 말씀에 대한 거룩한 열망을 지니고 죽은 인류를 향해 아파하시는 주님의 가슴을 품은 목회자를 기다린다. 교인들의 귀를 시원하게 만들고자 하는 메시지를 추구하는 강단은 더 이상 소망이 없다. 사람을 모으기 위한 수단으로 전락한 설교 기법은 생명력 넘치는 기독교를 살려 내지 못한다. 생명의 말씀을 증거하는 강단의 회복은 기독교의 진정한 부흥의 시발점이다. 그리고 그 강단의 회복은 성경에 나타난 예수 그리스도의 십자가와 부활, 그리고 진리의 말씀으로 말미암은 삶의 변화가 제대로 선포될 때 비로소 시작된다.

한 시대 십자가의 복음으로 영국과 세상을 변화시킨 설교의 황태자 찰스 스펄전. 그러나 그가 섬긴 영국은 현재 처참하게도 영적인 피를 흘리고 있다. 이전에 찬란했던 기독교 유산은 점점 유물이 되어 가는 실정이다. 필자가 스펄전이 섬겼던 메트로폴리탄 태버내클 교회를 탐방 차 방문한 적이 있다. 안내하는 분이 현재 장년 교인은 천 명이 되지 않는다고 했지만, 주일학교가 활발하게 일어나고 있는 것을 보면서 감사의 기도를 드렸다. 점점 세속화되어 가는 런던 한복판에 여전히 진리를 외치는 교회가 있다는 사실이 너무나 자랑스러웠다.

과거의 기독교 전통을 상실하고 영적 쇠락의 길을 걷는 유럽 교회와 영국 교회를 바라보면 너무나 마음이 아파 오지만, 아무리 세상이 변하고 교회의 영향이 약화된다 해도 십자가의 복음이 선포되는 곳에는 하나님의 사람들이 모여들고 영혼이 변화된다는 것을 이 교회는 여전히 보여 주고 있었다. 짧은 기독교 역사에 놀라운 성장을 이루었지만 점점 세속주의의 물결에 노출되는 한국 교회가 가슴에 새겨야 할 메시지다.

16장

존 파이퍼,
열정이란 이름으로 강단을 불태우는 설교자

존 파이퍼의 설교

설교 제목: **내가 이리 가운데 양을 보내듯이 너희를 보내노라**(I am sending you out as sheep in the midst of wolves)

본문: **마태복음 10:16-31**

　예수님이 위대한 구속 사역을 완성하셨을 때였습니다. 예수님은 그분을 믿는 수많은 사람을 구원하기 위해 자신의 생명을 주시고 죽은 자 가운데서 부활하셨을 때 제자들에게 마태복음 28장 18-20절의 마지막 사명을 주셨습니다. "하늘과 땅의 모든 권세를 내게 주셨으니 그러므로 너희는 가서 모든 민족을 제자로 삼아 아버지와 아들과 성령의 이름으로 세례를 베풀고 내가 너희에게 분부한 모든 것을 가르쳐 지키게 하라 볼지어다 내가 세상 끝날까지 너희와 항상 함께 있으리라."

"가서 모든 민족을 제자로 삼으라"라는 명령은 마치 "볼지어다 내가 세상 끝날까지 너희와 항상 함께 있으리라"라는 약속만큼이나 오늘날도 여전히 유효합니다. 주님의 이 약속은 "세상 끝날까지"라고 하신 주님의 말씀처럼 유효합니다. 예수님이 다시 오실 때까지 우리와 함께하겠다는 약속은 변하지 않습니다. 이 사명의 기초는 바로 이 약속에 놓여 있으며, 따라서 이 사명은 오늘날도 여전히 변함이 없습니다. 예수님은 우리에게 명령하십니다. "가서 모든 민족을 제자를 삼으라."

바울의 선교 열정

신약에서 사도 바울처럼 선교적 열정으로 타오른 사람은 없습니다. 그는 예수님의 명령에 순종한 삶을 살았지요. 로마서 15장 20절에서 그는 이렇게 말합니다. "또 내가 그리스도의 이름을 부르는 곳에는 복음을 전하지 않기를 힘썼노니 이는 남의 터 위에 건축하지 아니하려 함이라." 이 말씀은 지역 복음 전도자와 전방 선교사의 차이를 보여 줍니다.

바울은 디모데후서 4장 5절에서 디모데에게 "전도자의 일을 하며 네 직무를 다하라"라고 말합니다. 이것이 무슨 말입니까? 이미 복음이 전파된 지역 교회의 목사로서 사람들을 주님께 인도하기를 계속하라는 의미입니다. 에베소에는 그리스도인들과 기독교에 관하여 아는 사람들이 꽤 많이 있기에 계속해서 복음을 전하라는 말입니다. 복음을 전하고, 사랑을 보이고, 지속적으로 전도하라는 뜻이지요. 지역을 복음화시키라는 말입니다. 우리 모두에게 주어진 직무이기도 하지요.

그러나 전방 선교사는 다릅니다. 전방 선교 사역은 바울 같은 사람이 했던 사역이지요. "또 내가 그리스도의 이름을 부르는 곳에는 복음을 전하지 않기를 힘썼노니 이는 남의 터 위에 건축하지 아니하려 함이라"(롬 15:20). 전방 사역이란 복음이 아직 뿌리를 내리지 못한 곳에 교회를 세우는 일입니다. 우리에게 오늘도 동일하게 요구되는 사역이지요. 이 사역은 아직도 완성되지 않은 사역입니다. 부활하신 우리의 왕 되신 예수님의 말씀은 이 말씀을 처음에 주실 때처럼 오늘도 여전히 우리에게 요구하시는 말씀입니다.

이것이 바로 우리가 미전도 족속에 대하여 말하는 이유입니다. 세상에는 모두 1만 7천 개의 종족이 있고요, 그 가운데 약 7천 개나 되는 미전도 족속이 있습니다. 예수님은 이 모든 민족을 제자 삼으라고 말씀하십니다. 바울은 교회가 세워지지 않은 곳에 복음을 전함으로써 전방 선교가 어떻게 이루어져야 할지 그 모델을 보여 줍니다. 오늘날도 "가서 모든 민족을 제자로 삼으라"라는 명령은 유효하며, "내가 세상 끝날까지 너희와 항상 함께 있으리라"라는 약속도 유효하며, "아들을 믿는 자에게는 영생이 있고 아들에게 순종하지 아니하는 자는 영생을 보지 못하고 도리어 하나님의 진노가 그 위에 머물러 있느니라"(요 3:36)라는 주님의 말씀도 영원합니다.

누가 갈 것인가?

문제는 이것입니다. '누가 갈 것인가?' 아직 교회가 세워지지 않은 곳에 누가 가서 주 예수 그리스도의 복음을 전할 것인가? 내가 가야 할 것인가? 저도 한 해에 한 번은 이 질문을 자신에게 해 봅니다. 매우 심각하게 말입니다. 저 역시도 기꺼이 가고자 합니다. 예수님을 따르는 사람은 누구든지 주님의 사랑과 순종의 줄에 매여 이렇게 고백해야 합니다. "주님이 인도하시는 대로 어디든지 가겠습니다." 예수님을 믿는 모든 신앙인은 말해야 합니다. "주님, 제가 여기 있습니다. 원하신다면 저를 보내소서."

예수님을 믿는 모든 사람이 다 전방의 선교사로 가는 것이 주님이 원하시는 것은 아닙니다. 그러나 분명히 주님이 부르시는 사람은 있습니다. 주님이 여러분의 삶에 어떻게 선교를 향한 마음을 불러일으키실지 아는 사람은 아무도 없습니다. 이는 성령이 하시는 일입니다. 우리 눈에는 참으로 놀랍고 측량할 수 없는 일입니다. 그러나 우리가 성경과 교회의 역사를 통해 알아야 할 것이 있습니다. 하나님이 선교에 대하여 부르심을 일깨우는 도구 가운데 하나는 하나님의 말씀을 전하는 것입니다. 성경에서 선교에 대한 명령과 그 희생과 축복을 어떻게 말하고 있는지 함께 보겠습니다.

마태복음 10장 16-33절에서 예수님은 제자들에게 신실한 증인이 될 때 치러야 할 희생과 고난을 참았을 때 다가올 축복에 관하여 말씀하십니다. 이 말씀은 예수님 시대로부터 40년 정도의 미래를 말하지만, 오늘날도 이 원칙은 동일하게 적용됩니다. 주님은 23절에서 이렇게 말씀하십니다. "이 동네에서 너희를 박해하거든 저 동네로 피하라 내가 진실로 너희에게 이르노니 이스라엘의 모든 동네를 다 다니지 못하여서 인자가 오리라."

신약이 하나님의 나라에 관하여 여러 단계로 말하듯이, 인자의 오심도 여러 가지의 단계로 나누어 생각할 수 있습니다. 주님은 처음에 이 땅에 죽기 위해서 오셨습니다. 그리고 죽은 자들 가운데 부활하셔서 오셨습니다. 또한 주후 70년에 예루살렘을 멸망시키는 심판에도 오셨으며, 대각성 운동이 일어날 때도 오셨습니다. 그리고 땅 위의 세대가 끝날 때 우리 눈에 보이는 주님으로 오실 것입니다.

예수님의 복음을 전하는 선교사의 사명에 따라오는 희생과 축복은 그때뿐만 아니라 오늘도 동일합니다. 주님이 말씀하고자 하시는 요지는 분명합니다. 위험에 직면해서도 담대한 증인이 되라는 것입니다. 성령이 여러분의 인생에 주님의 부르심을 일깨우시기를 간구합니다.

전방의 선교 사역에 따르는 여섯 가지 희생

오늘 본문은 명확하게 말합니다. 특별한 설명이 없더라도 잘 이해할 수 있는 말씀입니다. 본문에는 전방 사역지에서 선교에 뛰어들 때 따라오는 여섯 가지 희생과 열 가지 축복이 나옵니다. 비록 오늘날 주님이 우리에게 몇 가지를 제외시켜 주셨지만, 오늘날도 여전히 겪어야 할 희생입니다.

첫째, 관원들에게 끌려가는 희생을 치러야 합니다. 16-18절에서 주님은 말씀하십니다. "보라 내가 너희를 보냄이 양을 이리 가운데로 보냄과 같도다 그러므로 너희는 뱀같이 지혜롭고 비둘기같이 순결하라 사람들을 삼가라 그들이 너희를 공회에 넘겨주겠고 그들의 회당에서 채찍질하리라 또 너희가 나로 말미암아 총독들과 임금들 앞에 끌려가리니 이는 그들과 이방인들에게 증거가 되게 하려 하심이라."

둘째, 가족의 배신을 겪어야 합니다. 21절에 말씀하십니다. "장차 형제가 형제를, 아버지가 자식을 죽는 데에 내주며 자식들이 부모를 대적하여 죽게 하리라." 이는 참으로 참기 어려운 고통입니다. 부모들과 자녀들이 기독교 신앙을 극심하게 반대하여 믿기를 선택하니 차라리 서로를 죽이게 될 것입니다.

셋째, 모든 사람에게 증오를 받게 됩니다. 22절에 말씀하십니다. "너희가 내 이름으로 말미암아 모든 사람에게 미움을 받을 것이나." 우리가 모든 사람에게 미움을 당한다는 말씀이 우리가 전도를 하지 못한다는 것을 의미하지는 않습니다.

넷째, 우리가 선 곳에서 핍박을 받고 내쫓길 수도 있습니다. 23절에 말씀하십니다. "이 동네에서 너희를 박해하거든 저 동네로 피하라."

다섯째, 중상모략을 당할 수도 있습니다. 25절에서는 이렇게 말씀하십니다. "집주인을 바알세불이라 하였거든 하물며 그 집 사람들이랴." 예수님은 우리가 하나님의 진노를 피할 수 있도록 우리를 대신해서 죽으셨습니다. 주님이 속죄를 위해 고통을 당하셨기에, 이제 우리가 복음 전파를 위해 고난을 받을 때입니다.

여섯째, 죽음의 고난을 겪기도 합니다. 28절입니다. "몸은 죽여도 영혼은 능히 죽이지 못하는 자들을 두려워하지 말고." 때로 사람들은 죽이기도 합니다. 선교를 위해 선교사 가운데 죽는 사람이 발생한다 해도 결코 우리가 실수했다는 생각을 품지 말기 바랍니다. 예수님은 누가복음 21장 16절에서 말씀하십니다. "너희 중의 몇을 죽이게 하겠고." 지난 2천 년 동안 세상에 아무런 가치도 두지 않은 수천 명의 선교사가 세상에 유일한 구원의 메시지를 전하기 위해 위험을 감수하다가 생명을 잃기도 했습니다. 그들이 누리는 축복이 겪어야 할 고통보다 훨씬 더 크기에 그들은 이렇게 희생할 이유가 있습니다.

전방 선교의 열 가지 축복

주님이 열 가지의 축복으로 여러분의 모든 두려움을 이기게 하시고 주님을 알고자 하는 열정으로 채우시길 간구합니다.

첫째, 예수님께 보내심을 받는 축복이 있습니다. 16절에서 주님이 무엇이라 말씀하십니까? "보라 내가 너희를 보냄이 양을 이리 가운데로 보냄과 같도다 그러므로 너희는 뱀같이 지혜롭고 비둘기같이 순결하라." "내가 너희를 보내노라." 살아 계신 그리스도로 말미암아 주님의 사역을 위해 보내심을 받는 일이란 얼마나 감격스런 일입니까.

둘째, 하나님의 성령이 말씀을 주시는 축복이 있습니다. 19-20절에 이렇게 말씀하십니다. "너희를 넘겨줄 때에 어떻게 또는 무엇을 말할까 염려하지 말라 그때에 너희에게 할 말을 주시리니 말하는 이는 너희가 아니라 너희 속에서 말씀하시는 이 곧 너희 아버지의 성령이시니라." 여러분의 삶 속에 필요한 말을 친히 주시는 성령의 임재하심과 능력을 경험한다는 사실은 얼마나 위대한 일입니까.

셋째, 하나님의 아버지 같은 사랑을 받는 축복이 있습니다. 20절입니다. "말하는 이는 너희가 아니라 너희 속에서 말씀하시는 이 곧 너희 아버지의 성령이시니라." 예수님은 우리를 지키시는 자가 하늘의 아버지시라고 말씀하십니다.

넷째, 마지막에 구원을 얻는 축복이 있습니다. 22절에 말씀하십니다. "끝까지 견디는 자는 구원을 얻으리라." 우리가 모든 희생을 치렀을 때 위대한 구원의 영광을 맞이할 것입니다. 죽은 자 가운데 살아나 다시는 고통과 죄가 없는 곳에서 주님의 영원한 즐거움에 참여할 날이 올 것입니다. 우리의 부족함에도 불구하고 "수고했다"라는 말을 들을 날이 올 것입니다.

다섯째, 인자가 심판과 자비로 오시는 것을 아는 축복이 있습니다. 23절에 말씀하십니다. "이스라엘의 모든 동네를 다 다니지 못하여서 인자가 오리라." 핍박받는 제자들에게 이 말씀은 엄청난 용기를 주는 말씀으로 다가옵니다. 주님은 역사의 심판과 구원의 날에 당신의 백성들을 보호하기 위해 오십니다.

여섯째, 예수님의 가족이 되는 축복을 얻습니다. 25절에 무엇이라 말씀하십니까? "집주인을 바알세불이라 하였거든 하물며 그 집 사람들이랴." 예수님은 우리가 어떤 거절을 당하더라도 이 거절이 주님 때문이라는 것을 알기 원하십니다.

일곱째, 진리가 승리할 것을 아는 축복이 있습니다. 26절에 주님이 말씀하십니다. "그런즉 그들을 두려워하지 말라 감추인 것이 드러나지 않을 것이 없고 숨은 것이 알려지지 않을 것이 없느니라." 복음을 전하다가 비록 지금은 조롱을 당할지라도 주님이 진정한 진리가 무엇인지 드러내실 날이 올 것입니다.

여덟째, 영원한 영혼을 소유하는 축복이 있습니다. 주님은 "영혼은 능히 죽이지 못하는 자들을 두려워하지 말고"(마 10:28)라고 말씀하십니다. "내가 진실로 진실로 너희에게 이르노니 내 말을 듣고 또 나 보내신 이를 믿는 자는 영생을 얻었고 심판에 이르지 아니하나니 사망에서 생명으로 옮겼느니라"(요 5:24). 우리는 이미 죽음에서 생명으로 옮겨진 사람들입니다. 우리의 땅 위에서의 모든 사역이 끝나는 날, 우리는 영원한 존재가 될 것입니다.

아홉째, 인생의 조그만 일도 주관하시는 하나님 아버지를 소유하는 축복을 얻습니다. 29절에 이렇게 말씀하십니다. "참새 두 마리가 한 앗사리온에 팔리지 않느냐 그러나 너희 아버지께서 허락하지 아니하시면 그 하나도 땅에 떨어지지 아니하리라." 참새 한 마리가 떨어지는 것도 아시는 하나님 아버지께서는 우리를 소중한 아이로 사랑하시며 매일의 삶 속에서 우리를 지키고 다스리시는 분입니다.

열째, 하나님께 가치를 인정받는 축복을 얻습니다. 31절에 주님이 말씀하십니다. "두려워하지 말라 너희는 많은 참새보다 귀하니라." 하나님은 당신의 자녀들을 무시하지 않으시고 소중히 여기십니다. 두 가지 이유 때문입니다. 하나는 예수 그리스도와 연합함으로써 주님의 모든 완전함이 우리에게 전가되었기 때문입니다. 다른 하나는 성령의 은혜로 우리는 조금씩 성화되어 가기 때문입니다.

하나님이 선교를 위해 생명을 던지는 사람들을 어떻게 부르실까요? 하나님은 당신의 말씀을 전하심으로 두려움을 극복하는 위대하고도 신비로운 열망을 주셔서 행하게 하십니다. 선교에 대한 희생을 보여 주심으로 낭만적인 유약함에 빠지지도 않게 하십니다. 또한 충만한 축복을 깨닫게 하심으로 선교를 열망하게 하십니다. 하나님은 이미 여러분 가운데 많은 사람을 통해 이 일을 행하고 계십니다. 우리 가운데 누군가에게는 오늘 이 말씀이 새로운 부르심으로 들릴 수도 있을 것입니다. 하나님이 바로 여러분에게 갈 것을 촉구하고 계실지도 모릅니다. 주님, 우리의 삶 속에 당신의 역사를 이루어 주소서!

존 파이퍼의 삶과 설교 세계

남침례교 신학대학원에서 존 파이퍼(John Piper, 1946-)가 설교할 때였다. 그는 소개가 끝나자마자 강단 끝에 앉아 있다가 강대상 앞으로 뛰어나와 말씀을 전하기 시작했다. 그 모습을 보는 순간 설교를 듣는 필자는 정신이 번쩍 들었다. 저런 열정을 가지고 강단에 서서 피를 토하듯 설교하는데 그 누구든 한마디라도 허튼 마음으로 들을 사람이 있겠는가. 마틴 로이드 존스는 그의 책《목사와 설교》에서 설교를 두고 '불타는 논리'(Logic on fire)라고 표현했다. 로이드 존스의 말을 강단에서 가장 실감 나게 보여 주는 설교자가 있다면 파이퍼가 될 것이다.

그의 설교론은《하나님을 설교하라》(복있는사람, 2021)에 잘 나타나 있다. 평생 자신의 멘토로 삼은 조나단 에드워즈의 설교에서 발견한 중요한 통찰력을 기초로, 모든 설교는 하나님의 영광과 절대적인 주권과 은혜를 드러낼 것을 강조한다. 파이퍼의 모든 설교에는 하나님을 향한 거룩한 열정과 영혼을 변화시키는 설교에 대한 확신이 배어 있다.

파이퍼는 1946년 1월 11일에 태어나 복음 전도자 아버지와 신실한 믿음의 어머니로부터 신앙 교육을 받으며 자라났다. 1964년 휘튼 대학교에서 문학과 철학을 공부하고 풀러 신학교에서 목회학 석사를 공부했다. 그 후 독일 뮌헨 대학교에서 신약학으로 박사학위를 받았다. 박사학위를 마친 후 미네소타에 있는 베델 대학교에서 6년 동안 교수로 섬기다가 1980년부터 말씀을 전해야 할 사명을 강하게 느끼고 미네소타 미네아폴리스에 있는 베들레헴 침례교회의 목사로 부임해서 열정적인 목회 사역을 감당했다. 학계를 떠나면서 그가 남긴 말은 유명하다. "설교에 대한 열정과 하나님의 말씀으로 교회를 빚어 가고 성장시키는 것을 보고 싶은 열정을 주체할 수 없었다."

파이퍼가 기독교 역사에 남긴 가장 중요한 유산이라면 2000년 5월 20일, 미국 멤피스에서 있었던 패션 콘퍼런스에서 전한 말씀일 것이다. 4만 명이나 되는 대학생들이 그의 설교를 들으면서 한 번의 인생을 안락한 삶을 거부하고 복음을 위해 불태울 것을 결단했다. 파이퍼는 이 설교에서 젊은 날에 조기 은퇴하고 크루즈나 타면서 조개를 줍고 있는 삶이 진정 비극이라는 것을 상기시키면서 그렇게 인생을 낭비하지 말 것을 강조했다. 가슴에서 터져 나오는 그의 호소력 넘치는 설교에 젊은이들은 환호했고, 그 영향은 놀라웠다. 수많은 젊은이가 미국인의 우상이라 할 수 있는 편안한 삶에, 좋은 차에, 안락한 노후를 거부하고 하나님의 영광을 위해 그들의 삶을 헌신하고자 결단한 시간이었다.

"인생의 모든 목표는 만물의 으뜸이 되시는 완전한 하나님을 만나고, 그분을 맛보고, 그분을 증거하는 것이다. 이것이 내 인생의 목표다." 이 한마디의 고백은 설교자로서 파이퍼의 삶을 그대로 보여 준다. 이 땅의 한 사람이라도 더 전도하여 하나님을 알게 하는 것이 주님을 기쁘시게 하기에 설교 사역에 생명을 거는 목회자, 그 옛날 대각성 부흥의 주역인 조나단 에드워즈가 지녔던 영성의 발자취를 좇아 그를 그림자처럼 추적하고 배우고 살려 내는 저술가, 그가 바로 존 파이퍼다.

2012년 파이퍼는 베들레헴 침례교회에서 30여 년 목회를 마무리하면서 그가 가장 강조하고 싶었던 내용을 묶어서 고별설교를 진행했다. 《독트린 매터스》(복있는사람, 2014)는 그가 남기고 싶었던 열 가지 신학적

313

주제를 담은 설교인 동시에, 그의 신학사상을 요약한 책이다. 그가 강조한 열 가지 트레이드 마크는 자존하시는 하나님, 하나님의 영광, 기독교 기쁨주의, 하나님의 주권, 그리스도 안에 있는 하나님의 복음, 선교를 향한 부르심, 그리스도인다운 삶, 성도의 견인, 성경에서 말하는 남성과 여성, 그리고 고난 속에서도 항상 기뻐하는 삶이다. 그가 제시한 기독교의 트레이드 마크는 특정한 교파나 교회의 주장이 아니라, 모든 하나님의 교회가 추구해야 할 핵심 가치라고 강조한다. 이런 주제는 그의 평소 설교가 성경에 근거한 교리에 뿌리내리고 있다는 것을 알려 준다.

이미 많은 책을 통해 한국에도 익숙한 파이퍼는 철저한 논리와 깊은 영성의 소유자로 알려져 있다. 그의 책과 설교는 잘 짜인 논리와 주님의 목소리를 듣는 듯한 영성이 배어 나와 가슴과 지성이 균형을 이루는 설교자로 평가된다. 철저하게 성경 본문에 근거한 주해와 설교를 고집하여 교회의 외적 성장을 부추길 만한 세속의 흐름과 조금도 타협 없이 오직 말씀 선포를 통해 하나님의 영광을 온전히 구하며, 말씀 안에서 누리는 신앙인의 놀라운 감격을 노래하는 파이퍼의 설교는 이 시대의 조나단 에드워즈의 설교처럼 들려온다.

존 파이퍼의 설교 분석

1. 열정과 논리를 동시에 보여 주는 설교

평소에 존 파이퍼는 철저한 논리에 근거한 설교로 잘 알려져 있다. 많은 영성 훈련가 가운데 뛰어난 영성만큼 철저한 논리를 유지하는 사람이 흔치 않다. 또한 빈틈없는 논리를 유지하면서도 여전히 역동적이고 깊은 영성을 소유한 사람을 찾아보기 힘들다면, 파이퍼는 열정과 지성을 동일하게 지닌 대명사로 여겨진다.

"내가 이리 가운데 양을 보내듯이 너희를 보내노라"라는 제목의 본 설교도 간결하지만 그의 열정과 논리가 균형 있게 드러나 있다. 설교 중간중간에 몇 가지의 제목을 소개함으로써 본문의 내용을 한눈에 보게 한다. "바울의 선교 열정"과 "누가 갈 것인가?", 그리고 "전방의 선교 사역에 따르는 여섯 가지 희생"과 "전방 선교의 열 가지 축복" 등의 제목은 설교 전체의 흐름을 쉽게 인식하도록 매우 논리적으로 구성되어 있다. 그의 설교는 한마디로 어떠한 희생이 따를지라도 선교하는 사람에게 주어지는 축복을 기대하면서 선교의 전선으로 나아갈 것을 촉구한다.

두 가지 제목을 '첫째', '둘째'를 붙여 가면서 설교하는 파이퍼는 어쩌면 오늘날 설교의 흐름에는 맞지 않는 사람처럼 보인다. 최근에 내러티브의 철학에 빠져 버린 설교학자들은 설교에서 '첫째', '둘째' 등의 체계적인 설교 흐름을 거부한다. 본문에서 무엇인가 논리적인 것을 추구하는 자체를 불편하게 여기며 본문의 긴장과 흐름을 살려 낼 것을 한목소리로 주장한다. 그러나 파이퍼의 본 설교는 청중을 사로잡는 능력이 설교의 전달 기술에 있는 것이 아니라, 오직 하나님의 말씀과 그 말씀을 전달하는 설교자의 가슴에서 흘러나온다는 사실을 잘 보여 준다.

2. 본문에 이끌리는 설교

강해설교는 성경 본문의 의미를 바르게 파악하는 데서 시작된다. 전통적인 강해설교가 본문에서 하나의 핵심 주제를 본문을 통해 풀어 가는 것을 강조했다면, 최근에는 '본문에 사로잡힌 설교', 또는 '본문에 이끌리는 설교'라는 이름으로 본문 자체의 흐름을 중요시하는 설교가 강조되기도 한다. 두 방법 모두 본문을 드러내는 강해설교의 정신을 살려 낸다고 할 수 있다. 존 파이퍼의 설교는 철저하게 본문을 분석하고 본문의 흐름을 따르는 것을 보여 준다. 본 설교는 특히 본문을 그대로 나열하다시피 소개하고 조금씩 적절한 주해나 적용을 가미하는 것으로 진행된다.

파이퍼는 먼저 본문을 종합하여 선교 사역에서 겪을 수 있는 여섯 가지 위험과 그에 따르는 열 가지 축복을 제시한다. 대개 한 가지 주제에 집중하여 설교하다 보면 본문에서 멀어져 그 주제 자체를 위해 성경 전체에서 증거 구절처럼 가져오거나 그 주제에 대한 일반적인 논리를 가지고 다룰 때가 있다. 결국 성경 본문에 근거한 강해설교가 아니라, 본문이 사라진 제목설교로 그치고 만다. 파이퍼는 철저하게 본문에서 그 근거들을 뽑아내고 적절하게 풀이해 냄으로써 듣는 사람들에게 설교의 권위를 높여 준다. 설교자가 설교자로서의 권위를 주장할 수 있는 유일한 이유는 이것이 하나님의 말씀이라는 사실에 있다. 하나님의 말씀인 본문 자체를 벗어난 설교자는 이미 진정한 의미에서의 설교자로서의 권위를 상실한 것이나 마찬가지다.

파이퍼의 설교는 본문에 대한 단순한 풀이가 아니라, 본문에 대한 깊은 묵상에서 비롯된다. 본문에서 청중이 궁금하게 여길 수 있는 부분에 대하여 자세히 풀이하기도 한다. "내가 진실로 너희에게 이르노니 이스라엘의 모든 동네를 다 다니지 못하여서 인자가 오리라"(마 10:23)라는 말씀은 모순처럼 들려온다. 이 말씀은 당시 사람들이 죽기 전에 예수님을 만날 것으로 오해하게 만들 수도 있다. 파이퍼는 다음과 같이 설명한다. "신약이 하나님의 나라에 관하여 여러 단계로 말하듯이, 인자의 오심도 여러 가지의 단계로 나누어 생각할 수 있습니다. 주님은 처음에 이 땅에 죽기 위해서 오셨습니다. 그리고 죽은 자들 가운데 부활하셔서 오셨습니다. 또한 주후 70년에 예루살렘을 멸망시키는 심판에도 오셨으며, 대각성 운동이 일어날 때도 오셨습니다. 그리고 땅 위의 세대가 끝날 때 우리 눈에 보이는 주님으로 오실 것입니다."

3. 진리에 근거하여 결단을 촉구하는 설교

설교란 하나님의 말씀을 오늘 나에게 적용하여 삶의 거룩한 변화를 추구하는 것이다. 주해와 적용이 균형을 이룰 때 진리에 근거하여 청중의 삶을 변화시키는 설교의 목적에 부합된다. 본문을 강조하되 오늘날 삶으로 연결하지 못하는 설교는 허공을 울리는 꽹과리처럼 들릴 수 있다. 한편, 삶으로 연결하는 적용이 강조되지만 본문에 뿌리를 내리지 않은 설교는 성경적 근거가 없는 무성한 잎에 불과하다.

존 파이퍼의 설교에는 본문에 대한 철저한 주해와 본문에 근거한 적용이 균형 있게 나타난다. 그의 설교에는 다음과 같은 표현이 자주 발견된다. "우리에게 오늘도 동일하게 요구되는 사역이지요. 이 사역은 아직도 완성되지 않은 사역입니다. 부활하신 우리의 왕 되신 예수님의 말씀은 이 말씀을 처음에 주실 때처럼 오늘도 여전히 우리에게 요구하시는 말씀입니다."

해돈 로빈슨은 강해설교를 정의하면서, 본문에서 찾아낸 중심 사상을 청중에게 전달하기 전에 먼저 설교자 자신을 통과할 것을 강조한다. 필립 브룩스도 설교를 "인격을 통한 진리의 선포"라고 정의한다. 설교자는 본문을 바르게 해석하고 전해야 할 사람이지만, 설교자의 인격과 삶과 무관한 설교 전달은 있을 수 없다. 설교에서 가장 강력한 촉구가 있다면 설교자 자신의 삶 자체다.

파이퍼의 설교에서는 적용이 그의 전인격을 보여 주는 에토스와 연합되어 더욱 강렬하게 들려온다. 말씀을 전하는 설교자 자신도 하나님의 말씀 앞에서는 겸허하게 듣고 적용해야 할 한 사람의 회중이다. "누가 갈 것인가?"라는 질문 앞에 자기 자신도 하나님의 선교를 향한 부르심에는 예외가 될 수 없다는 것을 강조한다. "저도 한 해에 한 번은 이 질문을 자신에게 해봅니다. 매우 심각하게 말입니다. 저 역시도 기꺼이 가고자 합니다. 예수님을 따르는 사람은 누구든지 주님의 사랑과 순종의 줄에 매여 이렇게 고백해야 합니다. '주님이 인도하시는 대로 어디든지 가겠습니다.' 예수님을 믿는 모든 신앙인은 말해야 합니다. '주님, 제가 여기 있습니다. 원하신다면 저를 보내소서.'"

4. 존 파이퍼의 설교가 한국 교회 강단에 주는 메시지

존 파이퍼는 하나님을 즐거워하고 만족하는 것이 신앙인의 가장 큰 기쁨이라는 것을 강조하면서 현재 "Desiring God" 사역을 통해 모든 설교를 무료로 공개하여 사람들에게 도움을 주고 있다(desiringgod.org). 구원론에 있어 하나님의 예정을 그대로 믿는 칼빈주의적 시각을 보여주며 성경을 하나님의 말씀으로 그대로 믿고 주님의 은혜로 말미암는 구원과 성화를 강조하는 침례교이면서도 개혁신학의 성향을 보이고 있다. 그의 설교는 이러한 신학적 기반에 잘 근거한다.

파이퍼는 설교를 정의하면서, 설교란 세상을 구원하시는 하나님의 좋은 소식을 하나님의 사람을 통해 공표하는 것으로, 진리의 말씀은 본문에 근거할 것을 강조한다. 이런 면에서 진리의 말씀을 강조하는 만큼 진리를 전하는 전령의 역할을 강조한다. 설교자는 하나님 말씀에 대한 확신을 지녀야 하며 말씀을 전하는 희열에 사로잡힐 것을 강조한다.

한국 교회 설교자들이 파이퍼에게 배워야 할 가장 중요한 교훈이라면 설교자가 지니는 기쁨과 감격, 그리고 진리를 생명 바쳐 전달하고자 하는 열정이라고 말하고 싶다. 하나님의 거룩한 말씀을 맡은 사자로서 영광스러운 부르심에 대한 거룩한 기쁨으로 충만해야 한다. 이러한 거룩한 기쁨이 충만할 때 설교자는 세상 모든 것에서 자유로울 수 있으며, 이런 열정으로 차오를 때 강단에 서면 인생의 마지막처럼 진리를 쏟아 낼 수 있다.

파이퍼의 본 설교는 성경 본문을 그대로 풀어 가는 설교 형식을 보인다. 본문을 간결하게 설명하고 그것에 근거한 적용으로 설교를 진행한다. 본 설교는 파이퍼가 평소 하는 설교보다 훨씬 더 본문 자체를 그대로 소개하는 느낌을 주지만, 그의 평소 설교 역시 본문에 철저히 뿌리를 내리고 깊은 사색이 들어 있는 설교로 일관한다.

오늘날 한국 교회 강단은 본문 자체에 집중하면 왠지 효과적이지 못한 느낌이 흐르고 있다. 본문을 고집하는 사람들은 급변하는 시대와 변화되어 가는 설교학의 흐름에 뒤처지지 않는가 하는 조바심을 느끼기도 한다. 성경 이외에 무엇인가 다른 것을 찾아야 한다는 조급함으로 많은 설교자는 본문 자체에 대한 깊은 묵상과 연구보다 감동적인 이야기나 예화 혹은 전달 방식에 더 관심을 기울인다. 파이퍼는 말씀에 나타난 하나님의 영광을 선포할 때, 그때 성도들에게도 가장 은혜가 임한다는 것을 보여 주는 설교자다. 설교자들은 하나님의 진정한 은혜는 진리의 말씀이 바르게 선포될 때 가장 강력하게 나타난다는 사실을 믿어야 한다.

6부
내러티브

이야기식 설교로
청중을 사로잡다

17장

해돈 로빈슨,
강해설교의 아버지

해돈 로빈슨의 설교

설교 제목: **중년에 불어 닥친 다윗왕의 위기**(King David's Midlife Crisis)

본문: **사무엘하 11:1-27**

오늘 아침 여러분에게 성경에 나오는 지도자 한 사람에 관하여 말씀을 나누고자 합니다. 다윗이라는 지도자이지요. 예루살렘에 사는 이스라엘의 왕입니다. 다윗이 왕위에 있은 지 17년 동안 나라는 그칠 줄 모르는 번영을 누려 왔지요. 지난 12년 동안 다윗은 모든 전쟁을 승리로 이끌었습니다. 백성의 마음은 마치 정오의 태양 세례에 꽃들이 잎을 펼치듯 다윗에게로 향했습니다.

다윗은 영적인 민감성을 지닌 하나님의 사람이었습니다. 오늘 그는 예루살렘의 왕좌에 앉아 있지요. 그는 안전하고 자족하며 성공적인 삶을 누렸습니다. 이제 47세가 된 왕. 그렇다고 그의 인생이 모두 평탄했던 것은 아니었습니다. 다윗의 마음을 혼란스럽게 만든 것이 적지 않았지요. 아마도 왕궁 벽에 걸려 있는 거대한 청동 거울을 볼 때마다 다윗은 사라져 가는 젊음을 확인했을 것입니다. 거칠었던 수염이 이제 부드러워져 갔지요. 머리카락이 힘없이 넘어가고 하나씩 희어져 가는 것을 본 것이지요. 물론 이것이 다윗의 마음을 불편하게 만들었습니다.

다윗의 결혼 생활 또한 그렇게 평탄하지는 않았습니다. 그렇지요. 결혼 생활. 아내를 일곱이나 두었지만 그의 마음을 사로잡지는 못했습니다. 47세로 접어든 다윗의 삶이 바로 이런 것이었지요. 그저 덤덤하게 보였던 그의 인생. 하나님과의 관계도 예외는 아니었습니다. 젊은 날 다윗은 하나님을 너무나 가까이 느낀 나머지 마치 하나님을 손으로 만지는 듯하기도 했지요. 때로는 화롯가에 앉아 어찌할 바를 알지 못할 때 다윗은 하나님을 찾았고, 하나님은 다윗에게 필요한 확신을 주시기도 했습니다.

그러나 다윗의 삶에 하나님의 흔적이 사라져 버린 지도 벌써 오래된 듯합니다. '단지 중년에 흔히 일어나는 일인 걸. 이제 젊은 날의 이상은 버릴 때도 되었지.' 다윗은 스스로 위로하기도 했지요. 물론 그렇지 않습니까? 중년 정도가 되면 이상주의자가 되기보다 현실주의자가 되는 것이 훨씬 낫지요. 향기를 맡을 수 있는 장미꽃을 심는 것보다 먹을 수 있는 감자를 심는 것이 좋지요.

사무엘하 11장 1-2절에서 성경의 기자는 우리를 4월의 두 번째 주 예루살렘으로 안내합니다. 아름다운 땅에 행복한 시간이었지요. 눈이 녹았고 들판은 형형색색의 꽃으로 만발했지요. 왕들이 전쟁에 나가야 할 때가 된 것이지요. 땅이 굳어져 마차가 더 이상 진흙에 빠지지 않아도 되었기 때문이지요.

그러나 이상한 일이었습니다. 예루살렘으로 들어가 보니 다윗은 여전히 도시에 머물고 있습니다. 물론 이해가 되는 일이었지요. 다윗은 어쨌든 행정가이기도 했지요. 통치해야 할 정부가 있고, 서명해야 할 조약도 줄을 이었고, 내각도 돌봐야 했지요.

이제 다윗의 침상을 여행해 보면서 다윗이 무엇을 하는지 한번 살펴볼까요? 그러나 어찌 된 일일까요? 지금 다윗은 침상에 없습니다. 다윗은 지금 왕궁 지붕 위에서 오후의 선선한 바람을 맞고 있습니다. 다윗은 아름답게 펼쳐진 정원을 바라보았지요. 저 멀리 한 집이 눈에 들어왔습니다. 한 여인이 집에서 나와 정원으로 들어갔지요. 목욕을 하려던 참이었지요. 키가 크고 날씬하고 아름다운 여인이었지요. 그녀가 옷을 벗는 것을 본 다윗은 그녀에게서 눈을 뗄 수가 없었습니다. 아니, 다윗은 그녀에게서 눈을 떼려고 하지 않았습니다. 정욕이 끓어오르기 시작했어요.

마침내 그녀가 집으로 사라지고 난 후에도 다윗의 정욕은 가라앉지 않았습니다. 곁에 서 있던 하인에게 물었습니다. "저 집이 누구의 집인가? 누가 살고 있는가? 아, 맞아. 우리아의 집이지. 나의 충직한 30인의 부하 가운데 한 사람. 그의 아내 이름이 무엇이었던가? 맞아, 맞아, 밧세바. 참 영리한 여인이지."

무슨 일이 일어났는지 우리는 자세히 모릅니다. 고대의 역사가는

세상을 움직인 설교자와 설교

자세히 말해 주지는 않습니다. 사무엘하 11장 4절에 다윗이 그녀를 데려오게 했다는 사실밖에는 없지요. 밧세바는 다윗에게로 왔고, 다윗은 그녀와 동침했습니다. 그녀는 집으로 돌아갔지요. 성경의 말로 하자면 그들은 간음을 행한 것입니다. 물론 저도 압니다. 간음이란 말은 너무나 판단적인 단어라는 것을 알아요. 물론 다윗은 이 말을 사용하지는 않았겠지요. 아마도 한 번의 불륜, 혹은 봄기운 정도, 아니면 하나의 의미 있는 관계의 시작이라고 불렀겠지요. 간음이란 말은 너무나 저속하게 들리지 않습니까?

몇 주가 흘렀습니다. 다윗은 편지를 한 통 받았지요. 간결하고도 분명한 메시지였습니다. "내가 임신하였나이다"(삼하 11:5). 밧세바의 편지였지요. 그 편지를 읽는 순간 다윗은 그것이 무슨 말인지 알았지요. 구약 성경에 의하면 간음 중에 잡힌 사람은 사형에 처해야 합니다. 물론 구약의 율법은 왕이든 평민이든 동일하게 적용되었지요. 다윗의 심장의 고동이 강렬해졌지요. 목구멍이 타들어 가고 손이 차가워졌지요.

몇 분 후에 다윗은 다시 평정을 찾았습니다. 어떠한 조치라도 취해야 했지요. 밧세바의 남편 우리아를 전쟁터에서 불러들여 밧세바와 동침하게 한 후 모든 것을 은폐하려 했습니다. 요압 장군에게 편지를 보냈습니다. "헷 사람 우리아를 내게 보내라"(삼하 11:6).

다윗은 아마도 우리아와 무슨 말을 나눌 것인지 수도 없이 생각했을 것입니다. 바보가 아닌 이상 다윗의 장수 가운데 한 사람이 되어야 깨달을 수 있는 것은 아니지요. 다윗은 그럴듯한 말을 다 늘어놓았습니다. "우리아, 이렇게 와 줘서 고맙네. 병사들이 전쟁터에서 싸우고 있는데 이렇게 집으로 혼자 돌아온 것이 얼마나 낙심되는 일인지 내가 잘 안다네. 아마도 전갈이 제대로 전해지지 않은 모양이군. 그래, 전쟁에 대해 말해 주게나. 랍바를 곧 공격할 작정인가?"

충분히 말을 나누고 나서 다윗이 말했습니다. "우리아, 자네는 참으로 충직한 부하라네. 이렇게 와 줘서 고맙네. 휴식이 필요할 테니 잠시 집으로 돌아가 쉬게나. 내가 음식물을 보내리니 밧세바와 함께 먹고 밤을 보내게나." 성경 저자는 9절에 말합니다. "그러나 우리아는 집으로 내려가 아니하고 왕궁 문에서 그의 주의 모든 부하들과 더불어 잔지라."

다윗이 그를 불러들였습니다. "우리아, 이게 어찌 된 일인가! 집으로 돌아가지 않았다니?" 우리아가 말했습니다. "내 왕의 부하들이 바깥 들에 진 치고 있거늘 내가 어찌 내 집으로 가서 먹고 마시고 내 처와 같이 자리이까"(삼하 11:11). 다윗은 요압 장군에게 편지를 썼습니다. "우리아를 맹렬한 싸움에 앞세워 두고 너희는 뒤로 물러가서 그로 맞아 죽게 하라"(삼하 11:15). 우리아는 살생부를 들고 전쟁터로 향했습니다.

며칠 후에 요압 장군이 전갈을 보냈습니다. "왕이여, 우리 군대가 랍바성 가까이 도착했습니다. 너무나 가까이 이른 나머지 궁수의 활에 몇몇 군사들이 죽었습니다. 헷 사람 우리아도 죽었습니다."

며칠간 남편의 죽음을 호곡한 후 밧세바는 다윗과 결혼을 했습니다. 몇 달 후에 아이가 태어났습니다. 문제는 다윗이 이를 완벽하게 은폐했다는 것이지요. 물론 이상하게 여기는 사람들도 있었지요. 고대 사람들도 오늘날 사람들처럼 열 달이라는 숫자는 똑같이 셀 수 있었으니까요. 그러나 아무도 확실히 알 수는 없었지요. 아무도 모르는 일이었지요. 그러나 다윗! 다윗! 누군가 알고 있다네. 다윗! 다윗! 하나님이 보고 계신다네.

하나님은 나단을 보내셨습니다. 설교자로서 때때로 왕과 대면한다는 것이 얼마나 어렵고 위험한 일인지. 죄의식을 가진 왕 앞에 선다는 것은 더욱더 위험하지요. 나단은 한때 목동이었던 다윗의 마음을 움직일 이야기 하나를 들려주었습니다.

나단이 이야기를 시작했습니다. "왕이여, 성읍에 거대한 부자가 살고 있었습니다. 양과 소가 심히 많았지요. 길 건너편에 가난한 한 사람이 있었습니다. 그에게는 암양 새끼 한 마리밖에 없었지요. 그 양 새끼가 얼마나 귀한지 마치 그 집에 딸처럼 되었습니다. 행인이 부자의 집에 찾아오자 부자는 자신의 양을 잡지 않고 길 건너 가난한 이웃의 암양을 잡았나이다."

나단이 채 끝내기도 전에 이야기가 다윗에게 먹혀들었습니다. 다윗의 눈동자에 불이 튀는 것을 보았지요. 다윗의 주먹이 불끈 오므라드는 것을 보았지요. 다윗이 소리쳤습니다. "이 일을 행한 그 사람은 마땅히 죽을 자라 … 그 양 새끼를 네 배나 갚아 주어야 하리라"(삼하 12:5-6). 다윗은 남의 양을 훔치는 것에는 양심이 살아 있었습니다. 그러나 남의 아내를 훔치는 일에는 양심이 죽었던 것이지요.

나단이 다윗에게 말했습니다. "왕이여, 당신이 바로 그 사람입니다." 다윗은 자리에서 멈칫하고는 나단을 뚫어지게 쳐다보았습니다. 혹시 농담하고 있지는 않은지 나단을 쳐다보지만 나단은 웃고 있지 않았지요. 나단은 하나님이 지켜보신 모든 것을 다윗에게 들려주었습니다.

다윗은 자신의 죄악을 고백했습니다. 자기 연민도, 자기 합리화도, 어떠한 변명도 없이 고백했습니다. "내가 여호와께 죄를 범하였노라"(삼하 12:13). 나단은 다윗에게 하나님의 말씀을 전했습니다. "왕이여, 당신은 죽지는 않을 것입니다. 여호와께서 당신의 죄를 사하셨습니다."

그러나 용서함이라는 것이 결과를 그냥 지워 버리지는 않습니다. 용서를 받은 후 결과는 심각하지요. 아이가 태어나자마자 죽었습니다. 여러분, 저기에 아이가 보입니까? 이름이 아도니야지요. 이제 겨우 다섯 살 정도 된 아이. 지금부터 약 25년 후 이 아이는 아버지를 배반하고 반란을 일으켜 왕위를 찬탈하려 하지요. 그러나 성경의 저자는 다윗이 아도니야를 한 번도 꾸짖지 않았다고 말합니다. 꾸짖을 수가 없었지요. 자신의 도덕적 기반이 사라져 버렸으니까요. 물론 용서란 실제적입니다. 다만 그 결과를 완전히 지우지는 않는다는 것이지요.

존 낙스는 위대한 개혁가 중의 한 사람입니다. 그가 50대에 이르렀을 때 하나님의 능력으로 스코틀랜드를 하나님께로 인도했지요. 확실한 것은 그도 40대에 평범한 인생을 경험했다는 것입니다. 그의 일기를 보면 이렇게 기록되어 있습니다. "하나님이 나에게 주신 사명을 붙들리라." 이것이 바로 중년 때 우리가 해야 할 결단입니다.

여러분은 젊은 날 헌신을 결단했을 것입니다. 싸워야 할 싸움이 우리에게는 있지요. 무시무시하고 어려운 싸움이지요. 이제 여러분이 중년에 이르러 다시 한 번 결단해야 할 헌신이 있습니다. 나이가 든다는 것이 겁쟁이가 된다는 것을 의미하지 않습니다. 인생의 기반이 잡히고 안락함을 느낄 때, 모든 것이 성공적으로 보일 때 여러분, 기억해

세상을 움직인 설교자와 설교

야 합니다. 인생의 어느 때든 하나님과 동행하지 못하면 심연의 낭떠러지를 걷게 된다는 사실을 말입니다.

중년 때 인생이 평탄해 보일 때 여러분, 다시 한 번 결단해야 합니다. "하나님이 나에게 주신 사명을 붙잡으리라. 하나님이 은혜로 다시 한 번 나에게 불꽃을 피우게 하시리라. 그러나 하나님이 나를 다시 한 번 불태우시든지 혹 그리 아니하실지라도 하나님의 은혜로, 하나님의 능력으로 나는 나에게 주어진 사명을 붙들리라."

해돈 로빈슨의 삶과 설교 세계

오늘날 강해설교 하면 가장 먼저 떠오르는 사람은 해돈 로빈슨 (Haddon Robinson, 1931-2017)이다. 로빈슨은 댈러스 신학대학원에서 설교학 교수와 덴버 신학대학원에서 총장을 역임한 후에 미국 보스턴에 소재한 고든콘웰 신학대학원의 설교학 교수로 마지막 생애를 보냈다. 강해설교에 대하여 가장 정확한 이론을 제시한 그의 《강해설교》(CLC, 2016)는 거의 모든 보수적인 신학교의 설교학 교재로 사용되어 왔다. 미국 복음주의신학회 회장을 지내기도 했고 성경무오협회 회원으로 활동한 그는 철저한 복음주의 신학 위에 설교학을 세웠다.

로빈슨은 한국 교회와도 인연이 깊다. 2006년 2월에 한국 목회자들을 위한 설교 세미나 강사로 한국에 방문해서 강해설교의 기초에 대해 강의하면서 설교에서의 적용을 특별히 강조하기도 했다. 당시에 즉석에서 설교 부탁을 받고 기꺼이 강단으로 올라가던 그의 모습을 보면서 놀라움을 넘어 감탄을 한 적이 있다. 빌레몬서를 본문으로, 버림받은 오네시모를 향한 바울의 사랑을 통해 죄인들을 향한 하나님의 은혜를 설교했을 때 모든 참석자가 기립 박수를 보냈다.

필자가 고든콘웰 신학대학원에서 안식년을 보낼 때 총장이 로빈슨 교수의 연구실을 사용하도록 배려해 주었다. 감히 스승의 자리를 잠시라도 사용하게 되었다는 영광보다 스승의 가르침에 보답하는 제자가 되어야 한다는 책임감이 더 크게 다가왔다.

필자가 목회를 시작한 후에 로빈슨 교수의 투병 소식을 전해 듣고 병원을 찾아갔을 때다. 사람을 만나기 힘겨운 상황인데도 아내분이 멀리서 찾아온 제자를 반갑게 맞으며 그의 병실로 안내해 주었다. 일어날 힘도 없는 그는 환하게 웃으면서 손을 꼭 잡아 주었다. 교수직을 내려놓고 워싱턴에서 목회한다는 말을 듣고는 너무나 기뻐하면서 몇 번이나 일어나려 하는 것을 만류해야 했다. 이어 그는 아내의 안부를 묻고, 섬기는 교회는 어떤 곳인지, 목회에 어려움은 없는지 조용하고 자상한 목소리로 물었다. 대화 중에 로빈슨 교수가 반복해서 확인한 질문이 있다. "강해설교를 하고 있는가?" 그를 위해 기도한 후 필자를 위한 기도를 부탁했다. 쇠약해진 목소리였지만 제자를 향한 가슴의 기도가 깊은 울림으로 선명하게 남아 있다.

로빈슨은 강해설교를 다음과 같이 정의한다. "강해설교란 일정한 배경 속에 주어진 성경 본문을 역사적, 문법적, 문예적으로 연구해 얻어 낸 성경의 개념을 전달하는 것으로서 먼저 성령이 설교자의 인격과 경험에 적용하게 하시고 설교자로 하여금 청중에게 적용하게 하는 것이다." 로빈슨의 강해설교를 한마디로 표현한다면, 성경 본문의 의미를 오늘날 청중에게 적용하는 것이라고 할 수 있다.

로빈슨은 설교자가 본문과의 만남에서 먼저 저자의 음성을 들을 것을 강조한다. 강해설교자가 가장 먼저 귀 기울여야 할 것은 성경 본문이 무엇을 말하는지다. 설교자가 하나님의 말씀에 자신을 종속시키려 하는가, 아니면 설교자가 자신의 목적을 위해 성경 본문을 마음대로 해석하는가에 따라 성경적 강해설교인지, 그렇지 않은지가 판가름난다. 로빈슨에 의하면 강해설교란 여러 종류의 설교 형식 가운데 하나가 아니다. 설교자가 자신의 사상이나 목적을 위해 본문을 지배하지 않고, 성경 본문을 저자의 의도를 따라 그대로 드러내고자 하는 설교의 철학에 해당한다.

　　로빈슨의 설교 전달 형식은 주로 내러티브 흐름을 띤다. 그는 아들 토리 로빈슨과 함께 《1인칭 내러티브 설교》[이레서원, 2004]라는 책을 출간하기도 했다. 내러티브 설교 형식이 오늘날 청중의 관심을 끌어내는 데 가장 효과적이라는 점을 강조한다. 로빈슨에게 내러티브는 단순한 문학의 장르가 아니다. 이야기의 흐름 속에는 하나님이 전하고자 하시는 메시지가 들어 있다. 성경의 저자가 전하고자 하는 의도를 이야기 형식을 따라 전할 때 청중이 가장 쉽게 본문의 세계로 마음을 열고 들어간다는 것이다.

해돈 로빈슨의 설교 분석

1. 한 편의 영화처럼 실감 나게 전개하는 설교

　　해돈 로빈슨은 사무엘하 11장을 배경으로 본 설교를 시작하면서 먼저 다윗왕이 중년에 누린 영화에 대해 소개한다. 백성들의 사랑과 존경을 한 몸에 받아 온 왕, 아무런 문제도 없는 듯 보이는 그의 인생. 그럼에도 불구하고 그의 삶 깊숙이 들어가면서 발견되는 문제점들을 파헤쳐 간다. 중년을 지나면서 젊은 날과 같지 않은 외모, 더 이상 젊은 날의 감격이 사라진 결혼 생활, 급기야 하나님과의 관계에서도 무미건조해진 인생. 다윗의 삶에서 중년의 위기를 한눈에 보여 주는 방식으로 설교를 시작한다.

로빈슨의 설교에서 청중을 사로잡는 특별한 방법은 그의 서론에서 시작된다. 서론 30초에 청중을 사로잡지 못한 채 30분의 설교에 성공하기란 쉽지 않다. 서론에서 관심을 끄는 최고의 방법은 듣는 사람들에게 이 설교가 바로 나에게 필요한 것이라는 인식이 들도록 하는 일이다. 설교를 듣고 나면 무엇인가 변화가 기대될 때 청중은 마음을 연다. 다윗의 문제는 다윗만의 문제가 아니다. 모든 것이 적당하게 여겨지는 중년의 시기에 누구에게라도 다가올 수 있는 위기임을 보여 준다.

설교의 본론으로 들어가면서 로빈슨은 먼저 본문의 배경을 세밀하게 묘사한다. 때는 4월이 돌아와 전쟁하기 좋은 시절이었다. 왕들의 중요한 임무 가운데 하나는 전쟁을 앞에서 이끄는 일이다. 그러나 본 설교에서 로빈슨은 전쟁에 나가지 않고 왕궁에 머물고 있는 다윗을 소개한다. 심상찮은 징조를 암시함으로써 설교는 긴장을 더한다. '왕의 삶에 무슨 일이 일어나는가?' 하는 궁금증을 가지고 회중은 설교자의 해설에 귀를 기울인다.

결국 다윗은 밧세바와 강제로 동침하고, 임신의 소식이 들려오자 사건을 무마시키기 위해 수단을 강구한다. 끔찍한 계략으로 충직한 장군 우리아를 살해하고 밧세바를 아내로 맞이한다. 로빈슨은 이 장면을 눈앞에 펼쳐지는 영화를 보는 듯 생생하게 소개한다. 아무 일이 없는 듯 살아가고 있던 다윗을 향해 로빈슨은 소리친다. "다윗! 다윗! 누군가 알고 있다네. 다윗! 다윗! 하나님이 보고 계신다네." 듣는 이의 가슴을 섬뜩하게 만드는 이 표현을 글로 옮기자니 천둥소리를 문자로 표현하는 듯 느껴진다. 실제 설교에서 청중을 향해 눈을 부릅뜨고 외치는 로빈슨의 목소리는 나를 향해 들려오는 하나님의 목소리처럼 들린다.

결론 부분에서 로빈슨은 존 낙스를 예로 들면서 중년의 청중에게 다시 한 번 헌신을 다짐할 것을 촉구한다. '중년의 시기란 새롭게 불꽃을 피우기에는 늦은 시기'라는 기존 관념을 깨트리고, 하나님이 은혜를 내리시기만 한다면 50대에 스코틀랜드를 하나님께 되돌린 존 낙스처럼 얼마든지 한 나라를 책임질 수도 있다는 것이다.

로빈슨의 설교가 청중에게 쉽게 이해되고 흥미롭게 전달되는 이유는 그의 탁월한 전개 방법에 있다. 어떤 설교라도 한 편의 영화를 보듯, 재미있는 소설을 대하듯 한 번 듣고 보기 시작하면 시선을 다른 곳에 돌리기 어렵다. 내러티브 형식으로 설교하든, 대지 형식으로 설교하든 본문을 한 편의 영화처럼 실감 나게 소개한다면 누구라도 쉽게 마음을 열고 설교에 귀를 기울일 것이다.

2. 하나의 중심 주제에 집중하는 설교

해돈 로빈슨이 자신의 설교학에서 지속적으로 강조하는 단어가 하나 있다. '중심 사상'(big idea)이라는 단어다. 강해설교란 본문에 나타난 다양한 내용을 전개하는 것이 아니다. 본문에 나타난 하나의 중심 주제를 찾아내 그 주제를 다양한 소재를 통해 전하는 것이다. 이런 점에서 그는 설교가 '산탄이 아니라 명중탄'이 되어야 한다고 강조한다. '중심 주제' 혹은 '메인 아이디어' 등 표현은 다를지라도 하나의 확실한 주제가 있는 설교가 효과적이라는 것은 대부분 설교학자들의 공통된 의견이다.

세상을 움직인 설교자와 설교

로빈슨은 한 인터뷰에서 앞서 소개한 중년의 다윗왕 설교의 핵심 주제를 "신앙인의 삶에서 하나님과 동행하지 못하면 심연의 낭떠러지를 걷게 된다"라고 표현했다. 그는 다윗이 하나님과의 관계가 소홀해졌을 때 그의 영적인 삶이 무너진 것을 강조하면서 한 번 무너지는 것이 아니라 계속적으로 심화되는 범죄의 모습을 보여 준다. 다윗의 다양한 상황을 묘사하지만 그 모든 행동의 원인은 하나님으로부터 벗어난 그의 무너진 영성이 핵심을 이룬다. 중년의 위기를 극복하는 길 역시 어떤 상황에도 다시 한 번 하나님 앞에 서서 나아가는 것으로, 하나님이 주신 사명을 붙들 것을 강조한다.

설교에서 하나의 중심 주제를 강조하는 것은 설교자에게도, 청중에게도 중요하다. 중심 주제를 확실하게 파악했다는 말은 설교자가 본문에서 전하고자 하는 의미를 정확하게 이해했다는 의미다. 성경적인 설교란 성경 구절을 차례로 강해하는 것이 아니다. 본문 전체에서 말하고자 하는 핵심 메시지를 본문의 흐름을 통해 설교하는 것이다. 청중에게도 하나의 주제를 확실하게 보여 주는 것이 필요하다. 고대 사람이든 현대 청중이든 하나의 통일된 내용이 있을 때 설교에 관심을 기울인다.

3. 나의 삶으로 다가오게 하는 설교

설교자는 두 세계를 주해할 수 있어야 한다. 하나는 본문의 세계이고, 다른 하나는 청중의 세계다. 해돈 로빈슨의 설교에서 두드러진 특징은 청중에 대한 충분한 분석 속에 본문을 해설한다는 점이다. 청중 분석에 관하여 로빈슨이 필자에게 들려준 이야기가 있다. 다른 교회에 설교하러 초빙을 받을 때 그 교회의 구성원에 대한 정보와 담임 목사의 설교 내용 등 상황 이해에 도움이 될 만한 것은 모두 요구한다고 했다. 본문 연구만큼이나 청중 연구가 필요하다는 것이다. 효과적이지 못한 설교는 본문의 이해 부족에서만 아니라 청중의 이해 부족에서도 일어난다.

본 설교에는 설교를 듣는 청중에 대한 분석이 특별하게 스며 있는 것이 보인다. 중년의 시기를 살아가는 사람들에게 적절하게 선택된 본문, 그리고 그들에게 집중적으로 적용되는 본문 해석이 느껴진다. 설교를 듣는 사람마다 바로 나 자신을 향해 들려주시는 하나님의 음성이라는 것이 느껴졌을 것이다. 나에게 들려서 변화를 일으키는 설교, 이것이 로빈슨이 설교에서 가장 강조하는 적용에 대한 부분이다.

로빈슨은 주로 내러티브 형식으로 설교하지만 적용은 다양한 형식으로 가능하다. 대지설교를 하게 되면 중요 대지마다 적용하고, 하나의 주제에 집중하거나 이야기식으로 설교하면 설교 마지막에 적용을 제시할 수 있다. 어떤 형식으로 설교하든 설교에서의 적용은 하나의 부분이 아니라 설교를 하는 목적에 해당한다.

로빈슨은 본 설교에서 다윗의 범죄를 통해 중년 시절 다가올 수 있는 삶의 위기, 특히 영적 위기를 경고하면서 어떻게 이 영적 위기에서 벗어날 수 있는지를 보여 준다. 중년 시기에 다시 한 번 영적인 삶을 위해 헌신을 결단하라는 것이다. 주님과 동행하지 않는 삶이 어떤 심각한 결과를 가져올 수 있는지 이미 다윗을 통해 확인했다. 헌신의 결단이란 젊은 날 패기가 있을 때만 하는 것이 아니다. 인생에 모든 것이 안정되어 갈 때, 어쩌면 영적으로 내리막길을 걷는다고 생각될 때 다시 한 번 하나님을 향해 불꽃처럼 타올라야 한다는 것이다.

일반적으로 적용은 구체적이고 실제적인 것이 효과적이다. 그러나 본 설교에서 로빈슨은 구체적인 헌신의 내용을 제시하지 않고, 중년에 반드시 다시 헌신을 결단해야 한다고 촉구하는 것으로 적용을 대신한다. 이미 메시지가 충분히 청중의 가슴속에 파급되었기 때문에 아마도 청중은 자신의 상황에 맞는 헌신을 결단했을 것이다.

4. 상상의 눈으로 본문의 세계로 인도하는 설교

해돈 로빈슨의 설교는 성경 본문에 대해 정확하게 말하지 않는 부분도 발견된다. 예를 들어, 4월의 예루살렘, 47세라는 다윗의 나이, 그리고 아내가 일곱이었지만 행복하지 않은 결혼 생활 등은 본문이 정확하게 보여 주는 내용은 아니다. 본문과 다윗의 전체 삶을 통해 어느 정도 상상해서 나온 그림이라 볼 수 있다. 왕궁 지붕에 있는 다윗의 모습을 묘사하거나 충직한 장군 우리아와 나눈 대화, 그리고 전쟁에서 일어난 사건에 대한 묘사는 마치 청중을 사건 현장으로 옮겨 놓은 듯한 느낌이 들게 한다. 로빈슨에게 설교에서의 상상력은 본문을 역동적으로 살려 내는 중요한 도구로서 본문의 내용을 우리 앞에 펼쳐 놓게 만든다.

설교란 성경 본문의 문자 풀이에서 그치는 것이 아니기 때문에 어느 정도 상상은 필수적인 요소다. 하지만 범죄한 후에 초조해하는 다윗의 모습을 이해하기 위해 심리학자가 될 필요는 없다. 설교에서 상상은 중요한 요소이지만 범위를 잘 지켜야 한다. 상상을 통한 묵상이 본문의 의미를 바꾸어 버리는 데까지 나아가면 안 된다. 본문의 의도에서 벗어나는 순간 설교는 성경의 권위를 상실하게 된다.

5. 해돈 로빈슨의 설교가 한국 교회 강단에 주는 메시지

설교 역사에서 해돈 로빈슨이 차지하는 중요한 공헌은 강해설교의 정의를 가장 확실하게 내려 주었다는 점이다. 한국 교회도 대부분의 설교자가 강해설교를 선호하지만 다양한 오해가 있다.

첫째, 성경 본문을 절마다 차례로 풀이하는 설교다. 주해가 강해설교의 기본을 이루지만 강해설교의 근본정신은 아니다. 절마다 풀어가는 설교는 '절별설교'라고 부른다. 둘째, 한 권의 책을 선택하여 순서대로 전하는 설교다. 순서대로 설교하는 것은 강해설교의 원리와는 아무런 관련이 없다. 책을 차례대로 설교하는 것이 강해설교가 될 수는 있지만 순서대로 설교한다고 강해설교가 되는 것은 아니다. 셋째, 어느 정도 본문의 길이를 가진 설교다. 이것도 강해설교의 철학과는 무관하다. 하나의 주제가 들어 있다면 한 절도 설교 단위가 될 수 있다. 내러티브 형식의 본문은 시작부터 결말까지 한 장 전체를 본문으로 택해야 할 때도 있다.

로빈슨이 보여 주는 강해설교의 핵심은 성경 본문에서 하나의 주제를 찾아내라는 것이다. 본문에서 설교자가 원하는 대로 주제를 제시해서는 안 된다. 본문과 저자의 통제를 받으라는 말이다. 이를 위해서는 하나의 중심 사상이 들어 있는 본문을 선택해야 한다. 로빈슨은 성경에 나타난 중심 주제를 '중심 사상'이라 부르고, 그 중심 사상을 주요소와 보조 요소로 나눈다. 주 요소는 '저자가 무엇에 관하여 말하려 하는가?'라는 질문에서 찾을 수 있다. 보조 요소는 '성경이 무엇에 관하여 말하기 위해 무엇을 말하는가?'에 대한 대답이다. 주 요소와 보조 요소에서 얻은 성경의 중심 사상을 설교하는 것이 강해설교의 요체라고 로빈슨은 강조한다. 마치 글을 읽을 때 하나의 주제를 찾는 것과 동일하다.

로빈슨이 한국 교회 설교자들에게 던지는 중요한 또 하나의 메시지는 설교자가 강단에 서기 전에 먼저 성령이 주시는 말씀을 충만하게 체험하라는 것이다. 설교자는 한 편의 설교를 준비하지만 하나님은 한 사람의 설교자를 준비시키신다. 설교자는 본문의 의미를 전달하는 기계가 아니다. 말씀이 설교자 자신에게 적용될 때 설교자가 먼저 변화를 체험한다. 설교자가 말씀을 통해 먼저 하나님을 체험하게 되면 강단에 서는 자세가 달라질 것이다.

필자는 설교를 준비할 때면 로빈슨 교수의 가르침을 마음에 떠올리곤 한다. "말씀을 전하기 전에 먼저 성령이 설교자 자신에게 말씀하시게 하라. 본문을 지배하지 마라. 본문이 설교자를 지배하게 하라. 하나님의 말씀만을 드러내라." 부족한 필자도 강단에 서는 마지막 순간까지 스승의 가르침을 따르리라 다짐하곤 한다. 그것이 주님이 부탁하신 양 떼를 향한 목자의 책임이요, 로빈슨 교수의 제자답게 살아가는 길이요, 하나님께 영광이 될 삶이기 때문이다.

한 시대 진리의 말씀을 위해 강단에서 외치고 살아 낸 로빈슨은 2017년 7월 22일 주님의 품 안에 안겼다. 돌아서는 제자를 불러 세우

고 "하나님의 말씀을 전하라"(Preach the Word)고 외치던 스승의 음성이 아직
도 생생하다.

18장

가드너 테일러,
미국 흑인 설교자의 대부

가드너 테일러의 설교

설교 제목: **핑계를 거부하고 목표를 향해 달려가라**(Make Goals, Not Excuses)

본문: **빌립보서 3:13-14**

    오늘 아침 여러분의 교회에 오게 되어 너무나 기쁩니다. 삶에서 그리스도인들이 세워야 할 목적에 관하여 잠시 말씀을 나누고자 합니다. 대학 총장인 제 친구가 한 말입니다. "목적 없이 성공하는 것보다 목적을 가지고 실패하는 것이 더 낫다." 처음에는 그 말이 무슨 뜻인지 잘 몰랐지만, 살아갈수록 더 잘 이해하게 되었습니다. 목적을 지닌 채 실패하면 다시 해야 할 일이 무엇인지 알지만, 목적도 없이 성공하고 나면 다음에 무엇을 해야 할지 모른다는 말입니다.

우리 그리스도인들은 삶에 분명한 목적이 있습니다. 빌립보서 3장 13-14절에서 바울은 말합니다. "형제들아 나는 아직 내가 잡은 줄로 여기지 아니하고 오직 한 일 즉 뒤에 있는 것은 잊어버리고 앞에 있는 것을 잡으려고 푯대를 향하여 그리스도 예수 안에서 하나님이 위에서 부르신 부름의 상을 위하여 달려가노라." 누가 이 말씀을 기록했는지 알고 나면 의미가 새롭게 다가옵니다.

그리스도인의 삶에서 우리는 나름대로 주님의 사역을 잘 섬겼고 하고자 하는 사명도 잘 감당했다고 생각합니다. 때로는 자신이 생각했던 것보다 훨씬 더 잘했다고 느낄 때도 적지 않습니다. 그러나 바울은 본문에서 말합니다. "나는 아직 목표에 도달한 것으로 여기지 않습니다." 이 말을 한 사람이 누구라는 것을 생각하면 이 얼마나 위대한 고백입니까. 우리도 복음의 증인들로서 복음을 전할 때가 있습니다. 때로는 우리가 지니는 한계를 넘어 복음을 전할 때면 다른 사람과 비교하는 일도 일어납니다. 그러나 바울은 무엇이라 말합니까? "나는 아직 목표에 도달한 것으로 여기지 않습니다." 바울과 같은 사람이 이런 말을 하다니, 얼마나 위대한 고백입니까.

바울이 성경에 무엇이라고 기록합니까? 그가 탔던 배가 난파된 일도 있고 사십에 하나 감한 매를 다섯 번이나 맞기도 했습니다. 한번은 돌에 맞아 거의 죽을 뻔했으나 다음 날 또다시 일어나 복음을 전하기도 했습니다(고후 11:24-25). 그런 바울이 하는 고백입니다. "나는 아직 목표에 도달한 것으로 여기지 않습니다."

우리에게는 바울의 희생과 비교할 만한 희생이 머리카락 한 올만큼도 없습니다. 개인뿐 아니라 우리나라 역시 마땅히 해야 할 일을 아직 하지 못하고 있다고 고백해야 할 것입니다. 미국이 마땅히 민주주의가 되어야 할 것이라고 믿지만, 아직 모든 사람이 온전한 자유와 평등을 누리는 진정한 민주주의에 도달했다고 생각할 수는 없습니다.

우리나라에 이미 만연해 있고 우리의 이웃까지 고통으로 몰아넣는 마약 문제는 어떻습니까? 자라나는 청소년들을 이렇게 병들게 만드는 마약을 보면서, 미국과 같은 위대한 나라가 어찌 마약이 들어오도록 방치만 하고 근절시키지 못하는지 의아할 때가 있습니다. 다른 행성을 여행하고 발을 내딛는 위대한 수단은 개발했지만, 아직도 미국에 들어오는 마약을 퇴치하는 일은 요원합니다.

여러분, 우리도 하나님의 생각을 할 수 있고 하나님과 동행할 수 있다는 사실을 알고 있습니까? 그럼에도 우리의 삶을 잠시만 돌아보면, 우리가 얼마나 하나님께 미치지 못하는지를 발견합니다. 예수님이 무엇이라 말씀하셨습니까? "만일 너희에게 믿음이 겨자씨 한 알만큼만 있어도 이 산을 명하여 여기서 저기로 옮겨지라 하면 옮겨질 것이요"(마 17:20)라고 말씀하지 않으셨습니까? 그럼에도 우리의 기도는 너무나 연약해서 우리 사회에 아무런 영향도 가져오지 못하고 이웃과 가정을 변화시키지도 못하지 않습니까. 우리도 아직 목표에 도달하지 못했다고, 우리에게 주어진 사명을 아직 완수하지 못했다고 고백해야 하지 않을까요? 오늘 이 자리에서 우리 모두 하나님이 우리에게 맡기신 사명을 제대로 시작조차 하지 못했다고 고백해야 하지 않을까요?

신앙인들은 예수 그리스도 안에서 담대하여 하나님의 능력을 입어야 합니다. 우리의 목표에 아직 도달하지 못했기 때문입니다. 진실로 훈련받은 사람은 우리가 사는 도시를 바꿀 수 있습니다. 훈련받은 교인은 미국 전체를 바꾸어 놓을 수도 있습니다. 그럼에도 과거 문제에 대하여 우리는 아직 목표에 도달한 것이 아닙니다. 우리 흑인 조상들이 이 나라에서 겪은 온갖 어려운 삶을 여러분은 알고 있습니까? 무시를 당하기도 하고 폭행의 희생물이 되었다는 것을 기억합니까? 그럼에도 그들의 후손인 우리는 그들보다 훨씬 더 약해져 버렸다는 것을 알고 있습니까?

여러분, 우리가 누구입니까? 자신의 모든 것을 희생하고 포기한 바울의 입에서 "나는 아직"이라는 말이 흘러나오는데, 우리가 흘린 희생이란 도대체 무엇이란 말입니까? 우리가 얻은 영적인 능력은 과연 무엇이란 말입니까? 우리가 시작해야 할 일이 바로 이것입니다. 뒤에 있는 일은 잊어버리는 것입니다. 앞을 향해 나아가야 합니다. 우리 흑인들은 젊은이들에게 노예 제도가 우리를 퇴보시키고 있다는 말을 중지해야 합니다. 물론 그 말이 틀렸다고만 할 수는 없습니다. 다른 사람들에게는 그렇게 말할 수 있습니다. 그러나 우리 자신들에게는 그렇게 말하지 말아야 합니다.

저는 노예 해방 50여 년 후에 태어났습니다. 노예라는 칠흑 같은 어둠을 뚫고 온 사람들을 잘 알고 있습니다. 그들은 악취 나는 옷을 입고 노예라는 굴욕을 겪어 온 사람들입니다. 그럼에도 그들은 학교를 시작하고 교회를 세웠습니다. 가게를 열기도 하고 보험 회사를 세우기도 했습니다. 그런데도 100년도 더 넘어 오늘날 노예 제도란 것이 우리를 붙들고 있다고 말하겠습니까? 그럴 수 없습니다. 이제 과거는 뒤로 던져 버리고 하나님이 우리를 위해 예비해 두신 것을 향해 나아가야 합니다. 우리 뒤에 있는 것은 깨끗이 잊어야 합니다.

마지막으로 바울은 말합니다. "푯대를 향하여 달려가노라." 우리 그리스도인들이 약해 빠지고, 맥이 없고, 무기력하고, 움츠리고, 머뭇 거리는가 하면, 남성적인 면이 하나도 없다고 말하는 사람들이 있습 니다. 한마디로 생기가 없다는 것입니다. 그러나 여러분, 바울이 달려 간다고 말할 때 그 열정, 그 불같은 가슴이 느껴집니까? 바울의 결단이 느껴집니까? 달려간다는 말, 이는 편안하게 앉아서 내뱉는 말이 아닙 니다. 이마에 땀이 터져 나오고 있지 않습니까? 피가 솟아오르는 고백 아닙니까? "목표를 향하여 달려가노라."

여러분, 제가 한 가지 물어볼까요? 여러분, 하나님의 부르심이란 것을 알고 있습니까? 우리 앞에 놓여 있는 그리스도 안에서 이루어질 미래의 모습이 어떤 것인지 압니까? 우리는 하나님의 자녀로 이미 결 정이 되었습니다. 언젠가 우리는 예수님과 꼭 같을 날이 올 것입니다. 그날 천사들이 여러분 한 사람 한 사람을 쳐다보다가, 그리고 예수님 을 쳐다보다가 서로 간에 혼란을 일으킬 것입니다. "도대체 누가 예수 란 말인가?" 바로 이것이 신약 성경이 가르치는 말씀 아닙니까? 우리 가 어떻게 변화될지 아직은 희미하지만, 우리 주 예수님이 다시 오실 때 우리도 주님과 같이 변화될 것이라고 말하지 않습니까? 주님의 얼 굴을 맞대고 볼 날이 온다고 말하지 않습니까?

형제자매 여러분, 우리 함께 달려갑시다. 때때로 오르막도 있을 것이고 내리막도 있을 것입니다. 때때로 연약해져 쓰러질 날도 올 것 입니다. 눈물 흘리는 날도 있을 것입니다. 좌절을 겪게 될 날도 있을 것입니다. 그럼에도 우리 푯대를 향하여 달려갑시다. 때때로 좋은 말 을 들을 때도 있을 것이고, 비방을 들을 때도 있을 것입니다. 그럼에도 저는 달려갈 것입니다. 여러분도 달려가겠습니까?

　저는 모든 형제자매, 그리고 모든 사람에게 말합니다. 저도 가슴이 찢어지는 슬픔이 무엇인지를 잘 압니다. 어느 길로 가야 할지 알 수 없는 막막한 상황이 무엇인지 잘 압니다. 홀로 고통에 겨워 베개를 온통 눈물로 적시는 불면의 밤을 잘 압니다. 삶이란 쉽지 않은 여행입니다. 그러나 여러분, 우리 달려갑시다.

　오늘 우리는 고통스런 소리로 외치지만, 내일은 승리의 찬가를 부를 것입니다. 임마누엘하신 예수님께로 달려갑시다. 이 땅에서는 질병과 슬픔과 고통이 있지만, 더 이상 두려워하지 맙시다. 그리고 담대하게 나아갑시다. 어딘가 찬란한 빛이 있습니다. 그 빛을 찾기까지 우리 쉼 없이 달려갑시다. 하나님의 자비가 서서히 우리에게 임하고, 하나님의 긍휼이 우리에게 내릴 것입니다. 우리의 구원은 좁은 길입니다. 그러나 하나님은 약속하셨습니다. 우리 주 예수 그리스도는 그 구원을 이루셨습니다. 그리고 성령 하나님이 영원토록 인 치셨습니다. "내 영혼아, 하나님을 찬양할지라!"

가드너 테일러의 삶과 설교 세계

가드너 테일러(Gardner Taylor, 1918-2015)는 미국 흑인 설교가의 대부이며 흑인 그리스도인들의 정신적 지주다. "핑계를 거부하고 목표를 향해 달려가라"라는 제목의 본 설교를 읽기만 해도 아픔의 역사를 뼛속 깊이 체험한 흑인들의 눈물이 보이는 듯하고, "그럼에도 불구하고 과거에 얽매이지 말고 새롭게 일어나라"는 그의 외침에 우리의 심장도 함께 뛰는 것을 느낄 수 있다.

테일러는 미국 남부 루이지애나주에서 목사였던 아버지와 고등교육을 받은 어머니의 외아들로 1918년 6월 18일에 태어났고, 뉴욕에 있는 콩코드 침례교회에서 42년간 목사로 섬기다가 1990년에 은퇴했으며, 2015년 4월 5일 주님의 품에 안겼다. 그가 부임했을 때 콩코드 침례교회는 8천 명의 성도로 미국 침례교 가운데 두 번째로 큰 교회였으며, 그의 사역으로 교회는 두 배 이상으로 성장했다. 미국의 10대 설교자 가운데 한 사람으로 뽑히기도 한 그는 2000년 빌 클린턴 대통령 재임 시절에 자유수호 대통령상을 받기도 했다.

비록 목사인 아버지를 둔 테일러였지만, 그는 변호사가 되기를 원했다. 그러던 중 1937년에 두 명이 사망하는 차 사고를 경험하면서 목회를 향한 하나님의 부르심을 받아 오버린 신학대학원에 지원했다. 신학을 공부하면서 목회를 시작했으며, 오하이오를 비롯해 다른 곳에서 목회를 한 후 30세에 뉴욕 브루클린의 콩코드 침례교회에 담임목사로 초빙을 받았다. 마틴 루터 킹의 절친한 친구요 멘토였던 그는 미국 인권 운동에 앞장선 지도자의 역할을 감당하기도 했다.

일반적으로 흑인 설교는 감정은 뛰어나지만 논리와 지적인 요소가 부족하다는 평을 받는다. 그러나 테일러로 말미암아 흑인 설교를 향한 일반인의 인식이 바뀌어야 할 정도다. 그는 여러 학교에서 15개의 명예학위를 받을 정도로 지성을 겸비했으며, 그 위에 열정이 살아 있는 설교자다. 테일러는 늘 책을 가까이한 설교자로 알려져 있으며 예일 대학교와 프린스턴 신학교에서 설교학을 가르쳤던 학문과 목회가 균형을 보인 목회자이기도 했다.

테일러의 삶과 설교는 풍부한 유머가 특징이다. 그와 대화하는 사람은 한결같이 그의 뛰어난 유머를 칭송한다. 테일러의 설교는 성경 본문과 사람들의 삶, 특히 흑인들이 겪는 사회적 상황과 이슈들을 삶으로 연결하여 청중에 뿌리내리려는 특징을 보인다. 흑인들의 설교에는 그들이 경험하고 겪어 가는 독특한 역사와 현실이 존재한다. 그들이 놓여 있는 현실 속에 복음이 어떠한 능력으로 나타나야 하는지를 테일러는 강조한다. 그는 설교학을 가르치면서 학생들에게 매주 일반 신문과 중요한 책들의 서평을 읽을 것을 요구하면서 시대적 상황을 정확하게 이해하고 그 가운데 진리의 복음을 전할 것을 강조했다.

하나님의 능력을 간구하는 목회자들을 향해 테일러는 뼈에 사무치는 슬픔 없는 위대한 설교의 능력은 없다고 조언한다. 그가 남긴 말이다. "하나님은 세상의 기쁨이 비어 있는 바로 그곳만을 충만하게 채우신다." 설교에는 예수 그리스도가 십자가에 못 박히신 겟세마네 동산의 슬픔과 갈보리 언덕을 오르는 고통이 표출되어야 한다. "청중을 움직이는 설교가 무엇인가?"라는 질문에 그는 스스로 답을 던진다. "그 것은 목소리의 강약에 있는 것이 아니다. 설교자의 위대한 언변에 있는 것도 아니다. 현란한 제스처에 있는 것도 아니다. 뛰어난 청중에게 있는 것도 아니다. 그것은 찢긴 가슴에 있으며 그 상처가 영원하신 하나님으로 말미암아 다시 고쳐질 때 일어나는 것이다."

가드너 테일러의 설교 분석

1. 삶의 정황에 뿌리내린 설교

설교자가 피해야 할 가장 중요한 요소 가운데 하나는 본문만 풀이하고 삶에 뿌리내리지 못하는 설교다. 본문의 의미만 가득 나열하고 삶의 연결이 없는 설교는 오늘날 우리 시대에 들려야 할 하나님의 말씀을 현실과 관계없는 성경의 문자로 돌려놓는 것이나 다름없다. 가드너 테일러의 설교에는 성도들이 처해 있는 삶의 현장이 고스란히 나타난다. 고민하는 인간의 처절한 모습이 투영되고 나를 두르고 있는 시대와 우리의 일상생활이 표출된다. 삶의 정황에 뿌리내리는 설교, 이것이 테일러에게는 청중의 관심을 사로잡는 가장 중요한 무기다. 그 자신이 미국 초기에 노예로 살았던 조상의 후예라는 사실은 많은 애환을 담고 있는 미국 흑인들의 가슴에 공감을 불러일으킨다.

본 설교는 테일러가 갈릴리 교회라는 흑인 교회에 초청받아 전한 설교다. "뒤에 있는 것은 잊어버리고 푯대를 향하여 달려가노라"라는 바울의 외침에 근거하여 테일러는 미국 그리스도인이 아직 달려가야 할 사명이 남아 있다는 것을 몇 가지 예로 제시한다. 아직 완전한 자유와 평등을 누리는 민주주의가 정착되지 못했으며 젊은이들과 민족을 병들게 하는 마약을 퇴치하지 못한 사실을 통해 비록 미국이 상당한 진보를 이루었다 해도 여전히 목표에 도달한 것이 아니라는 점을 강조한다. 이러한 사회적 이슈는 모든 사람에게 동일한 문제 의식 속에 서 있다는 느낌을 심어 준다.

특히 흑인들의 상황을 예로 들면서 전하는 자와 듣는 자가 완전한 일치감을 보인다. 노예 생활의 고통 속에서도 일어나 새로운 역사를 창출해 온 흑인들의 역사와 오늘날에도 동일하게 겪는 삶의 어려움들을 강조하면서 복음이 그들의 삶에 어떠한 영향을 미칠 수 있는지를 보여 준다. 즉 복음과 하나님을 향한 열정 안에서 그리스도인은 언제나 새롭게 출발할 수 있다는 것이다.

필자가 박사과정에서 공부할 때 만난 한 흑인 친구가 기억난다. "흑인 설교의 역사"라는 주제를 발표하면서 어느 순간에 이르러 눈물을 쏟으면서 더 이상 말을 잇지 못하는 것을 보면서 지도하는 교수도, 동료 학생들도 함께 마음의 눈물을 쏟은 적이 있다. 그때 백인들이 흑인 교회에서 공감이 일어나도록 설교하는 것이 얼마나 어려운지를 실감했다. 우리나라도 일제 강점기에 자유를 상실했던 때가 있었다는 것을 나누면서 학우들이 함께 공감하는 시간을 가졌다. 청중의 삶 속으로 들어가야 설교가 들린다는 것을 실감한 특별한 순간이었다.

2. 설교 전체가 적용과 변화를 촉구하는 설교

설교의 목적은 청중의 변화다. 설교란 거룩한 진리의 말씀에 영혼이 반응하는 데 그 궁극적 목적이 있다. 이는 설교의 적용에 직결된다. 가드너 테일러의 설교는 철저하게 적용 위주의 설교다. 일반적으로 본문에 근거하여 적용하는 설교보다 그의 설교는 설교 전체가 적용적이라 할 수 있다. 전반부에서는 이제까지 이루어 온 업적이나 과거의 아픔에서 벗어날 것을 강조하고, 후반부로 넘어가면서 바울의 삶에 근거하여 교인들에게 끊임없이 달려갈 것을 강조한다. 흑인으로서 또는 한 그리스도인으로서 삶의 어떠한 역경 속에서도 물러서지 말고 앞으로 달려갈 것을 촉구한다.

테일러는 본 설교를 통해 무엇을 말하고자 하는지 아는 설교자다. 설교의 목표를 향해 서론부터 결론까지 동일한 방향으로 달려간다. 이 설교를 들은 후 청중은 자신들의 신앙을 점검하면서 다시 한 번 푯대를 향해 달려갈 것을 다짐하리라.

한 가지 아쉬운 점이 있다면 특히 후반부의 반복적인 "달려가자"는 촉구에서 구체적으로 무엇을 향해 나아가야 할지를 제시하지 않는다는 점이다. 물론 하나님이 부르신 상을 향해 달려가야 하는 것은 그리스도인의 기본적인 삶이지만, 이를 위해 나의 삶 속에서 구체적으로 어떤 변화와 결단이 필요한지 밝히면서 촉구했다면 좀 더 손에 잡히는 변화가 가능할 것이다. 이런 부분은 "설교에서의 적용이 어느 정도 구체적인 것이어야 하는가?"라는 질문과 연결된다. 일반적으로 설교에서의 적용은 구체적이고 개인적이고 실천적인 것이 좋다. 가장 뛰어난 주석가였던 존 칼빈은 설교에서의 적용을 강조하면서 청중에게 적용을 맡겨만 둔다면 청중은 한 걸음도 나아가지 못할 것이라고 지적한다.

3. 이야기식 전달과 반복을 통해 강조하는 설교

대부분의 흑인 설교와 마찬가지로, 가드너 테일러의 설교는 개념적인 설교가 아니라 이야기식의 흐름이 있는 설교다. 스토리텔링 형식의 설교는 오늘날 설교학에서 거대한 흐름을 형성하지만, 흑인 교회에서는 오래된 전통이다. 흑인 사회는 구두^(口頭) 문화에 속한다. 논리와 개념을 바탕으로 하는 문어체적 문화가 아니라, 삶을 이야기로 풀어내는 구어체적 문화다. 대부분의 흑인 설교자는 이런 구두 문화에 익숙하며, 청중은 그런 설교에 적극적으로 반응하면서 설교자와 일치감을 형성한다.

이야기처럼 들리는 설교의 가장 큰 장점이란 설교가 명쾌하여 이해하기 쉽다는 점이다. 테일러는 이런 명쾌함을 이야기식 전달뿐 아니라 반복 기법을 통해 더욱 고조시킨다. 일반적으로 설교에서 반복은 금물이다. 반복은 지루한 설교를 만드는 지름길이다. 같은 사상을 반복하고자 할 때 설교자는 다른 이미지를 사용하든지, 용어를 다양하게 구사하든지, 아니면 예화를 새롭게 함으로써 반복이라는 느낌을 피해야 한다. 그럼에도 반복이 무조건 피해야 할 적^(敵)은 아니다. 주제를 각인시킨다는 점에서 적절한 반복은 청중의 가슴에 하나의 사상을 강하게 심을 수 있다.

테일러는 바울의 "달려가자"^(Press on!)라는 말을 8회 정도 반복하여 사용함으로써 청중에게 강한 이미지를 남긴다. 때로는 과거의 그림자에서 벗어나 달려가자고 호소하기도 하고, 현재 온전한 삶을 이루지 못했기에 달려가자고 강조한다. 또한 결론적으로 그리스도를 향해 달려갈 것을 강조하면서 다양하게 주제를 각인시킨다. 설교자는 반복이 동일한 의미를 발전 없이 반복하는 것인지, 하나의 주제를 다양한 이미지로 깊이 각인시키는 반복인지 분별해야 한다.

4. 가드너 테일러의 설교가 한국 교회 강단에 주는 메시지

필자가 남침례교 신학대학원에서 설교학 과정 입학 시험을 치르기 위해 켄터키 루이빌에 처음 방문했을 때다. 보스턴에서 공부할 때는 흑인 학생을 만날 기회가 거의 없었기에 남부에 있는 흑인 교회를 방문하기 원했다. 가나안 선교교회 주일예배를 참석했을 때였다. 수천 명의 성도들이 모두 일어나서 열정적으로 찬양하고 춤을 추는 등 감격과 기쁨의 축제 같은 예배의 모습이었다.

그 찬양의 뜨거움은 한 시간이 지나도 그칠 줄을 몰랐다. 담임목사가 설교하기 위해 강단에 올라와도 찬양과 기도의 열기가 좀처럼 줄어들지 않았다. 성령의 은혜를 늘 사모하는 필자의 눈에도 이런 예배의 모습은 신기하기만 할 정도였다. 담임목사는 한참 강단에 서 있다가 마침내 말문을 열었다. "오늘은 설교하기 어려운 날입니다. 하나님이 행하시는 성령의 역사에 우리를 맡깁시다." 우레 같은 박수와 함께 찬양과 기도는 또 이어졌다. 그다음에 한 목사의 말을 잊을 수가 없다. "벌써 올해 들어 네 번째 설교하지 못한 주일입니다." 그때가 3월 첫째 주일이었다. 그렇게 두 시간이 넘도록 축제의 예배는 계속되었다.

가드너 테일러의 설교는 이런 흑인 교회의 정서를 잘 대변한다. 본 설교를 영상으로 들어 보면, 그가 중요한 말씀을 전할 때마다 청중이 다양한 반응으로 맞장구를 치는 것을 발견한다. 청중과 교감이 일어날 때 나타나는 반응이다. 테일러의 설교는 설교자가 철저하게 회중을 이해하는 목자가 되어야 할 것을 가르쳐 준다. 설교자가 뿌리내려야 할 기준은 하나님의 말씀이지만, 설교자의 눈이 향해야 하는 곳은 현실의 삶을 살아가고 있는 청중이다.

한국 교회는 일제 강점기와 한국 전쟁이라는 아픔 속에 오늘까지 놀라운 부흥을 이루어 왔다. 교회는 민족의 어려움 앞에서 백성의 피난처가 되었고, 목회자는 고통받는 백성의 눈물을 닦아 주던 시대가 있었다. 오늘날 어느 때보다 교회를 향한 비난의 화살이 심한 시대에 목회자들은 다시 영혼을 품는 눈물을 회복해야 한다. 성도들의 현장을 아는 목자, 삶의 무게를 공유하는 따스한 가슴의 목자가 되어 강단에 설 때 진리는 더욱 빛을 발할 것이다.

테일러는 많은 어두운 아픔을 간직한 역사를 체험했지만, 미국의 흑인 교회가 과거에 머물지 않기를 촉구한다. 교회란 문제를 안고 주저앉거나 문제를 지적하는 곳이 아니라며, 복음의 능력으로 하나님이 주실 소망의 미래를 향해 새롭게 일어날 것을 촉구한다. 교회는 문제가 걸림돌이 되는 곳이 아니라, 어떤 역경도 하나님의 은혜와 성령의 도우심으로 극복하는 곳이다. 강단은 복음으로 인한 새로운 인간, 새로운 세상을 꿈꾸게 하는 곳이다.

19장

프레드 크래독,
새로운 설교학의 창시자

프레드 크래독의 설교

설교 제목: **하나님이 출석을 부르실 때**(When the Roll Is Called Down Here)

본문: **로마서 16장**

본문을 읽는 동안 가슴이 두근거리지 않는다고 죄책감을 느끼지 않았으면 좋겠습니다. 별로 흥미로운 본문이 아닙니다. 이름이 쭉 열거되어 나오는 본문인데요, 그것도 이상한 이름들입니다. 설교학 수업에서 교수님이 늘 강조한 것이 있습니다. "설교 본문을 정할 때 사람 이름 목록이 나오는 것은 피하세요. 이런 본문으로 설교한다는 것은 거의 죽음입니다. 제발 이런 본문은 설교하지 마세요."

바울은 지금 출석을 부르는 것 같습니다. 그 자체가 이상한 일입니다. 저는 단 한 번도 누군가 일어나서 출석을 부르는 교회에서 예배를 드린 적이 없습니다. 정말 지루한 일이 될 것입니다. 아니, 어쩌면 좀 흥미로운 일이 될지도 모르겠습니다.

여러분이 기억할 것이라고 기대하지는 않지만, 이 목록에는 아굴라와 브리스길라라는 부부가 나옵니다. 루포와 그의 어머니도 나오고, 네레오와 그의 여동생이라는 남매도 나옵니다. 드루배나와 드루보사 자매도 있고요. 나이가 지긋한 에배네도도 나옵니다. 참 재미있는 교회 명부 아닙니까? 처녀 마리아도 있고요, 총각 헤로디온도 있습니다. 그리스도가 그들을 함께 부르신 경우를 제외하고는 가족이 많지 않습니다. 어쨌든 참 재미있는 목록입니다. 뭐 엄청날 정도는 아니지만요.

그러나 바울에게는 단순한 하나의 목록이 아닙니다. 바울은 지금 짐을 싸고 있습니다. 그는 고린도에 있는 가이오의 집에 머물고 있습니다. 가이오는 바울과 고린도 교회 식구들을 초대한 사람이지요. 바울은 이제 막 서쪽으로 이탈리아, 그리고 스페인으로 떠나갈 참이었습니다. 멀리 떨어진 새로운 사역지로 떠나갈 참이었습니다. 바울은 이제 59세나 60세 정도 되었을 것입니다. 바울은 자신이 감당해야 할 또 하나의 사역이 있다고 생각했습니다. 쉰아홉이나 된 목회자를 원하는 교회는 없었겠지요. 하지만 당시 교회들은 선택의 여지가 없었습니다. 교회를 시작한 이가 바로 바울이었기 때문이지요. 바울은 늦게 시작했기 때문에 한 번의 사역을 더 감당하기를 원했습니다. 그가 사역을 시작했을 때는 서른다섯 정도였을 것입니다.

쌀 짐은 그리 많지 않았습니다. 코트와 몇 권의 책, 그리고 몇 가지 필요한 물건만 챙겼을 뿐입니다. 이삿짐을 줄이기 위해 물건을 버리던 중에 바울은 몇 장의 메모와 편지 한 묶음을 발견합니다. 그러곤 정리하던 물건들 틈에 주저앉아 기억을 되살리기 시작합니다. 그러니 이 이름들을 그냥 목록이라고 불러서는 안 될 것입니다.

여러분도 그렇게 한 적이 있지요? 제 아내 제니퍼와 제가 신학교 시절 학생 교회에서 목회를 마쳤을 때, 마지막 주일에 교회에서 파티를 열어 주고 선물 하나를 주었습니다. 아래에 교인들의 이름이 적힌 두 개의 흔들의자였습니다. 그들은 우리를 위해 기도해 주었고 버몬트주 프랭클린으로 떠나는 우리의 안녕을 기원해 주었습니다. 우리가 현관 앞에 놓인 그 의자에 앉아 흔들거릴 때마다 그들을 기억하기를 바란다고 말했습니다.

정말 흥미롭지 않나요? 그 의자에 앉을 때마다 그 교회 성도들이 떠올라요. 첫 침실 가구를 샀을 때 우리를 도와주었던 노부부 밥과 마를린도 기억납니다. 스코틀랜드 하이랜드 게임 축제를 소개해 준 브루스와 주디도 기억하지요. 교회에 가는 중에 교통사고를 당했던 날 아침 우리를 데리러 와 준 밥과 캐시도 기억납니다. 보험 공제액을 대신 내 주고 차 바퀴를 새로 바꾸어 준 농부 빌과 마샤도 떠오릅니다. 미군 군목이 될 키가 2미터도 넘는 괴짜 소년 스콧도 기억납니다. 싱글로 살면서 대부분의 여가 시간에 선교사들과 청년 목회자들을 위해 기도하던 60대 케이터 자매도 기억납니다.

목록이라고 부르지 말기 바랍니다. 바울은 그것을 목록이라고 부르지 않습니다. 아굴라와 브리스길라, 그들은 바울을 위해 목이라도 내어놓았던 사람들입니다. 안드로니고와 유니아는 함께 감옥에 갇히

기도 했지요. 정말이지 대단한 그리스도인들이에요. 저기 마리아도 있네요. 정말 열심으로 섬겼지요. 다른 사람들이 다 그만둘 때도 그녀는 끝까지 남았지요. 항상 이렇게 말하곤 했습니다. "바울 선생님, 이제 집에 가세요. 정리는 제가 다 알아서 할게요. 찬송가도 치우고, 떨어진 주보도 줍고, 의자 정리도 할게요. 어서 집으로 돌아가세요. 피곤하실 텐데요." "마리아, 피곤하긴 자매도 마찬가지잖아요?" "맞아요, 그래도 선생님은 내일 나귀에 올라 아시아로 전도 여행을 떠나야 하잖아요. 먼저 가세요. 뒷일은 저에게 맡기세요." 정말이지 그녀의 열심은 특별했습니다.

"에배네도, 제 설교를 듣고 처음으로 회심한 사람이지요. 그날 밤 저는 '주님, 감사합니다. 드디어 복음을 들은 사람이 나타났습니다'라고 말하면서 한숨도 자지 못했습니다. 복음에 반응한 첫 번째 사람이었지요. 정말 놀라운 날이었습니다. 드루배나와 드루보사는 틀림없이 쌍둥이였어요." 여러분도 들어 보면 이름에서 느껴지지요? "드루배나와 드루보사. 항상 이쪽에 앉았고 주일마다 둘 다 파란색 옷을 입었지요. 정말 그 둘을 한 번도 제대로 알아보지 못했지요. 한 사람은 볼에 점이 있었는데, 그가 드루배나인지 드루보사인지 제대로 알아보질 못했지요. 그리고 루포. 루포에게 안부를 전해 주시고, 그의 어머니에게도 안부를 전해 주십시오. 저의 어머니이기도 합니다."

사도에게 '어머니'라는 칭호를 받을 수 있다니. 바울에게 '어머니'라 불릴 수 있었던 이 여인이 보입니까? 바울은 아마도 그녀의 집에 머물렀겠지요. 그녀는 아마도 몸집이 제법 큰 여성이었고, 언제나 앞치마를 두르고 있었지요. 앞치마에는 별것이 다 들어 있고 머리는 뒤로 넘겨 한 다발로 묶은 모습이었지요. 푸짐한 아침상을 차려 놓습니다. 바울이 말합니다. "어머니, 죄송합니다. 더 이상 머무를 시간이 없어요." "앉아서 밥이나 드세요. 당신이 사도든 아니든 난 상관없어요. 어서 밥이나 먹어요." "나의 어머니에게 안부를 전해 주세요." 누가 이 이름들을 두고 그냥 출석부라고 하겠습니까?

사실 로마서 16장에 나오는 이 이름들은 바울에게 매우 특별합니다. 바울은 지금 "안부를 전해 주세요"라고 말하지만, 실제로는 "안녕히 계세요"라고 작별 인사를 하고 있기 때문입니다. 바울은 로마로 갈 것이라고 말합니다. 하지만 로마에 가기 전에 예루살렘에 가야 합니다. 헌금을 들고 적들의 소굴로 들어가는 길입니다. 그래서 15장 마지막에 바울은 이 사람들에게 이렇게 부탁합니다. "나와 함께 기도해 주십시오. 제가 예루살렘에서 죽지 않고 예루살렘 성도들에게 이 헌금을 전달하고 돌아와 여러분과 함께할 수 있도록 간절하게 기도해 주십시오." 이것은 단순하게 이름을 나열해 놓은 것이 아닙니다.

우리 성도님들, 종이를 한 장씩 꺼내기 바랍니다. 그냥 주보를 사용해도 좋습니다. 여백이나 주보 아래에 이렇게 써 보길 바랍니다. "당신을 기억할 때마다 나의 하나님께 감사를 드립니다." 그리고 이름을 써 보세요. 여러분 스스로 이름을 골라 보세요. 기억나는 이름이 있을 것입니다. 이제 또 다른 이름을 써 보고 계속해서 생각나는 대로 다른 이름을 써 보세요.

결혼 전에 제가 애팔래치아산에 있는 조그만 선교 단체에서 섬겼을 때입니다. 차타누가와 녹스빌 사이에 위치한 와츠 바 호수 아래 작은 시골 교회가 있었습니다. 그 교회에서는 부활절에 세례를 거행하

는 것이 관례였는데, 부활절 저녁 해질 무렵에 와츠 바 호수에서 세례
식을 가졌습니다. 모래톱에서 세례 후보자들과 함께 서 있었습니다.
세례를 받은 사람들은 물 밖으로 나와 담요로 만든 작은 부스에서 옷
을 갈아입습니다. 회중이 모인 모닥불 쪽으로 가서 가운데 섭니다. 성
도들은 그곳에서 노래하며 저녁을 준비합니다.

　　모두가 타오르는 불 주위에 모이면 교회의 전통대로 의식을 거행
합니다. 글렌 히키가 새로운 사람들을 소개합니다. 그들의 이름이 무
엇이며, 어디에 살고 있으며, 무슨 일을 하는지 알려 줍니다. 그러면 우
리는 세례 받은 사람들이 모닥불에 몸을 녹이는 동안 그들 주위로 원
을 그리며 둘러섭니다. 그다음에 가지는 의식은 원 주위의 사람들이
돌아가며 자신의 이름을 말하며 소개하는 일이었습니다.

　　"제 이름은 _____입니다. 빨래나 다림질을 도와줄 사람이 필
　요하면 저를 부르세요."

　　"제 이름은 _____입니다. 나무를 베는 사람이 필요하면 저를
　부르세요."

　　"제 이름은 _____입니다. 아기 돌봐 줄 사람이 필요하면 저
　를 부르세요."

　　"제 이름은 _____입니다. 집 수리할 사람이 필요하면 저를 부
　르세요."

　　"제 이름은 _____입니다. 아픈 사람 곁에서 함께 있을 사람이
　필요하면 저를 부르세요."

　　"제 이름은 _____입니다. 마을까지 태워다 줄 사람이 필요하

세상을 움직인 설교자와 설교

면 저를 부르세요."

둘러선 사람들이 이렇게 돌아가며 자신을 소개합니다. 그런 다음 우리는 저녁을 먹고 정방향으로 돌며 춤을 춥니다. 얼마간 시간이 지나고 나면, 사실 저는 눈치채지 못하지만, 턱받이 작업복에 엄지손가락을 넣은 퍼시 밀러가 일어나면 사람들은 알아봅니다. 갈 시간이 되었다는 것이지요. 한 사람씩 떠나갑니다. 그는 뒤에 남아서 큰 신발로 불 위에 모래를 차서 불을 끕니다.

처음으로 이 의식에 참석했을 때 가만히 서 있는 저를 보면서 그가 말을 꺼냈습니다. "목사님, 이렇게 하는 것이 얼마나 사람들을 친밀하게 해 주는지 아세요?" 그 작은 공동체에서 사람들은 각각의 이름을 가지고 있었습니다. 다른 공동체에서도 그 이름을 들었습니다. 이런 의식을 치르는 공동체의 이름은 교회라는 것입니다. 그들은 그것을 교회라고 불렀습니다.

여러분, 이름을 다 썼나요? 한 사람이건 두 사람이건 다 썼겠지요? 그 이름을 잘 간직하십시오. 그 이름을 꼭 지니고 다니기 바랍니다. 여러분에게 그 이름은 단순한 하나의 목록이 아니기 때문입니다. 다음에 이사할 때에도 계속 지니고 다니기 바랍니다. 여러분이 타던 차를 버리고, 책과 가구를 버리고, 타자기와 다른 모든 것을 버린다 해도 그 이름만은 간직하십시오. 언젠가 땅 위에서 사명이 끝나고 세상을 떠나는 날, 그 이름을 꼭 가지고 가십시오.

제가 확실하게 아는 것이 하나 있습니다. 여러분이 천국 문에 도착하면 베드로 사도가 물어볼 것입니다. "세상에 갈 때 빈손으로 갔지요. 올 때도 빈손으로 왔나요? 뭐 가지고 온 것이라도 있습니까?" 그러면 이렇게 말하십시오. "뭐 별것은 아니지만 몇 사람들의 이름을 가지고 왔습니다." "어디 한번 볼까요?" "저와 함께 일하기도 하고 저를 도와준 사람들의 이름입니다." "글쎄 한번 보여 달라니까요." "이 사람들이 아니었다면 저는 아무것도 할 수 없었을 것입니다." 그러면 베드로가 이렇게 말할 것입니다. "저도 그 사람들을 꼭 보고 싶네요."

마침내 당신이 그의 손에 이름을 넘겨주면, 그는 활짝 미소를 지으며 이렇게 말할 것입니다. "저도 이 사람들 다 잘 알아요. 사실 저도 이곳으로 오는 길에 그들을 만났지요. 그들은 길 위에 거대한 푯말을 그리고 있었는데, 이렇게 쓰여 있었어요. '천국에 오신 것을 환영합니다.'"

프레드 크래독의 삶과 설교 세계

프레드 크래독(Fred Craddock, 1928-2015)은 지난 50년 동안 미국 설교학에 가장 많은 영향력을 끼친 한 사람이었으며, 〈뉴스위크〉지와 다양한 단체에서 영미권의 가장 뛰어난 설교자 가운데 한 사람으로 평가했다. 1928년에 태어나 1950년에 테네시주 존슨 성경대학교를 졸업했으며 필립스 대학교 신학부에서 공부한 후 밴더빌트 대학교에서 신약학으로 박사학위를 받았다. 그가 신학을 공부했던 필립스 대학교에서 교수 생활을 하다가 나중에 에모리 대학교 신학부에서 설교학 교수로 가르쳤고, 은퇴한 후 2015년 3월 하나님의 품에 안겼다.

크래독의 설교학은 전통적인 설교의 한계를 극복하고자 하는 노력에서 시작된다. 전통적인 삼대지 설교가 청중의 상황을 고려하지 않은 것으로 전달 면에서 효과를 거둘 수 없다고 생각하고 귀납적 설교를 주창했다. 귀납적 설교란 설교자가 일반적인 주제를 가지고 시작하는 것이 아니라, 구체적인 사건으로 설교를 시작해서 일반적인 원리를 찾아가는 설교를 가리킨다. 전통적인 설교에서는 주로 설교자가 답을 제시하고 청중이 듣는 수동적 입장이라면, 크래독은 설교자와 청중이 함께 본문을 여행함으로써 청중에게 본문을 체험시키고자 한다. 그의 설교학 이론은 1971년에 출판된 《권위 없는 자처럼》(예배와설교아카데미, 2014)에 잘 나타나 있으며, 이 책은 북미권의 설교학에 코페르니쿠스적인 혁명을 불러왔다.

크래독의 설교학 이론은 몇 가지로 집약된다.

첫째, 구체적인 사건에서 설교를 시작하여 일반적인 원리를 찾아가는 귀납적 설교라고 할 수 있다. 귀납적 설교에서 강조하는 것은 설교가 전달될 때 청중은 설교를 통해 자신의 삶과 연결 고리를 찾게 하는 데 있다. 구체적인 경험과 사건을 통해 청중의 참여를 강조하는 크래독은 경험이 단순히 설교의 서론 역할만 하는 것이 아니라, 설교 전체에 파고들어야 할 것을 강조한다. 찰스 캠벨은 《프리칭 예수》(기독교문서선교회, 2010)에서 크래독의 인간 경험에 대한 강조가 복음 자체의 중요성을 강조하지 않고 인간 경험으로 성경의 진리를 치환시켜 버리는 자유주의 신학에서 출발되었다고 비판하기도 한다.

둘째, 크래독은 설교자가 본문에서 모든 해답을 일방적으로 전할 것이 아니라, 간접적으로 복음을 들려줄 것을 제안한다. 청중은 이미 성경에 관하여 충분히 들어 왔기 때문에 익숙한 것을 신선하게 만들기 위해 복음을 넌지시 들려주자는 말이다. 크래독은 간접 복음 전달을 위한 근거를 예수님의 비유 설교에서 찾는다. 예수님도 직접적으로 복음을 전하지 않고 비유를 통해 간접적으로 전하셨다는 것이다. 그의 책 《복음을 엿듣게 하기》(Overhearing the Gospel)는 이러한 그의 철학을 잘 대변한다.

셋째, 크래독은 설교에서 청중의 역할과 위치를 매우 강조한다. 기존의 설교가 주로 설교자에게 해석과 적용의 권한을 부여했다면, 크래독은 청중을 일방적으로 설교를 듣는 위치에서 해방시켜 설교에 참여하게 한다. 따라서 그는 설교를 미완성으로 남길 것을 제안한다. 설교를 완성시켜야 할 사람은 청중이라는 것이다. 청중에 대한 강조는 그의 설교 목적에서도 나타난다. 크래독에게 설교의 목적은 진리를 선포하고 청중에게 적용하는 것이 아니라, 설교를 통해 청중의 마음에 경험적으로 공감과 정화를 일으키는 것이다.

넷째, 크래독은 설교자가 명령하거나 적용하는 것은 약하게 할 것을 주장한다. 설교자는 본문을 들을 수 있도록 해설할 뿐이며 말씀에 대한 최종적 해설과 적용의 권한은 청중에게 맡기자는 것이다. 일반적으로 강해설교를 주장하는 사람들은 설교에서 가장 중요한 요소가 본문에 근거하고 청중의 삶에 적실한 적용이라는 데 의견을 모은다. 적용이나 명령에 대한 약화는 크래독뿐 아니라 데이비드 버트릭이나 유진 로우리 같은 최근의 설교학자들에게 공통적으로 발견된다.

전통적 설교에 대한 근본적인 회의로부터 시작하여 새로운 설교 방법을 창안한 크래독의 설교 이론은 전달법에 획기적인 이정표를 세웠다. 들리는 설교를 향한 그의 열정은 귀납적 설교나 내러티브 설교라는 설교 전달 방식에 혁명을 가져왔다. 크래독의 설교 신학은 성경을 절대적인 진리로 믿는 보수적인 설교관을 가진 사람에게는 받아들이기 어려운 부분도 많다. 그러나 똑같은 진리를 전한다 해도 청중에게 가장 효과적인 전달 방법이라면 어떤 설교자라도 관심을 기울여야 할 것이다.

프레드 크래독의 설교 분석

1. 이야기식 전달을 통해 본문을 체험시키는 설교

프레드 크래독의 설교를 듣고 있으면 한 편의 드라마를 보는 듯한 인상을 받는다. 일단 이야기가 시작되면 청중은 설교자에게서 눈을 떼기 어렵다. 청중을 완전히 압도하는 전달력, 그것은 이야기가 내포하는 힘과 그것을 풀어내는 설교자의 탁월함에 있다. 발음하기도 어려운 이름이 나열된 로마서 16장을 본문으로 한 본 설교에서 크래독은 각 이름을 소개하면서 감동적인 이야기를 창조해 낸다. 이런 이름들은 단순하게 나열된 출석부 같은 것이 아니라, 바울의 사역에 소중한 흔적을 남긴 하나님의 사람들이란 것을 이야기식으로 풀어낸다.

이야기로 설교를 진행할 때 가장 중요한 것은 이야기 전체에 긴장과 흥미를 유지하는 것이다. 본 설교는 문장으로 읽어도 감동적이지만, 직접 설교를 들어 보면 회중의 웃음이 끊이지 않을 정도로 곳곳에 유머가 넘친다. 청중과 완전히 하나를 만들어 내는 압도적인 설교 전달이 무엇인지 실감하게 된다.

크래독의 이야기 전달에는 몇 가지 특징이 있다. '첫째', '둘째'와 같은 대지를 구별해서 설교하지 않는다. 이야기에는 다양한 예화가 나온다. 본문 내용을 이야기식으로 구사할 뿐 아니라 본문과 유사한 체험을 들려줌으로써 청중의 경험과 연결되게 한다. 이야기식 설교는 기독교 문화나 배경이 전혀 없는 사람에게도 거부감 없이 스며들 수 있다는 점에서 전달 면에서 큰 이점이 있다.

2. 상상력을 통해 본문을 탐구하는 설교

본 설교에서 프레드 크래독의 상상력은 청중을 태우고 본문의 세계로 여행하게 하는 타임머신과 같은 역할을 한다. 상상력이란 본문의 행간을 읽어 냄으로써 당시의 상황을 재구성하여 눈앞에 실제로 일어난 것처럼 표현해 내는 것을 말한다. 일반적으로 상상력은 설교에서 뼈대와 같은 본문에 살을 붙여 살아 있도록 만들어 내는 힘으로 여겨진다. 크래독은 상상력의 대가라 할 만큼 본문에 나타난 사람들 각자의 삶을 당시의 상황 속에 실제적으로 일어나는 드라마처럼 보여 준다.

예를 들어, 6절 "너희를 위하여 많이 수고한 마리아에게 문안하라"라는 표현에서 크래독은 마리아가 평소에 바울을 어떻게 섬겼는지 매우 실감 나게 묘사한다. 그의 설교를 직접 들어 보자. "저기 마리아도 있네요. 정말 열심으로 섬겼지요. 다른 사람들이 다 그만둘 때도 그녀는 끝까지 남았지요. 항상 이렇게 말하곤 했습니다. '바울 선생님, 이제 집에 가세요. 정리는 제가 다 알아서 할게요. 찬송가도 치우고, 떨어진 주보도 줍고, 의자 정리도 할게요. 어서 집으로 돌아가세요. 피곤하실 텐데요.' '마리아, 피곤하긴 자매도 마찬가지잖아요?' '맞아요, 그래도 선생님은 내일 나귀에 올라 아시아로 전도 여행을 떠나야 하잖아요. 먼저 가세요. 뒷일은 저에게 맡기세요.' 정말이지 그녀의 열심은 특별했습니다."

'많이 수고한 마리아의 삶'이라는 한 문구에서 어떻게 이런 상황을 묘사할 수 있는지 정말 놀랍다. 루포의 어머니를 두고 사도 바울 자신의 어머니라 부르는 한 구절에서 그녀의 아름다운 삶을 그려 내는 것을 보면서 상상력이란 것이 얼마나 설교를 풍성하게 만드는지 실감하게 된다.

설교자는 본문의 행간을 상상력이라는 나래를 펼쳐 읽어 내야 한다. 상상력은 푸른 하늘만 가득한 화폭에 하얀 구름을 찾아 넣고 날아가는 새의 소리를 듣게 하는 힘이다. 꺾어 놓은 꽃을 그린 정물화에 생화 같은 향기가 나게 하는 비결이다. "설교자에게 어느 정도의 상상력이 요구되며 어느 정도까지 허용될 수 있는가?"는 중요한 질문이다. 본문이 말하는 의미를 보강하는 범위가 상상력의 범위다.

3. 결론과 적용은 청중의 손에 맡기는 설교

프레드 크래독의 설교학 이론처럼 본 설교에서 그는 설교의 결론을 내리거나 구체적으로 청중에게 적용하거나 촉구하지 않고 끝을 낸다. 설교를 미완의 느낌이 나도록 남겨 두면서 청중에게 여운을 남기고, 청중이 결론과 적용에 동참하게 마지막을 열어 둔다. 많은 독자는 본 설교를 읽으면서 설교자가 무엇을 전하고자 하는지 의도를 파악하기 쉽지 않을 것이다. 대부분 그의 설교는 본문을 명확하게 풀어 주고 적용과 결론을 맺지 않기 때문에 시원하게 이해하기 어렵다. 이것은 복음을 엿듣게 만들어야 한다는 그의 설교학 이론에 기인하기도 한다.

청중을 설교에 동참시켜야 한다는 주장은 매우 설득력이 있다. 설교에 대한 일반적인 견해는 주로 설교자 한 사람에게 모든 것이 집중되었다. 청중에 대한 배려나 들리는 설교를 위한 전달법에는 큰 관심을 기울이지 못했다. 동일한 진리라 할지라도 제대로 전달되지 않는 설교에서 원하는 결과를 기대하기란 어렵다. 주해의 문제가 아니라 전달의 문제 때문이다. 대중 매체 시대에 걸맞은 설교 전달과 청중의 상황과 환경에 맞는 설교 전달 방법을 고민하는 것은 효과적인 설교를 위해 모든 설교자가 기울여야 할 고민이다.

　그러나 청중에 대한 강조와 해석의 잣대를 청중에게 옮기는 것은 별개의 문제다. 이는 설교의 목적과도 연관된다. 설교란 본문에서 하나님이 말씀하고자 하시는 것을 명확하게 파악하고 그 말씀에 근거하여 청중에게 적용하는 것이다. 어떤 설교의 형식을 추구하든 설교에 대한 목적은 명확하다. 설교자는 하나님 말씀을 신실하게 비추는 거울의 역할을 감당해야 한다. 진리를 증거했다면 말씀에 근거하여 명확한 결론을 내려야 한다. 결론을 애매하게 남겨 두어 청중으로 하여금 각기 알아서 결정하도록 맡겨서는 안 된다. 적용도 마찬가지다. 적용 없는 설교나 결론이 애매한 설교는 목표물 없이 날아가는 화살과도 같다.

4. 프레드 크래독의 설교가 한국 교회 강단에 주는 메시지

　프레드 크래독의 설교학 이론은 주로 삼대지와 연역적 설교에 치우친 전통적인 설교 방식에 신선한 충격을 던졌다. 설교자가 일방적으로 답을 던지는 설교에서 벗어나 청중과 함께 답을 추구해 가는 설교로의 전환은 설교 전달 면에서 새로운 관심을 증폭시켰다. 청중을 듣기만 하는 수동적 자세에서 설교에 보다 참여하는 능동적 입장으로 변화시키는 기폭제가 되었다. 귀납적 설교 진행 방식과 이야기식 설교 또는 상상력의 강조는 보다 효과적인 설교 전달에 획기적인 방법을 제시했다.

　크래독이 비판했던 전통적인 설교 이론의 문제점은 한국 교회에서도 동일하게 나타난다. 청중에 대한 특별한 배려 없이 설교자가 일방적으로 전하는 느낌의 설교, 전달 방식에는 큰 관심 없이 본문의 주해에만 관심을 두는 설교는 변화하는 시대의 청중을 사로잡기에는 부족하다. 비록 시대와 관계없이 동일한 진리를 선포하는 것이 설교이지만, 변화하는 청중의 마음을 얻기 위해 시대를 읽어 내고 청중의 자리에서 그들의 삶을 이해하는 목자의 자세가 필요하다. 설교자에게는 말씀을 바르게 파악해야 할 주해자의 의무와 청중을 바르게 파악하여 가장 효과적으로 전달해야 할 설교자의 책임이 함께 지워져 있다.

크래독의 설교가 미친 좋은 영향만큼 조심해야 할 부분도 많다. 그의 설교학의 관심은 본문 자체에 대한 강조나 그리스도를 드러내는 것이 핵심이 아니다. 그의 관심은 설교를 통해 본문을 청중에게 경험시키는 일이다. 성경을 하나님의 말씀으로 여기고 전하는 사람들은 이런 경험을 통해 무엇을 추구할 것인지에 대해 고민해야 한다. 설교란 청중 편에서 감동과 정화 작용을 일으키는 것을 목적으로 삼을 수는 없다. 하나님이 말씀하고자 하시는 것을 바르게 파악하여 증거할 설교자의 사명과 청중의 변화를 위해 적용할 설교자의 책임은 그 어떤 설교 이론으로도 대치될 수 있는 것이 아니다. 크래독의 전달 이론은 기존 설교의 한계를 극복할 수 있는 신선한 충격으로는 다가오지만, 무엇을 왜 설교하는지에 대해서는 여전히 본문을 그대로 드러내는 설교의 기본 정의에 충실해야 할 것이다.

20장

유진 로우리,
내러티브 설교의 황제

유진 로우리의 설교

설교 제목: **역류**(Swept Upstream)

본문: **마가복음 14:1-10**

여느 때의 저녁 식사 파티가 아니었습니다. 좋은 음식, 유쾌한 대화, 그리고 마냥 즐거운 시간이 아니었지요. 죽음으로 치닫는 어두운 이별을 앞에 둔 저녁 식사였습니다. 밖에 있는 사람들은 음모를 꾸미고 있고, 안에 모인 사람들은 슬픔을 이겨 내려 애를 쓰고 있었습니다. 순간이 며칠처럼 느껴지는 순간이었지요. 그들의 대화에는 대체로 농담이라곤 있을 수 없었고, 지난날을 돌아보면서 어색한 침묵이 흘렀습니다. 눈을 마주치는 일마저도 거의 참기 어려운 순간이었지요.

제자들은 나름대로 최선을 다했습니다. 예수님을 얼마나 사랑했으며 얼마나 감사히 여기고 있는지, 그렇게 드러나지는 않지만 보여 줄 수 있는 가능한 모든 기회를 찾으려 했지요. 그럼에도 불구하고 모든 것은 너무나 확실했습니다. 매우 긴 밤이 될 날이었습니다. 그때였지요. 갑자기 한 여인이 불쑥 들어온 것입니다. 성경은 그녀가 문을 두드리거나 저녁 식사에 초대된 것이라고 말하지 않습니다. 그녀는 무작정 들어온 것이었지요. 초대되지도 않고 알려 주지도 않은 채 말이지요.

예수님의 친구들은 이 괴기한 행동에 놀라 자빠질 지경이었습니다. 어느 누군가 한마디도 하기 전에 이미 그녀는 자신의 향유가 든 옥합을 깨뜨려 예수님의 머리에 붓기 시작했습니다. 그제야 예수님의 친구들은 입을 모아 불평을 늘어놓기 시작했습니다. "이렇게 낭비하다니! 얼마나 값비싼 향유인데! 적어도 아홉 달의 월급을 모은 돈은 될 텐데. 왜 가난한 사람 생각을 조금도 하지 못한단 말인가! 가난한 자들을 위해 그 돈을 쓸 생각을 왜 전혀 하지 못한단 말인가!" 본문은 이렇게 말합니다. 그들이 "그 여자를 책망하는지라"(막 14:5). 이 말은 마치 이런 의미로 번역될 수 있습니다. "그들이 그녀를 몰아붙였다!" 아마도 기세를 잡고 그녀를 공격하려 한 것이 확실해 보입니다. 그러나 예수님은 아직도 잠자코 계십니다.

모든 사람의 시선이 예수님께 모였습니다. "예수님이 한마디 하시는 데는 시간이 걸리지 않을 거야. 분명히 예수님이 좋아하시는 우선순위에 대한 설교에 딱 맞는 기회가 온 거야. 하나님의 나라를 먼저 구하라는 설교를 하실 것임이 틀림없어."

그러나 예수님은 그녀를 나무라지 않으셨습니다. 전혀 책망하지 않으셨습니다. 사람들은 이런 예수님의 태도에 두 번 놀랐습니다. 우리도 놀라기는 마찬가지지요. 그들의 논리는 너무나 맞아떨어졌으니까요. 어려움에 처한 사람들이 도처에 있는데 아홉 달의 월급을 극적으로 보여 주기 위해 한순간에 쏟아부어 버리다니요!

　　이때쯤이면 우리는 왜 예수님이 그들이 불평하는 그 분명한 이유를 알아주지 않으시냐고 질문할 수 있습니다. 예수님은 마침내 대답하십니다. 주님은 확실하게 책망을 하십니다. 문제는 그 여자를 책망하시는 것이 아니라, 바로 주님을 저녁 식사 자리에 초대했던 그들을 향한 책망이라는 것이지요. "가만 두라"(막 14:6). 예수님이 외치셨습니다. 그러시고는 자신의 임박한 처형에 대하여 차마 입에 담을 수 없는 말씀을 하기 시작하셨습니다. "그는 힘을 다하여 내 몸에 향유를 부어 내 장례를 미리 준비하였느니라"(막 14:8). 세상에! 예수님이 드디어 말씀을 하시고야 말았습니다. 너무나 끔찍하고 무시무시하고도 참을 수 없는 그 진리를!

　　"그가 내게 좋은 일을 하였느니라"(막 14:6). 도대체 예수님의 이 말씀은 무슨 의미입니까? '그들도 최선을 다해 이 밤에 예수님을 대접하지 않았던가? 이것으로 충분하지 않다는 말씀인가? 아니면 예수님이 그들이 그녀의 행동을 반대하는 진정한 속내를 이미 의심하고 계신 것은 아닐까? 아니면 예수님은 사람들이 그녀에게 보이는 반응이 초대도 하지 않았는데 들이닥친 것 때문인지, 혹은 그들의 위엄이 너무나 높아서인지 알지 못하시는 것은 아닐까? 사람들은 그들이 예수님께 보여 준 호의는 대단한 것이고, 여인의 것은 보잘것없는 것이라고

생각하는 것일까?'

모든 광경이 혼란이라는 말이 솔직한 표현일 것입니다. 우리는 이 의견에 쏠리다가 다시 저 의견에 끌리다가 왔다 갔다 하고 있습니다.

'왜 예수님은 그들이 반대하는 이유를 모르고 계실까?

왜 사람들은 그녀가 하는 행동의 본질을 모르고 있을까?

왜 예수님은 이렇게 낭비하는 것을 보지 못하고 계실까?

왜 사람들은 은혜라는 것을 보지 못하고 있을까?

왜? 왜?'

확실한 것은, 우리는 여기서 의사 전달의 문제를 가지고 있다는 점입니다. 예수님, 그리고 그분과 함께 만찬에 참석한 사람들은 생각이 전혀 다른 것처럼 보입니다. 제가 가장 유하게 표현해서 그렇지요, 사실은 여기에 사과와 오렌지가 마구 섞여 있는 것처럼 보이지 않습니까?

이 문제를 해결하기 위해 우리는 《제발 데이지꽃을 먹지 마세요》(Please Don't Eat the Daisies)라는 책에서 인간의 문제를 설명하는 진 커의 철학을 잠시 살펴볼 필요가 있습니다. 그녀는 이렇게 말하지요. "다른 사람들은 아무런 관심도 쏟지 않는데 자신의 머리를 온통 자신에게만 쏟는다면 자신의 모습을 정확하게 보지 못할 가능성이 확실하다."

사람들은 상황을 파악하지 못하고 있었던 것입니다! 그들은 이 위대한 의식(儀式)의 순간을 이해하지 못한 것이었습니다. 의식이라는 것은 결국 나름대로의 철학을 지니는 것이지요. 전혀 다른 논리가 있고, 전혀 다른 행동을 요구하기도 하지요. 사과를 요구하기도, 오렌지를 요구하기도 하지요. 마치 한 편의 농담처럼 이해하지 못한다면 이는 자신의 문제지요. 물론 사람들은 그것을 이해하지 못했습니다.

예수님의 제자들이 너무나 보수적이어서 그들의 경건으로는 도무지 축제라는 것에 마음을 빼앗길 수 없어서인지, 아니면 너무나 자유분방해서 축제를 할 만한 아무런 이유도 찾지 못해서 그런지 잘 알수는 없습니다. 이유야 어찌 되었든 간에 그들은 특별한 사건을 일반적인 논리로 이해하려 했습니다. 물론 전혀 먹혀들지 않았지요.

제가 한번은 주말에 있을 설교를 위해 일리노이의 카본데일에서 토요일 오후에 호텔에 들렀을 때입니다. 텔레비전을 켜니 마침 한 대학팀이 미식축구에서 터치다운으로 점수를 올리고 있었습니다. 그런데 이상한 것이 관중들의 반응이었지요. 아니, 전혀 반응이 없다고 할 정도였습니다. 얼마 가지 않아 같은 팀이 또 점수를 올렸습니다. 그제야 저는 이것이 세 번째, 아니면 네 번째의 터치다운이라는 것을 알았습니다. 경기는 이미 흥미를 잃어버렸지요. 제가 알기로 최종 점수는 네브래스카가 34점이고 UCLA는 겨우 3점에 그쳤습니다. 설렐 만한 이유가 하나도 없었지요. 승리는 뻔한 것이었으니까요.

그날 약간 늦은 오후였습니다. 다른 경기의 마지막 장면을 보았을 때였지요. 조지아와 다른 어떤 팀의 경기였습니다. 홈경기를 지켜보던 관중은 자신의 팀이 상대방을 막판에 몰아붙여 예상치 못한 점수를 올렸을 때 콘크리트 경기장 바닥까지 부수어 버릴 정도로 열광했습니다. 열광! 불가능한 일이 막 일어난 것입니다. 이것이 바로 축제라는 것을 이해할 수 있는 비결입니다. 그녀의 것이든 다른 누구의 것이든지, 축제란 불가능한 것이 이루어질 때 일어납니다. 예상할 만한 것에 흥분하는 일은 결코 없지요. 예기치 못한 일이 일어날 때 우리는 자신을 잃어버립니다.

여러분, 이 말이 무슨 의미인지 알지요? 이루어질 수 없는 일이 일어났을 때 우리는 완벽한 기쁨에 사로잡혀 발을 구르면서 열광하게 됩니다. 어떨 때 말입니까? 기말 리포트를 정확한 시간에 마쳤을 때나 불가능해 보이던 판매를 성사시켰을 때, 혹은 예기치 못한 손님이 왔음에도 식사가 완벽하게 준비되었을 때 느끼는 기분이지요. 어떤 일이라도 좋습니다. 다만 믿을 수 없을 정도로 일이 그냥 일어난 것이지요. 완성된 것입니다.

이런 말도 안 되는 난센스를 이해하지 못하는 친구가 이렇게 말할 수도 있지요. "무슨 말입니까? 불가능하지 않았습니까? 그런데 해 낸 거지요, 그렇지요? 분명코 당신이 그 문제를 잘못 계산한 것이 틀림없습니다." 여러분이 할 수 있는 말이라고는 이 말밖에 없지요. "축제에 참여하고 싶지 않으면 그냥 날 내버려 두세요!" 예수님이 지금 하시는 말씀이 바로 이 말씀입니다. "가만 두라." 달리 말하면 이런 말입니다. "이해하지 못한다면 아예 물어볼 생각도 하지 마라!"

그날 무엇이 그녀에게 이러한 일을 하게 했는지 우리는 잘 알 수 없습니다. 그러나 왜 이런 일을 했는지 우리는 잘 압니다! 일찍이 예수님과의 강력한 만남이 있었음이 틀림없습니다. 그것이 모든 것을 바꾸어 놓았지요. 불가능한 것을 가능하게 만들어 놓았습니다. 이런 일이 일어날 때마다 논리적인 겉치레나 정연한 위엄은 사라져야 합니다. 이제 예수님께 기름을 부을 일만 남아 있을 뿐입니다!

우리는 그녀가 누구인지조차 잘 모릅니다. 혹시 그녀는 예수님께 죄 용서함을 받고 난 후 이전의 삶에서 완전히 벗어난 막달라 마리아였습니까? 아니면 억압받던 무리 가운데 한 사람이었다가 예수님이 그녀에게 당신은 결코 아무짝에도 쓸모없는 사람이 아니라고, 하나님은 누구도 쓰레기 같은 사람을 만들지 않으신다고 확신을 심어 주신 그 여인이었을까요?

우리는 이름은 물론이고 다른 특별한 것도 그녀에 관해서 아는 바가 없습니다. 그러나 우리가 확실히 아는 것이 있습니다. 그녀는 벼랑 끝에서 밧줄의 마지막을 잡고 있었고, 예수님은 거기서 손을 내미신 분이었습니다. 그녀는 거대한 벽을 만났고, 예수님은 그 벽을 허물어 버리셨습니다. 그녀는 희망을 완전히 잃어버렸고, 예수님은 새로운 생명으로 그녀에게 다가오셨습니다.

믿을 수 없는 일이었지요! 불가능한 일이었지요! 그러나 사실입니다. 이제 축제를 즐길 시간이 된 것이지요. 그녀가 왜 이토록 기뻐하는지 세밀히 아시는 예수님이 이렇게 말씀하시는 것은 조금도 이상한 일이 아닙니다. "그가 내게 좋은 일을 하였느니라." 그리고 예수님은 우리가 아는 바로는 그 어느 때도, 그 누구에게도 하지 않으신 말씀을 하십니다. "온 천하에 어디서든지 복음이 전파되는 곳에는 이 여자가 행한 일도 말하여 그를 기억하리라"^(막 14:9). 얼마나 멋진 말입니까!

아니, 잠깐 생각해 보십시오. "그를 기억하리라"라니요? 누가 죽어야 할 사람이란 말입니까? 왜 예수님은 이렇게 말씀하지 않으십니까? "온 천하에 어디서든지 복음이 전파되는 곳에는 이 여자가 행한 일도 말하여 나를 기억하라." "그를 기억하리라"라니요? 결국 입맞춤으로 배반당하고 십자가에 못 박히신 분은 예수님 아니십니까?

그녀가 영광스럽고 감사한 기쁨으로 넘쳐 달려와 예수님의 머리에 향유를 부었을 때, 예수님은 이것이 그녀의 전 재산이라는 것을 아셨습니다. 이 순간 축제에 감격해하면서 쏟아부은 것을 아셨습니다. 물론 예수님은 그것이 자신을 기념하는 일이라는 것을 아셨지만, 그 영예로움은 이제 그녀를 기리는 것이 되었습니다. 그녀는 더 이상 드릴 것이 없었습니다! 결단코 더 적게 드리지도 않았습니다!

한 여인은 감사함으로 모든 것을 뒤집어 놓았습니다. 슬프게도 예수님의 제자들은 그분의 임박한 죽음을 의식적으로 기념하려 했습니다. 그리고 예수님은, 예수님은 비록 죽음에 직면하면서도 무의식적으로 그녀의 다가오는 삶을 축하할 준비를 하셨습니다. 이것은 그날 밤 모든 것을 바꾸어 놓은 사건이었습니다. 그리고 오늘도 모든 것을 바꾸어 놓고 있지요.

유진 로우리의 삶과 설교 세계

이야기식 설교로 설교학계에 새로운 획을 그은 유진 로우리(Eugene Lowry)는 1933년 9월 7일 캔자스주에서 태어났으며, 드류 신학교에서 공부한 후에 캔자스 대학교에서 박사학위를 받았다. 미조리주에 위치한 성 바울 신학교에서 30년 동안 설교학 교수로 가르쳤으며, 은퇴 후에는 설교와 강의를 위해 다양한 곳을 여행하고 있다. 오디세이 텔레비전 채널은 로우리를 미국의 가장 뛰어난 설교자들 가운데 한 사람으로 평가한다. 설교학에 특별한 업적을 남긴 사람에게 주어지는 예일 대학교의 라이먼 비처 강좌(Lyman Beecher Lectures on Preaching) 강사로 2009년 초빙을 받기도 했다.

로우리의 설교철학은 그가 1980년에 출간한 책《이야기식 설교 구성》(한국장로교출판사, 1996)에 잘 나타나 있다. 프레드 크래독의 귀납적 내러티브 설교의 연장선에서 그는 전통적으로 진행해 온 삼대지의 설교 형식을 거부하고 모든 설교를 플롯이 있는 이야기식으로 구성할 것을 주장한다. '설교의 플롯'이란 기존의 개념적이고 공간적인 설교의 이해를 벗어나 시간적인 흐름 속에 설교를 놓은 것으로서, 마치 극작가가 하나의 영화를 만들어 내듯이 설교에 이야기의 흐름을 만드는 것을 가리킨다.

로우리는 기존의 명제적인 설교에서 벗어나 청중의 삶에 경험을 창조하는 것을 설교의 목적으로 삼는다. 명제적인 설교란 설교자가 본문을 통해 얻어 낸 해답을 청중에게 하나씩 설명하고 설득하는 것을 가리킨다. 주로 대지설교로 구성되고 논리적으로 진행되는 기존의 설교로써는 변화하는 청중의 관심을 끌 수 없다는 것이다. 사람들의 사고는 논리적이거나 체계적이라기보다, 오히려 이야기의 형식을 띤 내러티브에 더 잘 반응한다. 크래독과 더불어 로우리는 내러티브 설교를 지향하고 모든 설교에서 그 자신이 제시하는 플롯을 살려 낼 것을 주장한다. 그에게 설교자는 벽돌을 쌓아 가는 건축가가 아니라, 긴장과 호기심을 유발시키는 영화감독이나 소설가의 모습을 지녀야 한다. 설교의 전개 형식으로 기존의 연역적 방법이 아니라 귀납적으로 흐름을 소개하는 동시에, 설교의 결론은 오직 청중의 손에 맡기기를 주장한다.

로우리는 설교 플롯에서 다섯 가지 과정을 소개한다. 첫째, 설교자는 서론에서 기존에 사람들이 생각하는 평형 감각을 깨뜨릴 수 있는 방법을 모색해야 한다. 서론에서 앞으로 전개될 이야기를 다 풀어 줌으로써 흥미를 상실시키지 말고 문제를 제기함으로써 청중의 관심을 끌어야 한다. 둘째, 설교에서 갈등 구조를 일으켜 왜 이런 모순이 생기는지 탐구해 나가야 한다. 본문에 나타난 갈등 구조를 가지고 "왜?"라는 질문을 끊임없이 진행해 감으로 청중으로 하여금 문제의 원인을 인식하게 하며 긴장을 고조시킨다. 셋째, 이 단계에서는 청중이 기대하지 못하거나 생각하지 못한 방향으로 설교를 진행시켜 청중에게 해결의 실마리를 제공해 주어야 한다. 단순히 답을 알려 주는 것이 아니라, 청중이 체험하도록 인도한다. 넷째, 지금까지 일어난 인간의 한계나 갈등에 대한 해결로서 복음을 체험할 수 있도록 한다. 마지막으로, 설교에서 결론을 맺거나 적용하지 말고 문제 해결이 가능하다는 것을 보여 주기만 한다. 기존의 설교처럼 촉구하는 것을 지양하고 결론은 청중의 손에 맡김으로 설교를 마무리할 것을 강조한다.

로우리의 설교는 현재 미국뿐 아니라 한국 교회 강단에서도 강력한 영향력을 미치고 있다. 기존의 설교가 따분함을 줄 수 있다는 고민을 조금이라도 해 본 사람은 그의 이야기식 설교 기법에 한 번쯤 관심을 가져 보았으리라. 그의 이름을 모른다 할지라도, 설교 전달에서 조금 더 청중의 관심을 끌기 위한 대화체나 이야기식 설교에 관한 고민은 모든 설교자의 공통적인 관심사다. 설교 전달에 새로운 혁명을 일으킨 로우리를 통해 내러티브 설교를 조금 더 이해함으로 설교자의 설교 전달에 발전의 기회가 되기를 바란다.

유진 로우리의 설교 분석

1. 이야기식으로 성경 본문을 들려주는 설교

유진 로우리 하면 가장 먼저 떠오르는 것이 '이야기식 설교'(storytelling preaching)라는 말이다. 그는 모든 설교를 이야기식으로 해야 한다고 주장한다. 내러티브 형식으로 기록된 본문은 물론이고, 바울의 글이든 시편이든 이야기식으로 설교해야 한다고 주장한다. 설교자는 마치 극작가가 연극의 내용을 알려 주듯이, 설교에서의 플롯을 통해 한 편의 드라마처럼 본문을 그려 갈 것을 강조한다. 로우리는 기존의 명제를 중심으로 하는 설교가 설교의 역동성을 저해하고 사건의 흐름을 끊어 놓는 반면, 내러티브 설교는 설교에 생기를 불어넣는 방법이라고 주장한다.

본 설교 "역류"에서 로우리는 예수님과 사람들이 식사하는 자리에 갑자기 뛰어들어 옥합을 깨뜨리고 예수님의 머리에 향유를 붓는 여인의 모습을 실감 나게 묘사한다. 이 여인의 예기치 않은 행동을 둘러싸고 분분한 사람들의 판단을 상상력을 통해 그림처럼 그려 간다. 이야기식 설교는 내용의 흐름을 살려 낼 뿐 아니라 설교를 실제의 상황처럼 대화로 구성하기도 한다. 그의 설교를 듣거나 보고 있으면 마치한 사람이 진행하는 모노드라마를 보는 듯한 느낌을 받는다. 그만큼설교는 실감 나게 들려온다.

설교에서의 이야기는 전달 면에서 절대적인 역할을 한다. 전통적인 설교는 주로 삼대지 설교로 대표되듯이 한 가지 중심 개념을 설명하는 데 집중했다. 동일한 내용이라도 개념적으로 전달하는 설교는 본문의 흐름을 살려 내지 못하거나 기억에 오래 남기도 어려울 때가 있다. 그러나 이야기로 구성되는 설교는 들을 때도 이해가 쉽고 기억에도 오래 남는다. 실제로 성경은 4분의 3 정도가 내러티브 형식으로 기록되어 있다. 성경의 기록 양식이 내러티브라는 것은 성경이 단순한기록 형식이 아니라, 계시가 전달되는 통로임을 알려 준다. 전통적인설교자는 전달 면에서 좀 더 본문을 생생하게 보여 주는 내러티브 형식을 살려 낼 필요가 있다.

2. 갈등을 제시하고 풀어 가는 설교

유진 로우리의 설교 플롯에서 갈등은 중요한 역할을 한다. 설교의 일정한 시기에 갈등을 불러일으킬 것을 강조한다. 설교란 삼대지로 본문을 해설해 가는 과정이 아니라, 탐정 소설처럼 문제를 하나씩 풀어가는 과정이라고 여긴다. 갈등은 설교의 긴장감을 증폭시키고 자연스럽게 청중의 관심을 끌게 한다. 본 설교에서 로우리는 향유를 부은 여인의 행동을 둘러싸고 예수님과 사람들의 엇갈린 반응에 초점을 모으는 것으로 갈등을 조장한다.

로우리의 설교에서 질문은 이런 갈등을 생성하고 유지하는 데 중요한 역할을 한다. "왜 예수님은 그들이 반대하는 이유를 모르고 계실까? 왜 사람들은 그녀가 하는 행동의 본질을 모르고 있을까? 왜 예수님은 이렇게 낭비하는 것을 보지 못하고 계실까? 왜 사람들은 은혜라는 것을 보지 못하고 있을까? 왜? 왜?" 로우리는 갈등을 유발하는 문제를 던지고 여기에 대한 해답을 추구해 가는 것으로 설교를 진행한다. 명제적으로 답을 던지는 해답이 아니라, 마치 실타래를 풀어 가듯 하나씩 청중과 더불어 풀어 나간다.

"확실한 것은, 우리는 여기서 의사 전달의 문제를 가지고 있다는 점입니다. 예수님, 그리고 그분과 함께 만찬에 참석한 사람들은 생각이 전혀 다른 것처럼 보입니다." 로우리는 사람들에게 이런 문제를 야기시키는 원인이 무엇인지 추구해 간다. 한 가지 특징은 문제 해결을 추구해 가는 그의 흐름에 청중은 자연히 동참하는 느낌을 받는다는 점이다. "그날 무엇이 그녀에게 이러한 일을 하게 했는지 우리는 잘 알 수 없습니다. 그러나 왜 이런 일을 했는지 우리는 잘 압니다!" 마치 로우리의 설교에 고개를 끄덕이는 청중을 보는 듯하다.

설교에서의 이러한 갈등 구조는 듣는 사람의 관심을 쉽게 끌 수

385

있고 설교의 진행을 흥미롭게 만든다. 갈등 구조는 또한 삶 자체의 문제를 잘 대변해 주기도 한다. 삶이란 삼대지처럼 조화롭게 체계적으로 이루어지는 것이 아니라, 갖가지의 갈등과 시련의 연속이다. 갈등을 조장시키는 설교는 이런 점에서 본문에 나타난 문제를 통해 나의 문제를 성찰하는 좋은 계기를 제공하며, 결국 나에게 들리는 설교로 다가오게 한다.

3. 명확하게 결론을 맺지 않고 열어 놓는 설교

유진 로우리는 복음이란 논리적으로 해석하고 설득하는 대상이 아니라, 청중의 가슴속에 경험되어야 할 사건으로 만들 것을 강조한다. 즉 설교란 기존의 개념처럼 선포(proclamation)가 아니라, 시간 속에 일어나는 하나의 사건(event in time)이라고 이해한다. 따라서 설교자를 본문의 의미를 전달하는 기능자가 아니라, 본문을 청중의 삶 속에 체험시키는 사람으로 본다. 사건으로서의 설교는 설교를 풀어 놓을 뿐 결론을 맺는 것을 거부한다. 로우리는 기존의 설교에서 설교자가 적용을 하거나 결론을 내리는 것에 반기를 든다. 즉 설교란 본문을 하나의 사건으로 보여 주는 행위이지, 본문을 설명하고 본문에 근거하여 적용하거나 촉구해서는 안 된다는 것이다. 따라서 그의 설교에는 일반적으로 생각하는 결론이 없다. 약간 막연하게 끝내는 듯한 느낌을 받기도 한다.

본 설교에서도 명쾌하게 보이지 않는 결론으로 설교를 맺는다. "한 여인은 감사함으로 모든 것을 뒤집어 놓았습니다. 슬프게도 예수님의 제자들은 그분의 임박한 죽음을 의식적으로 기념하려 했습니다. 그리고 예수님은, 예수님은 비록 죽음에 직면하면서도 무의식적으로 그녀의 다가오는 삶을 축하할 준비를 하셨습니다. 이것은 그날 밤 모든 것을 바꾸어 놓은 사건이었습니다. 그리고 오늘도 모든 것을 바꾸어 놓고 있지요."

그의 설교는 많은 의문을 남기는 것으로 끝을 맺는다. 이 부분은 로우리처럼 내러티브 설교를 강조하는 사람들이 지니는 공통적인 위험성으로 보인다. 설교란 하나님의 말씀을 대언하는 거룩한 행위다. 하나님이 전하고자 하시는 진리를 명쾌하게 전달하고 청중의 삶으로 적용하여 거룩한 변화를 일으켜 내는 것이다.

본 설교가 보여 주듯이 로우리는 설교자가 결론까지 맺는 것을 불편하게 여긴다. 설교에서의 적용과 결론은 청중의 몫으로 돌린다. 강해설교를 지향하는 설교자라면 결론을 맺지 않고 청중에게 돌리는 이런 설교 방식을 경계해야 한다. 하나님의 말씀을 전하는 데는 명확한 목적이 있다. 성경 기록의 목적이 바로 설교의 목적이다. 하나님의 말씀으로 타락한 인류는 구원을 얻게 하고 구원 얻은 백성은 거룩한 삶으로 인도하는 것이 설교의 목적이다. 찰스 스펄전과 많은 강해설교자들이 강조하는 것처럼, 적용이 시작될 때 비로소 설교는 시작되는 것이다.

4. 유진 로우리의 설교가 한국 교회 강단에 주는 메시지

유진 로우리의 설교가 한국 교회 강단에 주는 가장 큰 교훈이라면 전달에 대하여 새로운 가능성을 열어 놓은 것이다. 필자는 로우리의 설교만큼 청중의 관심을 완전히 압도하는 설교를 드물게 들어 보았다. 그는 설교 시작부터 마치는 순간까지 청중에게서 눈을 떼지 않는다. 목소리는 하늘의 음성을 들려주듯 우렁차기도 하고, 실제 상황을 재현하듯 대화하는 모습은 마치 배우의 모습과도 흡사하다.

본 설교에서도 보여 주듯, 그의 언어는 상황을 개념적으로가 아니라 마치 눈앞에 일어나듯 실감 나게 묘사한다. 장문의 언어를 피하고 간결한 문체로 설교를 이끌어 간다. 그의 설교 진행은 전달 면에서는 거의 완벽할 정도로 고도의 기술과 절제된 언어를 구사한다. 이런 점에서 그의 내러티브 설교 기법은 전통적으로 명제적인 설교가 익숙한 한국 교회 설교자들에게 신선한 도전을 제시한다.

설교에서 전달에 대한 중요성은 아무리 강조해도 지나치지 않다. 설교의 대가라고 불리는 사람들 가운데 본문에 대한 해석에서는 문제를 안고 있는 경우가 더러 있지만, 전달 면에서는 한결같이 뛰어나다. 성경의 내용을 바르게 파악하기 위해 심혈을 기울이는 것은 설교자의 가장 기본적인 사명이다. 성경 본문의 진리를 떠난 그 어떠한 감동적인 이야기나 전달도 하나님의 말씀 전달이라는 본질을 대신할 수는 없다. 그럼에도 불구하고 금 사과를 담는 은 쟁반과 같은 역할을 하는 것은 전달이다. 믿음은 하나님의 말씀에서 비롯되지만, 그 믿음을 일으키는 통로는 들음을 통해서다. 이런 점에서 로우리의 이야기식 설교는 설교 전달에 거대한 획을 그었다고 할 것이다.

그러나 한국 교회가 그의 설교에서 경계해야 할 점도 있다. 프레드 크래독과 데이비드 버트릭, 그리고 유진 로우리는 일반적으로 '새로운 설교학'(New Homiletic)의 거장들로 알려져 있다. 다른 두 사람처럼 적용과 결론을 맺지 말라는 로우리의 설교철학은 성경을 하나님의 말씀에 대한 선포로 인정하는 보수주의 설교자들과는 차이가 있다. 진리의 말씀에 근거하는 것이 성경적인 설교의 출발이라면, 진리의 말씀을 오늘날 청중에게 적용하는 것은 설교의 목적이요 방향이라 할 것이다.

로우리의 주장과 달리 성경을 진리의 말씀으로 확고하게 믿는 설교자는 본문에 근거하여 삶의 변화를 촉구하고 명확한 결론을 내려야 한다. 애매한 결론으로 마지막 적용을 청중에게 떠맡기는 것은 청중을 배려하는 관심이 아니라, 하나님의 진리의 말씀에 대한 불확실한 자세에서 비롯된다. 또한 진리를 통한 청중의 변화라는 설교자의 사명에서 벗어나는 일이다.

• 설교 참고문헌 •

1장 / 마틴 로이드 존스, 영혼의 의사
Martyn Lloyd-Jones, "The Disease Man Cannot Cure," in *Banner of Truth*, 1996, 128-142에서 부분 발췌

2장 / 제임스 보이스, 필라델피아를 변화시킨 칼빈주의 설교자
William S. Barker and Samuel T. Logan Jr. (ed.), *Sermons That Shaped America: Reformed Preaching from 1630 to 2001* (Phillipsburg: P&R, 2003), 384-390에서 부분 발췌

3장 / 팀 켈러, 뉴욕의 영적 지도를 바꾼 설교자
William S. Barker and Samuel T. Logan Jr. (ed.), *Sermons that Shaped America: Reformed Preaching from 1630 to 2001* (Phillipsburg: P&R, 2003), 394-406에서 부분 발췌

4장 / 조나단 에드워즈, 미국 대각성 운동의 주인공
Compiled by Tracey D. Lawrence, *The Greatest Sermons Ever Preached* (Nashville: W Publishing Group, 2005), 94-113에서 부분 발췌

5장 / 헬무트 틸리케, 지성과 영성을 겸비한 설교자
Helmut Thielicke, *How to Believe Again* (Philadelphia: Fortress Press, 1972), 25-37에서 부분 발췌

6장 / 존 스토트, 성경과 현실의 다리 놓기
2002년 4월 26일 미국 칼빈 신학대학원에서 한 설교에서 부분 발췌

7장 / 제임스 패커, 성경 진리를 확신 있게 선포하는 설교자
Richard Allen Bodey (ed.), *Inside the Sermon: Thirteen Preachers*

Discuss Their Methods of Preparing Messages(Grand Rapids: Baker Pub Group, 1990), 194-200에서 부분 발췌

8장 / 드와이트 무디, 대중전도설교의 선구자

Jerry Falwell, *25 of the Greatest Sermons Ever Preached* (Grand Rapids: Baker Book House, 1983), 90-96에서 부분 발췌

9장 / 빌리 선데이, 대중설교의 아버지

Compiled by Tracey D. Lawrence, *The Greatest Sermons Ever Preached* (Nashville: W Publishing Group, 2005), 156-166에서 부분 발췌

10장 / 빌리 그레이엄, 인류 역사의 최고 복음 전도자

Compiled by Tracey D. Lawrence, *The Greatest Sermons Ever Preached* (Nashville: W Publishing Group, 2005), 80-93에서 부분 발췌

11장 / 마르틴 루터, 종교개혁의 불꽃

www.lutheranlibrary.org에서 부분 발췌

12장 / 울리히 츠빙글리, 개혁신학 설교의 출발

Clyde E. Fant Jr. and William M. Pinson Jr. (ed.), *A Treasury of Great Preaching: Luther to Massillon*(Dallas: Word Publishing, 1995), 92-96에서 부분 발췌

13장 / 존 칼빈, 강단에서 종교개혁을 꽃피운 설교자

John Calvin, *Sermons on the Epistle to the Ephesians* (Eginburgh: The Banner of Truth,1973; 1987, reprint)에서 부분 발췌

14장 / 존 웨슬리, 온 세계가 나의 교구다

Jerry Falwell, *25 of the Greatest Sermons Ever Preached* (Grand Rapids:
Baker Book House, 1983), 28-35에서 부분 발췌

15장 / 찰스 스펄전, 강해설교의 황태자

Jerry Falwell, *25 of the Greatest Sermons Ever Preached* (Grand Rapids:
Baker Book House, 1983), 76-86에서 부분 발췌

16장 / 존 파이퍼, 열정이란 이름으로 강단을 불태우는 설교자

2007년 10월 21일 주일 설교

17장 / 해돈 로빈슨, 강해설교의 아버지

Bill Turpie (ed.), *Ten Great Preachers: Messages and Interviews* (Grand
Rapids: Baker Books, 2000), 96-112에서 부분 발췌

18장 / 가드너 테일러, 미국 흑인 설교자의 대부

Bill Turpie (ed.), *Ten Great Preachers: Messages and Interviews* (Grand
Rapids: Baker Books, 2000), 142-148에서 부분 발췌

19장 / 프레드 크래독, 새로운 설교학의 창시자

Mark Barger Elliott, *Creative Styles of Preaching* (Louisville:Westminster John
Knox Press, 2005), 14-18에서 부분 발췌

20장 / 유진 로우리, 내러티브 설교의 황제

Richard L. Eslinger, *A New Hearing: Living Option sin A Homiletic
Method* (Nashville: Abingdon Press, 1987), 89-93에서 부분 발췌